Rejane de C

PORTUGUÊS
BÁSICO
PARA
ESTRANGEIROS

Curso Completo para os níveis:
Principiante – Intermediário – Avançado

**UM MÉTODO FÁCIL E RÁPIDO
PARA SE APRENDER PORTUGUÊS**

Projeto artístico: Rejane D. Oliveira Slade
Capa: Fernando Natalici
Interior/layout e diagramação: M. C. (Magalhães) Fernandes
Ilustrações: Gutenberg Monteiro
Fotos: Varig

Information: R. D.Oliveira Slade
175 Luquer Street Brooklyn NY 11231-U.S.A.
Fax: 718-875-1320

http://www.language-portuguese.com

1994- First Edition
1999 -Second Edition
ISBN: 0-9638790-3-0
Library of Congress Catalog Card Number 564-573
Washington, D.C.
Printed in the United States

Dedico este livro a meus pais
ÁLVARO E ERUNDINA

À grande mestra
MARIA CASTRO

A meu marido
JOHN A. SLADE

ÍNDICE

ÍNDICE GRAMATICAL

AMÉRICA DO SUL

PREFÁCIO

O objetivo deste livro é o ensino da língua portuguesa de um modo interessante, prático, eficiente e rápido. As diversas unidades foram elaboradas visando a evolução da aprendizagem, através do aumento gradual do nível de dificuldade do vocabulário e das noções gramaticais. Tudo isto é realizado dentro de um contexto relacionado com o interesse imediato do aluno, enfatizando o aspecto familiar, social e profissional, proporcionando assim desde o princípio a oportunidade para diálogo e conversação.

A pronúncia, apresentada no início do livro, compara os diversos sons com os similares de outros idiomas como o inglês, o francês e o espanhol. No final do livro foi acrescentado um Apêndice, contendo as partes gramaticais mais importantes, comparando-as com as de outras línguas. Nesta parte, foi incluída também uma lista de verbos, substantivos, adjetivos e algumas expressões idiomáticas, com a respectiva tradução em inglês. Aspectos culturais, históricos e geográficos são apresentados em textos, diálogos e gráficos, dando ao aluno o conhecimento da cultura e da vida do povo brasileiro.

O estudante adquire, ao longo deste curso, as noções básicas necessárias para uma efetiva comunicação oral e escrita em português.

– A autora

PREFACE

The objective of this book is to teach the Portuguese language in a fast, interesting, practical and efficient way. The lessons were conceived to gradually introduce more complex structures, while, at the same time, increasing the student's vocabulary and knowledge of grammar. The method employed immediately engages the interest of the student from the first lessons, by applying personal, social and professional interests as subject vehicles for the dialogues.

The Portuguese pronunciation, introduced in the beginning of the book, compares the different sounds of the language with those similar in English, French and Spanish. At the end of the book the reader will find an "Appendix" where the most important parts of grammar are compared with those of other languages. This section also includes a list of verbs, nouns, adjectives and some idiomatic expressions, with their respective translation into English.

The text, as well as the discussions and graphics inserted in it, includes cultural, historical and geographical references to Brazil; in this way the student is informed about the history and the customs of the Brazilian people. At the end of the course the student will have learned the basic concepts needed to have effective oral and written communication in Brazilian Portuguese.

–The author

PREFACE

L'objectif de ce livre est d'enseigner le portugais selon une méthode intéressante, efficace, pratique et rapide. Les diverses unités ont été structurées selon un ordre de difficulté croissante permettant un apprentissage graduel du vocabulaire et des règles grammaticales. Tout ceci s'accomplit dans un contexte thématique très proche des intérêts tant au niveau personnel que social et professionnel tout en offrant dès le début des possibilités de dialogues et de conversation.

La prononciation, placée au début du livre, présente les divers sons du portugais en les comparant à des sons qui s'en approchent dans d'autres langues comme l'anglais, le français et l'espagnol. L'on trouvera à la fin du livre un "Appendice" comprenant les éléments de grammaire les plus importants également comparés à ceux des autres langues, ce qui permettra à l'élève d'avoir une meilleure compréhension de la langue. L'Appendice comporte, de plus, une liste de verbes et de substantifs ainsi que quelques expressions idiomatiques données avec leurs versions anglaises correspondantes. Certains aspects culturels, historiques et géographiques sont aussi abordés, à l'aide de textes, de dialogues et graphiques qui donnent aux élèves des informations sur les coutumes des Brésiliens. Au terme du cours, l'élève devrait avoir acquis une solide connaissance de les éléments de base requis pour une communication orale et écrite efficace.
L'auteur

PREFACIO

El objetivo de la presente obra es enseñar la lengua portuguesa en forma interesante, práctica, eficiente y rápida. Las diversas unidades constituyentes del libro se elaboraron, teniendo presente el grado de dificultad, de modo de lograr un aprendizaje evolutivo con un aumento gradual del vocabulario y de los conceptos gramaticales. Se ha procurado mantener en todo momento un contexto que tenga en cuenta los intereses inmediatos del estudiante, poniendo de relieve los aspectos familiares, sociales y profesionales ofreciendo desde el principio oportunidades para mantener un diálogo y una conversación.

La pronunciación, presentada al principio del libro, compara los diversos sonidos con los similares de otros idiomas, como el español, el francés y el inglés. Al final del libro se ha añadido un "Apéndice" donde se tratan las partes gramaticales más importantes y se las compara con las de otras lenguas. Tambien se incluye aqui una lista de verbos, substantivos y adjetivos, así como algunas expresiones idiomáticas, con sus respectivas traducciones al inglés. En el texto y en los diálogos y gráficos se presentan aspectos culturales, históricos y geográficos del Brasil, lo que da al alumno un conocimiento de la formación y forma de vida del pueblo brasileño. A lo largo del curso el estudiante adquiere las nociones básicas necesarias para lograr una eficaz comunicación oral y escrita.

– La autora

PRONÚNCIA

PRONÚNCIA DE PORTUGUÊS
E SONS SIMILARES EM INGLÊS, ESPANHOL E FRANCÊS

VOGAIS

SÍMBOLO FONÉTICO	PORTUGUÊS		INGLÊS	ESPANHOL	FRANCÊS
a	A	la	star	mala	sa
ã	Ã	lã	lung	pan	antenne
ã	An	canta	lung	están	un
ã	Am	samba	lung	flan	cantine
ãu	Ão	pão	sound	—	—
ãi	Ãe	mãe (mãi)	—	—	—
ɛ	É	café	get, set	fé	mais
e	Ê	mês	great	usted	été
i	E	leme	feet	sí	si
ei	Ei	lei	eight	ley	treille
i	I	mi	seed	mi	si
ɔ	Ó	pó	boy, nor	ahora	port, toi
u	O	loto	foot, put	una	vous
o	Ô	avô, alô	so	no	cocteau
õi	Õ	põe	join	coin	
u	U	tu	foot	una	Louis

CONSOANTES

SÍMBOLO FONÉTICO	PORTUGUÊS		INGLÊS	ESPANHOL	FRANCÊS
b	B	bebê	baby	bebé	beaucoup
s	C	cedo	celery	center	Céline
k	C	caro	cat	cara	Camus
s	Ç	ação	sound	sana	calçon
s	Ç	açúcar	sue	su	sous
s	Ç	aço	sue	solo	François
ʃ	Ch	chá	she, shut	—	chapeau
d	D	dela	desk	de	deux
d	D	dia	disk	día	diner
f	F	fato	fact	favor	famille
g	G	gato	gap	gato	gardien
g	G	gota	go	gota	gorge
g	G	gula	goose	gula	goût
g	G	gueto	guess	guerra	
g	G	guitarra	guitar	guitarra	guitare

SÍMBOLO FONÉTICO	PORTUGUÊS	INGLÊS	ESPANHOL	FRANCÊS
—	H hotel	hour	hay	heures
3	J já, hoje	leisure	—	j'amais
l	L la, lua	look	luna	la
l	L mal			
λ	Lh ilha	million	millión	million
m	M moto	moto	mola	mois
–	M tem	ten	ten	
n	N nota	note	nora	nous
η	Nh vinho	—	niña	Boulogne
p	P pura	put	pura	pour
q	Q quilo	kit	quizás	qui, quel
rr	R rei, rua	hook	jugo	renard
rr	R carro	hook	jamon	charrete
r	R caro	hero	cara	carotte
s	S sopa	so	sopa	sont
s	S massa	massage	masaje	essai
z	S rosa	rose	—	blaise
z	S trânsito	transit		transit
t	T total	total	total	total
v	V voto	vote	voto	vote
x	X xadrez	shoot, show	—	chou
z	X exílio	razor	—	deuxieme
s	X próximo	sit	si	situé
ks	X sexo, táxi	sex, taxi	taxi	sexo, taxi
z	Z zero	zero	—	zéro

O ALFABETO

O **A** é a primeira letra do alfabeto e o **Z** é a última letra do alfabeto.

A- (a) 1ª letra - a árvore   **B**- (bê) 2ª letra - a bola

C- (cê) 3ª letra - o coração   **D**- (dê) 4ª letra - o dedo

E- (é) 5ª letra - a estrela   **F**- (efe) 6ª letra - a flor

G- (gê) 7ª letra - o gato   **H**- (agá) 8ª letra - a hora

I- (i) 9ª letra - a igreja   **J**- (jota) 10ª letra - o jornal

L- (ele) 11ª letra - o laço   **M**-(eme) 12ª letra - a maçã

N- (ene) 13ª letra - o nó   **O**- (ó) 14ª letra - o olho

P- (pê) 15ª letra - o pé   **Q**- (quê) 16ª letra - o queijo

R- (erre) 17ª letra - a rosa   **S**- (esse) 18ª letra - o sol

T- (tê) 19ª letra - a televisão   **U**- (u) 20ª letra - a uva

V- (vê) 21ª letra - a vela   **X**- (xis) 22ª letra - a xícara

Z- (zê) 23ª letra - a zebra

ATENÇÃO

As letras **K** (ka), **W** (dábliu) e **Y** (ipsilom) são usadas em nomes estrangeiros, sinais e abreviaturas.

Exemplos: **K** - km (quilômetro) Kg- (quilograma)
W - Kw (quilowatt)
Y - y matemática (incógnita)

Acentos: agudo (´) - grave (`) - til (~) - circunflexo (^) - cedilha (ç)

NUMERAIS

0 - zero
1 - um - uma
2 - dois - duas
3 - três
4 - quatro
5 - cinco
6 - seis
7 - sete
8 - oito
9 - nove
10 - dez

11 - onze
12 - doze
13 - treze
14 - quatorze
15 - quinze
16 - dezesseis
17 - dezessete
18 - dezoito
19 - dezenove
20 - vinte

21 - vinte e um (uma)
22 - vinte e dois (duas)
30 - trinta
40 quarenta
50 - cinquenta
60 - sessenta
70 - setenta
80 - oitenta
90 - noventa
100 - cem

101 - cento e um (uma)
102 - cento e dois (duas)
200 - duzentos (duzentas)
300 - trezentos (trezentas)
400 - quatrocentos (quatrocentas)
500 - quinhentos (quinhentas)
600 - seiscentos (seiscentas)
700 - setecentos (setecentas)

800 - oitocentos (oitocentas)
900 - novecentos (novecentas)
1.000 - mil
1.000.000 - um milhão
5.000.000 - cinco milhões
1.000.000.000 - um bilhão
4.000.000.000 - quatro bilhões
2.000.000.000 - 2 trilhões

EXEMPLOS

25 - vinte e cinco
58 - cinquenta e oito
147 - cento e quarenta e sete
585 - quinhentos e oitenta e cinco

1.090- mil e noventa
1.800- mil e oitocentos
1.500- mil e quinhentos
2.010- dois mil e dez

4.078 - quatro mil e setenta e oito
5.092 - cinco mil e noventa e dois
6.087 - seis mil e oitenta e sete
7.034 - sete mil e trinta e quatro

1.783 - mil setecentos e oitenta e três
1.992 - mil novecentos e noventa e dois
2.742.279 - dois milhões, setecentos e quarenta e dois mil, duzentos e setenta e nove

SINAIS MATEMÁTICOS

+ mais	adição
- menos	subtração
x multiplicado	multiplicação
: dividido	divisão
% por cento	porcentagem
1/2 meio	fração
1/3 um terço	fração
1/4 um quarto	fraçao
1/5 um quinto	
1/6 um sexto	
1/8 um oitavo	
1/10 um décimo	
1/12 um e doze avos	
$\sqrt{\ }$ raiz quadrada	

NUMERAIS ORDINAIS

1º - primeiro	11º - décimo primeiro
2º - segundo	12º - décimo segundo
3º - terceiro	13º - décimo terceiro
4º - quarto	14º - décimo quarto
5º - quinto	15º - décimo quinto
6º - sexto	16º - décimo sexto
7º - sétimo	17º - décimo sétimo
8º - oitavo	18º - décimo oitavo
9º - nono	19º - décimo nono
10º - décimo	

20º - vigésimo	60º - sexagésimo
30º - trigésimo	70º - septuagésimo
40º - quadragésimo	80º - octogésimo
50º -quinquagésimo	90º - nonagésimo

2, 4, 6, 8
1, 3, 5, 7, 9

R$1,00 - Um real   R$2,00 - Dois reais
R$2,50 - Dois reais e cinquenta centavos
R$2.500,00 - Dois mil e quinhentos reais
R$1.540,50 - Um mil quinhentos e quarenta reais e cinquenta centavos

Números pares: 2, 4, 6, 8,...
Números ímpares: 1, 3, 5, 7, etc.

dezena	= 10	meia dezena	= 5
dúzia	= 12	meia dúzia	= 6
centena	= 100	meia centena	= 50

7 + 9	= 16	sete mais nove é igual a 16
8 - 3	= 5	oito menos três é igual a 5
3 x 5	= 15	três vezes cinco é igual a 15
20 : 4	= 5	vinte dividido por quatro é igual a 5

dobro	duplo	triplo	quádruplo
dobrado	duplicado	triplicado	quadruplicado

CUMPRIMENTOS

No Escritório

No Restaurante

Na Casa

Na Rua

AS NACIONALIDADES

Eu sou brasileira.
Você é brasileiro?

Eu sou portuguesa.
Você é português?

Eu sou mexicano.
Você é mexicana?

Eu sou japonesa.
Você é japonês?

Eu sou norte-americano.
Você é norte-americana?

Eu sou chinesa.
Você é chinês?

Eu sou indiano.
Você é indiana?

Eu sou holandesa.
Você é holandês?

Eu sou escocês.
Você é escocesa?

ESTADO CIVIL

Eu sou solteiro.

Nós somos casados.
Ele é o noivo.
Ela é a noiva.

Eles são divorciados
Ele é o ex-esposo.
Ela é a ex-esposa.
Ele é o ex-marido.
Ela é a ex-mulher.

GÊNERO E PLURAL

Ela é mulher.

Elas são mulheres.

Eles são homens.

Ele é homem.

Ela é menina.
Ela é uma garota.

Elas são meninas
Elas são garotas.

Eles são meninos.
Eles são garotos.

Ele é menino.
Ele é um garoto.

Eles são crianças.

NO JARDIM

Dona Alda: __ Oi, Pedrinho, tudo bem?
Pedrinho: __ Tudo ótimo. E a senhora,
            Dona Alda?
Dona Alda: __ Tudo bem, obrigada.
            Até logo.
Pedrinho: __ Até logo.

__ Ele é casado?
__ É sim, ele é casado com Regina. Você é casado?
__ Não, sou divorciado.

__ Você é brasileira?
__ Sou sim, eu sou brasileira. Você é norte-americano?
__ Não, eu sou inglês.

__ Você é estudante?
__ Sou sim, eu sou estudante de português.
   Você é estudante também?
__ Não, eu sou professor de português.

NA ESCOLA

Professora: __ Bom dia. Eu sou Regina.
Paulo: __ Bom dia. Eu sou Paulo. Muito prazer.
Professora: __ O prazer é meu. Eu sou professora de português.
Paulo: __ Muito prazer, professora. Eu sou estudante de português.

NO BANCO

Senhor Carlos: __ Bom dia, D. Ângela.
Secretária: __ Bom dia, Sr. Carlos.
Senhor Carlos: __ Como vai a senhora?
Secretária: __ Muito bem, obrigada. E o senhor?
Senhor Carlos: __ Muito bem, obrigado.

__ Oh! Sinto muito.
  Desculpe-me.
__ Tudo bem. Não tem problema.

__ Muito obrigada.
__ De nada.

__ Com licença, Doutor João.
__ Pois não.

__ Parabéns! Muito bem!
  Você é excelente!
__ Muito obrigada!
__ De nada.

__ Bom dia, D. Izabela
__ Como vai, Joãozinho?
__ Tudo bem, e a senhora?
__ Tudo bem, obrigada.

__ Oi, Mariazinha! Tudo bem?
__ Oi, Marcos. Que surpresa!
__ Como vai, Dona Conceição?
__ Tudo bem, Marcos. E você?
__ Tudo bem, obrigado.

CUMPRIMENTOS

FORMATURA

__ Parabéns! Muito sucesso!
__ Muito obrigado.

CASAMENTO

__ Parabéns. Felicidades!
__ Obrigado.

ANIVERSÁRIO

__ Parabéns! Muitas felicidades.
Tudo de bom para você.
__Obrigada.

__ Parabéns, papai!
__ Obrigado.

__ Parabéns, meu amor.
__ Obrigada!

1ª - Primeira lição

OS ESTUDANTES

John: __ Bom dia.
Pierre: __ Bom dia.
John: __ Eu sou John. Muito prazer.
Pierre: __ Muito prazer. Eu sou Pierre.
John: __ Você é norte-americano?
Pierre: __ Não, eu sou francês. Você é casado, John?
John: __ Não, eu sou divorciado. E você, Pierre?
Pierre: __ Eu sou casado com Marta. Ela é brasileira.
John: __ Você é estudante?
Pierre: __ Sou sim, eu sou estudante de português, mas sou professor de francês.
          Você é estudante?
John: __ Sou sim, eu sou estudante de português e sou professor também.
          Sou professor de inglês.
Pierre: __ Ah! Nós somos estudantes e professores. Nós somos colegas.

PERGUNTAS

1 - Quem é John?

2 - Quem é Marta?
Marta é Casada com Pierre

3 - Quem é estudante?
John e Pierre Eles são estudante

4 - Quem é professor de francês?
Pierre é professor de francês.

5 - Quem é divorciado?
John é divorciado.

6 - Quem é brasileira?
Marta é brasileira.

7 - Quem é casado?
Pierre é casado com Marta.

8 - Quem é professor de inglês?
John é professor de inglês.

23

```
         MODO INDICATIVO    PRESENTE
                   VERBO SER

    Eu            sou        Nós           somos

    Ele - ela    ⎫         Eles - elas   ⎫
    Você         ⎬ é       Vocês         ⎬ sao
    O senhor     ⎭         Os senhores   ⎭
    A senhora               As senhoras
```

Exercício de Casa

A - Complete com o verbo ser no presente:

1 - Eu _____norte-americano.

2 - Ele _____brasileiro.

3 - Ela_____japonesa.

4 - Marta _____brasileira.

5 - Nós_____estudantes.

6 - Nós _____mulheres.

7 - Nós _____homens.

8 - Vocês _____norte-americanos.

9 - Elas_____inglesas.

10 - Pedro e José _____solteiros.

11 - O senhor_____português.

12 - Romeu_____casado.

13 - Pelé_____brasileiro.

14 - Paulo e Teresa _____casados.

15 - Pierre_____francês.

16 - Eles _____chineses.

17 - Franz _____alemão.

B - Responda às perguntas:

1 - Quem é norte-americano?

_____

2 - Quem é estudante?

_____

3 - Quem é professora?

_____

4 - Quem é casado?

_____

5 - Quem é brasileiro?

_____

6 - Quem é divorciado?

_____

7 - Quem é solteiro?

_____

8 - Quem é alemão?

_____

9 - Quem é francês?

_____

10 - Você é casado?

_____

11 - Quem é você?

_____

12 - Ele é português?

_____

13 - Quem é Pelé?

_____

14 - Você é professor?

_____

C - Complete com o verbo ser, como no exemplo:

Eu sou estudante de português.

Ele é estudante de português.

1 - Elas _____

2 - Você _____

3 - Os senhores _____

4 - A senhora _____

5 - Eles _____

6 - Nós _____

7 - Vocês _____

8 - Carlos _____

9 - Elisa _____

O livro

O bloco

O caderno

O lápis

O relógio

Os livros

Os blocos

Os cadernos

Os lápis

Os relógios

A folha
de papel

A chave

A caneta

A borracha

A pasta

A agenda

As folhas
de papel

As chaves

As canetas

As borrachas

As pastas

As agendas

A bolsa

O quadro

Eu Sou...

A bicicleta

A cadeira

O carro

A casa

A mesa

O telefone

O livro é de português. Ele é da Márcia.
O lápis é preto. Ele é do estudante.
O relógio é suíço. Ele é do diretor.
O carro é japonês. Ele é da Júlia.
Os blocos são azuis. Eles são da Ana
O telefone é de plástico. Ele é da secretária.
A bolsa é azul. Ela é da Ângela.
As pastas são marrons. Elas são do Sr. José.
A agenda é preta. Ela é do Sr. Antônio.
A mesa é branca. Ela é de madeira e metal.
A cadeira é azul e é de plástico.
O livro é verde e é de papel.

Um livro   Dois livros   Uns livros   Uma folha   Duas folhas   Umas folhas

AS CORES

O sol é amarelo.
Os raios do sol são dourados.
O céu é azul.
A lua é prateada.
A nuvem é branca.
As estrelas são prateadas.
A árvore é verde.
A terra é marrom.
O mar é azul.

O SINAL DE TRÂNSITO

Vermelho   Pare.
Amarelo   Atenção!
Verde   Siga.

2ª - Segunda lição

BEM-VINDOS À ESCOLA

D. Lúcia:	__ Dr. Paulo é o diretor da escola.
Estudantes:	__ Muito prazer, Dr. Paulo.
Dr. Paulo:	__ Igualmente. Vocês são estudantes de português ou espanhol?
Estudantes:	__ Nós somos estudantes de português.
Dr. Paulo:	__ Quem é professor de espanhol?
Pedro:	__ Eu sou professor de espanhol.
John:	__ Eu também sou professor, mas de inglês.
Dr. Paulo:	__ Muito bem. Bem-vindos a nossa Escola de Línguas.
Estudantes:	__ Muito obrigado.
Dr. Paulo:	__ Até logo. Boa sorte.
D. Lúcia:	__ Até logo, Dr. Paulo.

DE + O = DO	DE + OS = DOS
DE + A = DA	DE + AS = DAS

ARTIGOS

Usamos artigos para objetos (o livro, a caneta, os lápis, as bolsas, etc.).
Usamos artigos para os países (o Brasil, a França, os Estados Unidos, etc.).

José é do Brasil.	Franz é da Alemanha.
John é dos Estados Unidos.	Nino é da Itália.
Maria é do México.	Pierre é da França.
Miuki é do Japão.	Tang é da China.
Faruk é do Egito.	Charles é da Inglaterra.
Jean é do Canadá.	Felipe é da Suíça.

Exceções: Manuel é **de** Portugal.
Juan é **de** Cuba.
Davi é **de** Israel.
Arturo é **de** Porto Rico.

__ O senhor é de Portugal ou do Brasil?	__ Márcia, de onde você é?
__ Eu sou do Brasil. E a senhora?	__ Eu sou da Argentina. E você, Margarita?
__ Eu sou de Portugal.	__ Eu sou de Cuba.

Pierre__ Paulo, de onde você é?
Paulo__ Eu sou do México e você, Pierre?
Pierre__ Eu sou da França.
Paulo__ De onde é sua professora?
Pierre__ Ela é do Brasil. E a sua?
Paulo__ A minha é de Portugal.

__ Juan, você é de Porto Rico?
__ Não, eu sou de Cuba. E você?
__ Eu sou de Israel. Meu nome é Jacó.
__ Sua esposa é de Israel também?
__ Não, ela é dos Estados Unidos.

__ Qual é a sua nacionalidade?
__ Eu sou brasileiro. E a sua?
__ Eu sou espanhol.

Observe: Pedro é do México.
O Pedro é do México. (familiar, conhecido)
O uso do artigo antes de nomes de pessoas tem conotação familiar, de intimidade.

Exercício de Casa

A - Complete com: de, do, dos, da, das

1 - João é ___DO___ Brasil.
2 - Davi é _____ Israel.
3 - John é _____ Estados Unidos.
4 - Sr. Manuel é _____ Portugal.
5 - Pierre é _____ França.
6 - O livro é _____ professora.
7 - O bloco é _____ estudante.
8 - As canetas são _____ secretárias.
9 - As bolsas são _____ professoras.
10 - Os livros são _____ estudantes.
11 - O lápis preto é _____ diretor.
12 - Maurício é _____ Rio de Janeiro.
13 - Maria é _____ São Paulo.
14 - A professora é _____ Belo Horizonte.
15 - Caetano Veloso é _____ Bahia.
16 - A bolsa preta é _____ diretora.
17 - A mesa é _____ fórmica.
18 - A cadeira é _____ metal.
19 - A bolsa é _____ plástico.
20 - O livro é _____ papel.
21 - O bloco é _____ papel azul.
22 - A pasta é _____ plástico.
23 - O quadro é _____ fórmica.
24 - As cadeiras são _____ plástico.
25 - A mesa é _____ metal.

B - Responda às perguntas:

1 - De onde você é?
Eu _sou dos Estados Unidos_
2 - De onde é o Pelé?
Ele _____
3 - De onde é a sua professora?
Ela _____
4 - O Sr. Manuel é de Portugal ou de Angola?
_____

5 - De onde é o Davi ?

_____

6 - John é dos Estados Unidos ?

_____

7 - Ela é de São Paulo ?

_____

8 - De onde é o Juan ?

_____

9 - De onde é o Pierre ?

_____

C -Passe para o plural: O livro é verde. Os livros são verdes.

1- A borracha é branca.

_____

2- O caderno é vermelho.

_____

3- A caneta é preta.

_____

4- O bloco é amarelo.

_____

5- O relógio é dourado.

_____

6- A pasta é marrom.

_____

7- O livro é azul.

_____

8- A folha é amarela.

_____

9- A agenda é marrom.

_____

10- A chave é prateada.

_____

11- A borracha é branca.

_____

Minha pasta é preta. Sua pasta é branca.

Minha pasta é branca. Sua pasta é preta.

POSSESSIVOS				
	MASCULINO		FEMININO	
	SINGULAR	PLURAL	SINGULAR	PLURAL
Eu	Meu	Meus	Minha	Minhas
Você	Seu	Seus	Sua	Suas
Nós	Nosso	Nossos	Nossa	Nossas
Ele	Dele			
Eles		Deles		
Ela			Dela	
Elas				Delas

Exercício de Casa

A - Complete a sentença como no exemplo:

Exemplo: **Meu** relógio **é** dourado.

1 - _____livro_____preto.

2- _____livros_____amarelos.

3 - _____lápis _____vermelho.

4 - _____caneta _____azul.

5 - _____folhas _____brancas.

6 - _____sala _____branca.

7 - _____mesa _____bege.

8 - _____cadeiras_____beges e pretas.

9 - _____bolsas _____azuis.

10 - _____quadro _____negro.

B - Complete como no exemplo:

Exemplo: **Meu** livro é verde e o **seu** é azul .

1 - _____carro é branco e o _____é azul.

2 - _____lápis é verde e o _____é preto.

3 - _____caneta é prateada e a _____é dourada.

4 - _____folha é amarela e a _____é branca.

5 - _____cadeira é preta e a_____é bege.

6 - _____livro é verde e o_____é azul.

7 - _____sala é branca e a _____é cinza.

8 - _____caderno é vermelho e o_____é azul.

9 - _____bolsa é preta e a_____é marrom.

10 - _____canetas são azuis e as _____são pretas.

11 - _____livros são verdes e os_____são amarelos.

12 - _____cadernos são vermelhos e os_____são azuis.

13 - _____pastas são pretas e as _____são vermelhas.

14 - _____folhas são brancas e as_____são amarelas.

15 - _____mesas são cinzas e as _____são beges.

C - Complete com nosso, nossos, nossa, nossas, seu, seus, sua, suas:

Exemplo: **Nossa** pasta é preta e a **sua** é bege.

1 - _____casa é branca e a _____é azul.

2 - _____carro é cinza e o _____é cinza também.

3 - _____livros são azuis e os _____são amarelos.

4 - _____papéis são brancos e os_____são azuis.

5 - _____canetas são pretas e as _____são verdes.

6 - _____salas são brancas e as_____são verdes.

7 - _____lápis são amarelos e os _____são pretos.

8 - _____pastas são azuis e as _____são brancas.

D - Responda às perguntas:

1 - Qual é a cor de seu livro?

_____

2 - Qual é a cor de sua caneta?

_____

3 - Qual é a cor de seu bloco?

_____

4 - Qual é a cor de sua pasta?

_____

5 - Qual é a cor de sua bolsa?

_____

6 - Qual é a cor de sua cadeira?

_____

E - Escreva os números por extenso (palavras):

0 - _____ 10- _____

7 - _____ 13 - _____

3 - _____   12 - _____

6 - _____   15 - _____

8 - _____   17 - _____

5 - _____   14 - _____

4 - _____   16 - _____

1 - _____   18 - _____

F - Responda às perguntas:

1 - De que cor é seu relógio?

_____

2 - De que cor é sua agenda?

_____

3 - De que cor é sua chave?

_____

4 - De que material é sua bolsa?

_____

5 - De que material é sua mesa?

_____

6 - De que material é sua agenda?

_____

G - Escreva as perguntas como no exemplo:

De que cor é sua caneta?
Minha caneta é preta.

1- ....?
Meu livro é verde e amarelo.

2- ....?
Meu relógio é dourado.

3- ....?
Minha agenda é marrom.

4- ....?
Meu bloco é azul e branco.

5- ....?
Meu carro é preto.

3ª - Terceira lição

NA ESCOLA

D. Lúcia é brasileira. Ela é professora de português.

Os alunos de D. Lúcia se chamam: Pedro, Marta, Tang, Elena e John.

Pedro e Marta são casados. Tang e Elena também são casados.

D. Lúcia: __ Bom dia.

Estudantes: __ Bom dia.

Professora: __ Eu sou Lúcia. Eu sou professora de português. Eu sou brasileira. Qual é a sua nacionalidade, John?

John: __ Eu sou norte-americano.

Pedro: __ Eu sou mexicano.

Profª: __ Marta, você é mexicana?

Marta: __ Sou sim, D. Lúcia, eu sou mexicana.

Pedro: __ Marta e eu somos casados.

Profª: __ Elena, você também é mexicana?

Elena: __ Não, D. Lúcia, eu sou espanhola.

Marta: __ Elena, você é casada?

Elena: __ Sou sim, eu sou casada com Tang.

Profª: __ Tang, você é chinês?

Tang: __ Não, D. Lúcia eu sou norte-americano. Minha família é chinesa.

Profª: __ Quem é solteiro?

John: __ Eu sou solteiro.

Profª: __ Eu sou solteira também, mas eu sou noiva. Meu noivo se chama Carlos. Quem é professor?

Pedro: __ Eu sou professor de espanhol.

PERGUNTAS

1 - Quem é D. Lúcia?

_____

2 - Qual é a nacionalidade de Pedro e Marta?

_____

3 - Qual é a nacionalidade de Elena?

_____

4 - Quem é casado com Marta?

_____

5 - Quem é casado com Elena?

6 - Tang é chinês?

7 - Quem é solteiro?

8 - Quem é Carlos?

Carlos: __ Qual é o seu nome?
João: __ Meu nome é João. E o seu?
Carlos: __ Meu nome é Carlos. Qual é o seu sobrenome?
João: __ Meu sobrenome é Bernardes. E o seu?
Carlos: __ O meu é Oliveira. Por favor, soletre seu sobrenome.
João: __ Pois não: B-e-r-n-a-r-d-e-s.
João: __ Qual é o seu apelido?
Carlos: __ Meu apelido é Carlinhos. E o seu?
João: __O meu apelido é Joãozinho.

ARTIGOS

Não se usa artigo para **estados** e **cidades**.
Exemplo: Ele é **de** Minas Gerais. (estado)
Ela é **de** Belo Horizonte. (cidade)

Pelé é **de** Minas Gerais.   Manuel é **de** Lisboa.
John é **de** Nova Jérsei.   Pierre é **de** Paris.
Marcos é **de** Goiás.   Joe é **de** Boston.

ATENÇÃO

Exceções: João é **do** Rio de Janeiro
Caetano Veloso é **da** Bahia.
Joaquim é **do** Porto.

EXERCÍCIO

A-Responda às perguntas:
1-De que cidade você é?

2- De que cidade é sua professora?

3- De que cidade é Joe?

_____

4- De que estado é o Caetano Veloso?

_____

5- De que estado é o Pelé?

_____

6- De onde é o Joaquim?

_____

7- De onde é o João?

_____

8- De onde é o Marcos?

_____

9- De onde é o Manuel?

_____

10- De onde é o Pierre?

_____

B- Complete:

Meu nome é _____

Meu sobrenome é _____

Meu apelido é _____

C - Complete as sentenças com os artigos: a - as - o - os

1 - _____livro azul é de português.

2 - _____lápis preto é do Antônio.

3 - _____caneta vermelha é da professora.

4 - _____bloco de notas de português é branco.

5 - _____pastas são de papel.

6 - _____mesa é de plástico.

7 - _____cadeiras são de metal e plástico.

8 - _____relógio é do Pedro.

9 - _____bolsa é de plástico.

10 - _____quadro é branco.

11 - _____casa é branca.

12 - _____lápis são pretos.

13 - _____mesas são de plástico.

14 - _____blocos são amarelos.

15 - _____relógios são dourados.

16 - _____quadros da escola são de plástico.

D- Escreva em palavras como no exemplo:
2 + 3 = 5 dois mais três é igual a cinco

a. 4 + 3 = 7 _____

b. 2 + 6 = 8 _____

c. 5 + 7 = 12 _____

d. 3 + 6 = 9 _____

e. 5 + 8 = 13 _____

f. 7 + 8 = 15 _____

E - Responda às perguntas:

1 - Você é americano ou brasileiro?

_____

2 - Você é professor ou estudante?

_____

3 - Você é casado ou solteiro?

_____

4 - Você é homem ou mulher?

_____

5 - Ele é casado ou divorciado?

_____

6 - Você é estudante de português ou francês?

_____

F - Complete com o verbo ser:

1 - Eu _____americano.

2 - Pedro _____brasileiro.

3 - Nós_____estudantes.

4 - José e Marta _____casados.

5 - O senhor_____japonês.

6 - Ele_____solteiro.

7 - Márcia _____secretária.

8 - Eles_____homens.

9 - Elas _____professoras.

10 - A senhora _____italiana.

11 - Eu _____brasileira.

12 - Célia e Carlos _____casados.

13 - Eles _____alemães.

14 - Ela não _____secretária.

15 - Ele não _____presidente

16 - Antônio não _____diretor.

17 - José e Francisco não ____ colegas.

18 - Fernando e Marta ____ noivos.

19 - Eles _____divorciados.

20 - Sr. Pedro _____diretor da escola.

21 - Eles _____estudantes de latim.

22 - Ela _____casada com Alfredo.

23- Carlos _____ noivo.

24- D. Lúcia _____ professora.

25- O diretor _____solteiro.

O livro é de Marta.	A caneta é de Pedro	O livro é de Glória e Ângela.
O livro é **dela.**	A caneta é **dele.**	O livro é **delas.**

O carro é de José e Paulo.	O apartamento é de Carlos e Albertina.
O carro é **deles.**	O apartamento é **deles.**

PLURAL	Masculino + Masculino = **Masculino**
	Feminino + Feminino = **Feminino**
	Masculino + Feminino = **Masculino**

EXERCÍCIO

A- Responda como no exemplo:

Qual é a cor da bolsa de Lúcia? A bolsa **dela** é preta.

1 - Qual é a cor da pasta de João?

_____

2 - Qual é a cor do livro de Pedro?

_____

3 - Qual é a cor do lápis de Maria?

_____

4 - Qual é a cor dos livros de Carlos e José?

_____

5 - Qual é a cor dos blocos de Lúcia e Maria?

_____

6 - Qual é a cor dos livros da professora?

_____

7 - Qual é a cor das pastas de José e Lúcia?

_____

8 - Qual é a cor da casa de João e Júlia?

_____

B- Complete com dele – deles dela – delas

1 - (Marta) O relógio _____ é dourado.

2 - (Romeu) O carro _____ é vermelho.

3 - (Valéria) A bolsa _____ é preta.

4 - (Ana) Os livros_____são amarelos.

5 - (Pedro) A caneta_____é dourada.

6 - (José) A casa _____ é branca.

7 - (Pedro e João) O carro_____é azul.

8 - (Célia e José) O apartamento_____é branco.

9 - (Ana e Pedro) A sala_____é verde.

10 - (Lúcia e Flávia) Os livros _____são azuis.

DIÁLOGO

__ Aquela senhora de vestido azul é minha chefe.
__ Ela é muito simpática.
__ É sim e é muito competente também.

__ Aquele carro azul é seu?
__ Não. O meu é aquele preto.

APRESENTAÇÃO

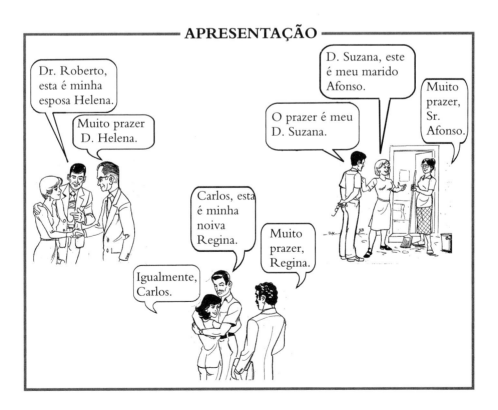

42

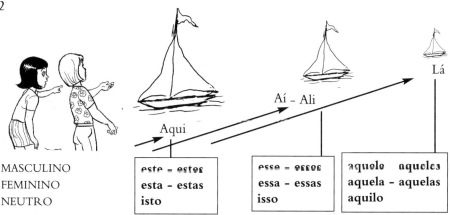

MASCULINO	este - estes	esse - esses	aquele aqueles
FEMININO	esta - estas	essa - essas	aquela - aquelas
NEUTRO	isto	isso	aquilo

Este livro aqui é meu.   Esse livro aí é seu.   Aquele lápis lá é seu?
Esta bolsa aqui é minha.   Essa bolsa aí é sua.   Aquela bolsa lá é sua?
Isto aqui é um lápis.   Isso aí é um lápis.   Aquilo lá é um lápis.

__ O que é isto?   __ De quem é aquele barco vermelho?
__ Isto é um barco a vela.   __ Aquele barco é meu.

__ De quem é esta caneta?
__ Esta caneta é de Patrícia.   De quem é aquele livro lá?
                                               Aquele livro lá é da professora.

EXERCÍCIO

A - Complete como no exemplo:

Exemplo: **Este lápis aqui é meu** ⟶
         Esse lápis aí é seu. ⟶
         Aquele lápis lá é de Pedro. ⟶

1 - _____ bola aqui é azul. ⟶

2 - _____ bola aí é preta. ⟶

3 - _____ bola lá é branca. ⟶

4 - _____ livro aqui é verde. ⟶

5 - _____ livro aí é vermelho. ⟶

6 - _____ livro lá é azul. ⟶

7 - _____ bolas aqui são minhas. ⟶

8 - _____ livros lá são dele? ⟶

9 - _____ canetas aí são suas? ⟶

B - Responda às perguntas:

1 - De quem é aquele relógio? _____

2 - De quem é esse tênis? _____

3 - De quem é esta bola? _____

4 - De quem é essa caneta? _____

5 - De quem é esta casa? _____

4ª - Quarta Lição

OS COLEGAS

João Carlos e Marcos são colegas. João Carlos é casado com Antônia. Ela é mexicana. Marcos é solteiro.

J. Carlos   __ Oi, Marcos, tudo bem?

Marcos   __ Tudo bem e você?

J. Carlos   __ Tudo ótimo. Onde você mora?

Marcos   __ Eu moro em São Paulo. E você?

J. Carlos   __ Eu moro em São Paulo também.Você mora no centro ou no bairro?

Marcos   __ Eu moro no bairro Jardim América. Qual é o seu endereço?

J. Carlos   __ Eu moro na Rua Independência, número 235. E você?

Marcos   __ Oh! Que coincidência! Eu também moro na Rua Independência, número 175.

J. Carlos   __ Então somos vizinhos! Moramos no mesmo bairro e na mesma rua.

Marcos   __ Você mora numa casa ou num apartamento?

J. Carlos   __ Eu moro numa casa. E você?

Marcos   __ Eu moro num apartamento com meus pais. Eu sou solteiro. Você é solteiro?

J. Carlos   __ Não, eu sou casado com Antônia. Ela é mexicana. Qual é o seu telefone?

Marcos   __ Meu telefone é 264 7895. E o seu?

J. Carlos   __ Meu telefone é 236 4536.

PERGUNTAS

1 - Quem é Antônia?

_____

2 - Onde João Carlos mora?

_____

3 - Marcos mora no centro da cidade?

_____

4 - Qual é o endereço de Marcos?

_____

5 - Em que bairro ele mora?

_____

6 - Quem é vizinho de J. Carlos?

_____

MODO INDICATIVO **PRESENTE**
VERBO **MORAR**

Eu	mor-**o**	Nós	mor-**amos**
Ele - Ela		Eles - Elas	
Você	mor-**a**	Vocês	mor-**am**
O senhor		Os senhores	
A senhora		As senhoras	

__ Sr. José, **em** que bairro o senhor mora?
__ Eu moro **em** Copacabana. E você?
__ Eu moro **em** Ipanema.
__ Nós moramos **numa** casa. E você?
__ Eu moro **num** apartamento.
__ Nós moramos **na** Avenida Ipiranga. E você?
__ Eu moro **na** Rua Princesa Isabel.

em + o = no	em + os = nos
em + a = na	em + as = nas
em + um = num	em + uma = numa

Ele mora **no** Brasil.
Ela mora **nos** Estados Unidos.
Eles moram **no** Rio de Janeiro.

Ela mora **na** Itália.
Ele mora **na** França.
Elas moram **na** Bahia.

Maria mora **em** Cuba.
Manuel mora **em** Portugal.

José mora **em** Porto Rico.
Davi mora **em** Israel.

Carlos mora **em** Belo Horizonte.
Pierre mora **em** Paris.

Pedro mora **em** Curitiba.
Joe mora **em** Boston.

EXERCÍCIO

A- Responda às perguntas:

1 - Onde você mora?

_____

2 - Em que bairro você mora?

_____

3 - Você mora com sua família?

_____

4 - Onde mora o presidente do Brasil?

_____

5 - O Papa mora no Vaticano?

_____

6 - Você mora em casa ou apartamento?

_____

7 - Onde mora o Davi?

_____

8 - Onde mora o presidente de Portugal?

_____

9 - Qual é o seu endereço?

_____

10 - Qual é o endereço de sua escola?

_____

11 - Onde sua professora mora?

_____

12 - Qual é o número de seu telefone?

_____

B- Escreva as operações em palavras.

Exemplo: 10 - 6 = 4   dez menos seis é igual a quatro.

a. 18 - 5 = 13 _____

b. 7 - 4 = 3 _____

c. 9 - 5 = 4_____

d. 12 - 4 = 8 _____

e. 8 - 3 = 5 _____

f. 10 - 7 = 3 _____

g. 14 - 6 = 8 _____

h. 20 - 8 = 12 _____

i. 12 - 5 = 7 _____

j. 20 - 9 = 11 _____

l. 15 - 8 = 7 _____

m.16 - 8 = 8 _____

n. 11- 7 = 4 _____

o. 13 - 6 = 7 _____

C - Complete com o verbo indicado no presente do indicativo:
Falar

1 - Eles _____ muitas línguas.

2 - Eu não_____espanhol.

3 - Mário _____japonês muito bem.

4 - Vocês _____italiano.

5 - Eu _____um pouquinho de português.

6 - O senhor _____português.

7 - Carlos e Marta _____francês.

8 - Ele _____alemão muito bem.

9 - Nós _____português na escola

10 - Eles _____inglês em casa.

11 - Nós_____um pouquinho de alemão.

12 - Elas_____chinês em casa.

Tomar

1 - Sr. Alfredo_____café com açúcar.

2 - D. Conceição_____café sem açúcar.

3 - Flávia não_____café.

4 - Ela_____chá com limão.

5 - Eles_____café com leite.

6 - Ela_____café com adoçante.

7 - Ele não _____água com gelo.

8 - Nós _____água com gelo.

9 - Eles _____café puro.

10 - Nós _____água tônica.

Eu tomo café **puro**.
Você toma café **puro**?

Eu tomo café **com** açúcar.
Você toma café **com** açúcar?

Eu tomo café **com** açúcar e leite.

Eu tomo café **sem** açúcar e **com** leite.

Eu tomo café **com** açúcar e **sem** leite.

Eu tomo café **sem** açúcar.

Eu tomo água **com** gelo.

Eu tomo água **sem** gelo.

Eu tomo suco de laranja **com** gelo.

Eu tomo chá **com** açúcar.

Eu tomo chá **sem** açúcar.

Eu tomo chá **com** limão.

__ Eliana, você toma café?
__ Eu não tomo **nem** café **nem** leite. Eu só tomo chá. E você?
__ Eu não tomo **nem** café, **nem** chá; só leite.

__ Pedro, como você toma café?
__ Eu tomo sem açúcar e sem leite. E você?
__ Eu também tomo café puro.

CONVERSA NA LANCHONETE

Regina: __ Eu tomo café puro. E você, Fabiano?
Fabiano: __ Eu tomo café com açúcar. E você, Renata?
Renata: __ Eu tomo café com leite e sem açúcar.
Regina: __ Eu adoro chá. Fabiano, você toma chá?
Fabiano: __ Eu tomo com limão e muito açúcar. Você toma chá, Renata?
Renata: __ Tomo, sim. Eu tomo chá com limão, mas sem açúcar.
Regina: __ Fabiano, você gosta de esportes?
Fabiano: __ Eu adoro esportes. Eu gosto muito de tênis e futebol. E você, Renata?
Renata: __ Eu adoro voleibol. Você gosta de esportes, Regina?
Regina: __ Eu não gosto de praticar esportes. Eu adoro música. E você, Fabiano?
Fabiano: __ Ah! Eu também adoro música. Eu gosto de samba e bossa nova. Eu gosto de música clássica também.
Renata: __ Fabiano, você toca piano?
Fabiano: __ Toco, sim. Eu toco piano e violão. Eu toco música popular no violão.
Renata: __ Eu também toco violão. Eu canto e toco num restaurante.
Regina: __ Você canta samba?
Renata: __ Eu canto samba, música popular e música folclórica também.

Responda às perguntas:

1- Como Renata toma café?
_____

2- Como Fabiano toma chá?
_____

3- Como Renata toma chá?
_____

4- Quem gosta de tênis e futebol?
_____

5- Quem gosta de música clássica?
_____

6- Que tipo de música Fabiano toca no violão?

_____

7- Onde Renata canta?

_____

8- De que tipo de esportes você gosta?

_____

9-De que tipo de música você gosta?

_____

10- Voce pratica esportes? Quais?

_____

11- Você toca um instrumento musical?

_____

EXERCÍCIO

Complete com o verbo indicado, no presente do indicativo:

A-Comprar

1 - Paulo _____jornal.

2 - Elas_____frutas no mercado.

3 - Nós _____café e leite.

4 - Eu_____muitos livros.

5 - Jorge_____muitas canetas.

6 - Marta e José_____coca-cola.

7 - Célia _____muitas roupas.

8 - Você_____muitos discos.

Isto é um jornal.

B-Gostar (de)

1 - Eu _____de estudar português.

2 - Nós_____de trabalhar no banco.

3 - Regina_____muito de praia.

4 - Eles_____de música popular.

5 - João_____de música clássica.

6 - Pedro e João _____de teatro.

7 - Você _____de ópera?

8 - Os meninos_____de bola.

9 - Nós_____de comédia.

10 - Ele _____muito de tênis.

11- Eles _____muito de esportes.

Isto é uma revista.

Isto é um CD.

C-Trabalhar

1- Dr. Alfredo _____no hospital.

2- A secretária _____no escritório.

3- A professora_____na escola.

4- Nós_____no banco.

5- Eles _____no teatro.

6- Eu _____em casa.

7- José e Ana _____na televisão.

8- Ela _____na galeria de arte.

9- Os funcionários_____no escritório.

10- Sr. João_____na companhia de gás.

D-Tocar

1- Pedro _____ piano muito bem.

2- Eles _____ violino.

3- Nós_____ flauta na festa.

4- Você_____ guitarra?

5- Elas _____ clarineta.

6- João e Ana _____violão.

7- Ele _____ muitos instrumentos.

8- Eles não _____ nada.

E- Jogar

1- Eu_____ tênis muito bem.

2- Ele _____ golfe todos os dias.

3- Eles _____ futebol.

4- Você_____voleibol muito bem.

5- Nós _____ pôquer todas as noites.

6- Eles _____ basquete muito bem.

7- Eduardo _____ xadrez bem.

8- Ela não_____nada.

As peças do jogo de xadrez

AS PROFISSÕES

Mecânico

Sapateiro

Padeiro

Cabeleireira

Cozinheiro

Costureira

Oculista

Enfermeira

Bombeiro

Garçom

Faxineiro

Pedreiro

Carpinteiro

Empregada

O bombeiro apaga o incêndio.

Pintor

Cantora

Médico

O engenheiro trabalha no escritório e na construção.
O juiz e o advogado trabalham no escritório e no tribunal.

O dentista trabalha no consultório.
O médico trabalha no consultório e no hospital.
O farmacêutico trabalha na farmácia.
O oculista trabalha no consultório.

Juiz

O bioquímico trabalha no laboratório.
A enfermeira trabalha no hospital.
A professora trabalha na escola e em casa.
O carpinteiro trabalha nas casas e na carpintaria.
O sapateiro trabalha na sapataria e conserta os sapatos.

O padeiro trabalha na padaria.
O pedreiro trabalha na construção.
O eletricista trabalha na construção e nos edifícios.
O bombeiro trabalha nas construções e nas casas.

Advogado

O mecânico trabalha na oficina.
O cozinheiro trabalha na cozinha.
A faxineira trabalha na limpeza das casas e prédios.
A empregada cozinha, arruma e limpa a casa.

O pintor pinta as casas.
O barbeiro trabalha na barbearia.
O cabeleireiro trabalha no salão de beleza.
O artista trabalha no teatro, no cinema e na televisão.

Palhaço

O cantor trabalha no teatro e na televisão.
O pintor trabalha no ateliê e pinta quadros.
O garçom e a garçonete trabalham no restaurante.
O palhaço trabalha no circo e no teatro.
O cantor e a cantora trabalham na televisão e no teatro.
O maestro rege a orquestra.

Maestro

OS JORNALISTAS

Júlio e Jussara estudam na mesma escola. Eles são colegas e estudam juntos.
Eles são os primeiros alunos da classe.

Júlio: __ Oi, Jussara, tudo bem?
Jussara: __ Tudo bem e você?
Júlio: __ Tudo bem.
Jussara: __ Júlio, você trabalha?
Júlio: __ Sim, eu trabalho à noite. E você também trabalha?
Jussara: __ Sim, eu trabalho em casa. Eu sou jornalista.
Júlio: __ Você trabalha para um jornal?
Jussara: __ Não, eu trabalho para uma revista de arte. Eu sou artista também.
Júlio: __ Que coincidência. Eu também sou jornalista, mas trabalho para um jornal. Você é pintora?
Jussara: __ Sim, eu sou pintora.
Júlio: __ Qual é o seu estilo?
Jussara: __ Minha pintura é abstrata. Em que área você trabalha?
Júlio: __ Eu trabalho na área de ciências e meio-ambiente.
Jussara: __ Que interessante! Então somos colegas duas vezes: somos estudantes e jornalistas.

Responda às perguntas:

1 - Onde Júlio trabalha?

2 - A Jussara também trabalha?

3 - Quem é artista?

4 - Quem trabalha na revista de arte?

5 - Qual é o estilo da pintura de Jussara?

6 - Quem trabalha na área de ciências e meio-ambiente?

5ª - Quinta lição

NA PRAIA

[handwritten: Você está muito bonita. you look very nice!]

Carlos está na Praia de Ipanema. Sua amiga, Marlene, também está na praia. *[handwritten: beach]*

Carlos: __ Oi, Marlene, que coincidência!

Marlene: __ Oi, Carlos, como está você?

Carlos: __ Tudo bem. Você está muito bonita.

Marlene: __ Muito obrigada. Você é muito gentil.

Carlos: __ Como está seu marido?

Marlene: __ O Paulo está bem. Ele está na oficina. O nosso carro está com um problema no motor.

Carlos: __ Oh! O meu também está na oficina. O radiador está com um problema.

Marlene: __ Que pena! Os dois carros estão na oficina.

Carlos: __ Mas nós estamos muito bem!

Marlene: __ Sim, e estamos na praia.

PERGUNTAS

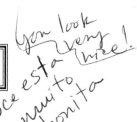

1 - Onde Carlos e Marlene estão?

_____

2 - Onde está o carro de Marlene?

_____

3 - Qual é o problema do carro de Carlos?

_____

4 - Qual é o problema do carro de Marlene?

_____

MODO INDICATIVO **PRESENTE**
VERBO **ESTAR**

Eu	estou	Nós	estamos
Ele – ela Você O senhor A senhora	está	Eles – elas Vocês Os senhores As senhoras	estão

__ Quem está na sala de aula?
__ A professora e os alunos de português
estão na sala de aula.
__ Onde está a secretária da escola?
__ Ela está na secretaria.
__ Onde está o diretor?
__ Ele está na diretoria.

__ Onde está o livro?
__ Ele está na mesa
__ Onde está a caneta?
__ Ela também está na mesa.
__ Onde está a bolsa?
__ Ela está na cadeira.

Ele está **em** Portugal.
Juan está **em** Cuba.
Davi e Jacó estão **em** Israel.
José está **em** Porto Rico.
Carlos está **em** Minas Gerais.
Marcos está **em** Goiás.
Júlia está **em** Copacabana.
Paula está **em** São Paulo.

Paulo está **no** Brasil.
John está **nos** Estados Unidos.
Pierre está **na** França.
João está **nas** Ilhas Canárias.
Pedro está **no** Rio de Janeiro.
Luís está **na** Bahia.
Manuel está **no** Porto.

EXERCÍCIO

A - Complete com o verbo _estar_ no presente do indicativo:
Exemplo: José **está** no Brasil.

1 - Paulo _____ restaurante.
2 - Eles _____ Estados Unidos.
3 - O japonês _____ Japão.
4 - Eles _____ Brasil.
5 - Eu _____ minha escola.
6 - Vocês _____ Europa.
7 - Eles não _____ França.
8 - Os estudantes _____ escola.
9 - Pedro _____ México.
10 - Maria e José _____ Itália.
11 - Eles _____ Portugal.
12 - Manuel _____ Cuba.
13 - Davi _____ Israel.
14 - O presidente _____ Brasília.
15 - Elas não _____ Rio.
16 - Vocês não _____ Bahia.
17 - O Papa _____ Roma.

18 - O livro _____mesa.

19 - O dinheiro _____banco.

20 - Os livros_____armário.

21 - A bolsa _____carro.

22 - A caneta _____bolso.

B - Responda às perguntas:

1 - Onde estão os estudantes?

_____

2 - Onde estão Maria e José?

_____

3 - Onde está o presidente do Brasil?

_____

4 - Onde está o Papa?

_____

5 - Onde está o dinheiro?

_____

6 - Onde está a bolsa?

_____

7 - Onde estão os livros?

_____

8 - Onde está a caneta?

_____

9 - Onde estão os lápis?

_____

10 - Quem está no México?

_____

11 - Quem está em Israel?

_____

12 - Quem está em Cuba?

_____

13 - Quem está na aula de português?

_____

14 - Quem está no escritório?

_____

15 - Quem está no banco?

_____

16 - Quem está no restaurante?

_____

17 - Quem está no hospital?

_____

18 - Quem está na escola?

_____

C - Responda às perguntas como no exemplo:

Onde está o carro? (a garagem)
Ele está na garagem.

1 - Onde está a bolsa? (a mesa)

2 - Onde está o livro? (a pasta)

3 - Onde está o professor? (a escola)

4 - Onde está o diretor? (o escritório)

5 - Onde estão os estudantes? (a escola)

6 - Onde estão os livros? (o armário)

7 - Onde estão os lápis? (a mesa)

8 - Onde está o Sr. Júlio? (o Brasil)

9 - Onde Carlos e Ana estão? (a França)

10 - Onde está o bloco? (o armário)

11 - Onde está o Felipe? (o parque)

12 - Onde estão os cheques? (o armário)

13 - Onde está a bicicleta? (a rua)

D - Escreva os números por extenso.

Exemplo: 8 x 2 = 16 - oito vezes dois é igual a dezesseis.

a. 5 x 4 = 20 _____

b. 3 x 6 = 18 _____

c. 7 x 4 = 28 _____

d. 8 x 3 = 24 _____

e. 9 x 2 = 18 _____

f. 13 x 3 = 39 _____

g. 8 x 4 = 32 _____

h. 6 x 4 = 24 _____

i. 5 x 6 = 30 _____

j. 7 x 5 = 35 _____

l. 8 x 5 = 40 _____

m. 6 x 6 = 36 _____

n. 13 x 2 = 26 _____

o. 18 x 2 = 36 _____

p. 9 x 3 = 27 _____

q. 5 x 5 = 25 _____

__ Pedro, você está na escola?
__ Estou sim, eu estou no pré-escolar. E você, Joãozinho?
__ Eu também estou no pré-escolar.

__ Márcia, seu marido está em casa?
__ Não, ele está no escritório.

__ Onde está o Sr. Antônio?
__ Ele está no Brasil.
__ A esposa dele também está no Brasil?
__ Está sim, ela também está no Brasil.

VERBO SER
Característica ou condição permanente

Ele **é sempre** calmo. *He is normally calm*
Ela é sempre elegante.
O livro é de papel.
A Antártida é sempre fria.
Glória é professora.
O carro preto é de José.
Manuel é português.
Eles são estudantes.
A mesa é de fórmica.
O dinheiro é de Luís.

VERBO ESTAR
Localização no espaço ou condição temporária

Mas **hoje ele está** nervoso. *but today he is nervoso.*
Mas hoje ela não está elegante.
O livro está na mesa.
Ela está localizada no Polo Sul.
Ela está na escola.
O carro está na garagem.
Ele está em Lisboa.
Eles estão na escola.
Ela está na sala.
Ele está na bolsa preta.

Exceção: Ele está morto.

A - Complete com o verbo ser ou estar :

1 - Nós_____na aula de português e_____estudantes.

2 - Eles _____japoneses e _____no Brasil.

3 - Ele_____sempre tranqüilo, mas hoje _____nervoso.

4 - A caneta_____preta e_____na mesa.

5 - Ele_____estudante e_____professor também.

6 - Ela_____bonita e_____elegante também.

7 - Ela_____inteligente e_____na universidade.

8 - A casa_____nossa e_____branca.

9 - O livro verde_____deles e_____na mesa.

10 - Pedro_____médico e_____no hospital.

11 - Ele_____engenheiro e_____no escritório.

12 - O livro_____de português e_____na bolsa.

13 - O dinheiro_____meu e_____no banco.

14 - Elas_____amigas e_____no restaurante.

15 - Ele_____diretor, mas não_____no escritório.

16 - Nós_____bancários, mas não_____no banco.

17 - Carlos_____casado e a esposa dele_____no Brasil.

18- O copo_____de plástico e_____na mesa.

19 - Carlos_____professor e_____na escola.

20 - Elas_____garçonetes e_____no restaurante.

21 - O diretor_____paulista e_____em São Paulo.

22 - A bolsa_____de Marta e_____na cadeira.

23 - O carro_____preto e_____de Célia.

24 - Ele_____médico e_____professor.

25 - Ele_____estudante e_____bancário.

26 - Eles_____no parque e_____ crianças.

CONTRAÇÃO

de + este = deste	de + esse = desse	de + aquele = daquele
de + esta = desta	de + essa = dessa	de + aquela = daquela
de + isto = disto	de + isso = disso	de + aquilo = daquilo

__ Marta, você gosta daquela casa?

__ Eu não gosto daquela, eu gosto desta aqui.

__ Eu gosto mais daquela lá, porque é antiga.

__ Você gosta daquele carro vermelho?

__ Não, eu gosto daquele preto.

em + este = neste	em + esse = nesse	em + aquele = naquele
em + esta = nesta	em + essa = nessa	em + aquela = naquela
em + isto = nisto	em + isso = nisso	em + aquilo = naquilo

O livro nesta mesa é meu. O seu está nessa mesa aí.

Eu moro nesta casa e Marta mora naquela vermelha.

Os alunos de português estão nesta sala e os de espanhol estão na sala 5B.

Pedro e Paulo estudam nesta escola porque gostam muito dela.

Exercício de Casa

A-Responda às perguntas:

1 – Você gosta desta cidade?

_____

2 – Os professores gostam desta escola?

_____

3 – Elas moram neste bairro?

_____

4 – Vocês trabalham ou estudam nesta escola?

_____

5 – Sua família mora nesta cidade?

_____

6 – Seu professor mora nesta rua?

_____

7 – Você gosta do clima desta cidade?

_____

8 – Você gosta dos desenhos deste livro?

_____

9 – Eles gostam deste restaurante?

_____

10 – Você gosta desta sala?

_____

B-Responda às perguntas:

1 – De quem é aquele carro? _____

2 – De quem é aquele chapéu? _____

3 – De quem é esta bolsa? _____

4 – De quem é esta caixa? _____

5 – De quem é aquela pasta? _____

6 – De quem é este dinheiro? _____

7 – De quem é esta chave? _____

8 – De quem é aquele computador? _____

9 – De quem é aquela bicicleta? _____

C-Complete as frases com de, da(s), do(s), em, na(s), no(s):
Exemplo: Ele é **do** Chile e está **no** Canadá.

Atenção para as exceções.

1- Ele é _____ Brasil e está _____ Estados Unidos.

2- Nós somos _____ México e estamos _____ Estados Unidos.

3- Eles são _____ Estados Unidos e estão _____ Canadá.

4- Eu sou _____ Canadá e estou _____ Brasil.

5- Pedro é _____ Brasil e está _____ Japão.

6- Miuke é _____ Japão e está _____ Brasil.

7- Juan é _____ México e está _____ Chile.

8- Juana é _____ Chile e está _____ Estados Unidos.

9- Antônio é _____ Brasil e está _____ Peru.

10- Carlos e Paulo são _____ Paraguai e estão _____ Brasil.

11- Elas são _____ Estados Unidos e estão _____ Inglaterra.

12- Maria é _____ Inglaterra e está _____ Uruguai.

13- Juan é _____ Porto Rico e está _____ Brasil.

14- Eles são _____ Cuba e estão _____ Estados Unidos.

15- Nós somos _____ Portugal e estamos _____ Cuba.

16- Você é _____ Porto Rico e está _____ Porto Rico.

17- Eles são _____ Israel e estão _____ Estados Unidos.

18- Elas são _____ Cuba e estão _____ México.

19- Ana é _____ Porto Rico e está _____ Israel.

20- Davi é _____ Israel e está _____ Israel.

21- Manuel é _____ Portugal e está _____ Brasil.

22- Ela é _____ Argentina e está _____ Canadá.

23- Jorge é _____ Colômbia e está _____ México.

24- Pierre é _____ França e está _____ Israel.

25- Luiza é _____ Itália e está _____ França.

26- Leon é _____ Rússia e está _____ Portugal.

27- Manuela é _____ Espanha e está _____ Alemanha.

28- Fritz é _____ Alemanha e está _____ Inglaterra.

29- Ele é _____ Suíça e está _____ Argentina.

30- Ela é _____ China e está _____ Coréia.

31- Eles são _____ Inglaterra e estão _____ Índia.

32- Nós somos _____ Turquia e estamos _____ Portugal.

33- Sabine é _____ Suíça e está _____ Alemanha.

34- Tang é _____ China e está _____ Japão.

35- Margarita é _____ México e está _____ Brasil.

6ª - Sexta lição

OS AMIGOS

Pedro e Carlos são colegas. Eles gostam de ir à praia, ao parque, ao cinema e também ao restaurante. Pedro telefona para Carlos.

Uma pessoa fala:

    __ Alô!

Pedro: __ Quem fala?

Pessoa: __ É o Renato.

Pedro: __ Oi, Renato, aqui é o Pedro. O Carlos está?

Renato: __ Sim, um momento.

Carlos: __ Oi, Pedro, tudo bem?

Pedro: __ Tudo ótimo. Vamos à praia?

Carlos: __ Boa idéia! Como você vai?

Pedro: __ Eu vou de carro. E você?

Carlos: __ Eu vou de bicicleta. Qual é a praia que nós vamos?

Pedro: __ De qual você gosta mais?

Carlos: __ Eu gosto muito de Ipanema.

Pedro: __ Ótimo. Eu também gosto de Ipanema.

Carlos: __ Depois vamos ao cinema?   → afterwards

Pedro: __ Não, eu vou trabalhar em casa.

Carlos: __ Que pena!

Pedro: __ Mas vamos à Pizzaria Napolitana?

Carlos: __ Eu gosto muito de pizza e gosto da Pizzaria Napolitana.

Pedro: __ Ótimo. Então, vamos.

PERGUNTAS

1 - Onde Pedro e Carlos vão?

_____

2 - Como eles vão à praia?

_____

3 - Qual é a praia de que Carlos gosta?

_____

4 - Onde eles vão depois da praia?

_____

5 - Eles vão ao cinema

_____

6 - Quem gosta da Pizzaria Napolitana?

_____

MODO INDICATIVO - **PRESENTE**

Verbo **IR**		Verbo **DAR**	
Eu	vou	Eu	dou
Ele - ela Você O senhor A senhora	} vai	Ele - ela Você O senhor A senhora	} dá
Nós	vamos	Nós	damos
Eles - elas Vocês Os senhores As senhoras	} vão	Eles - elas Vocês Os senhores As senhoras	} dão

---

O avião vai ao Brasil.

O navio vai à Argentina.

__ Você vai ao Brasil?
__ Sim, vou assistir o carnaval.
__ Oh! Que coincidência! Eu também vou assistir o carnaval.
__ Ótimo. Então vamos juntos.
__ Você vai de avião ou de navio?
__ Eu vou de avião. E você?
__ Ah! Que pena! Eu vou de navio.

Como você vai ao escritório?
Eu vou ao escritório a pé.

Como ela vai a São Paulo?
Ela vai a São Paulo de trem.

Como ela vai para casa?
Ela vai para casa de carro.

Como eles vão ao escritório?
Eles vão ao escritório de metrô.

Como eles vão à praia?
Eles vão à praia de ônibus.

Como vocês vão ao parque?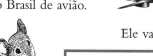
Nós vamos ao parque de bicicleta.

Como elas vão ao Caribe?
Elas vão ao Caribe
de navio.

Como você vai ao Brasil?
Eu vou ao Brasil de avião.

Ele vai ao aeroporto de táxi.

ATENÇÃO!

a + o = ao	a + os = aos
a + a = à	a + as = às

Exemplos:

Ele vai **à** praia.
Elas vão **à** escola de carro.
Luís vai **à** França.

Eles vão **à** casa de Fábio.
Nós vamos **à** cidade de metrô.
Pedro vai **à** Europa.

Eles vão **ao** Rio.
Nós vamos **ao** cinema.
A secretária vai **ao** escritório.

Elas não vão **ao** clube.
José vai **ao** parque.
Eles vão **ao** teatro.

Você vai comigo? Está na hora do ônibus.

É mesmo. Eu vou contigo.

Marta, você vai conosco ao parque?

Não, eu não vou com vocês. Vou estudar.

ATENÇÃO

Comigo (com + eu)
contigo (com + tu)
conosco (com + nós)

__ Você vai comigo ao Brasil?
__ Eu vou contigo.

__ Você vai comigo à escola?
__ Eu vou contigo.

__ Ele vai contigo ao clube?
__ Ele vai comigo.

__ Ele vai conosco à praia?
__ Ele vai conosco.

EXERCÍCIO

A - Complete e responda às perguntas com o verbo IR:

1 - Você _____ao Brasil?

_____

2 - Você _____ao seu escritório?

_____

3 - Você _____ à escola?

_____

4 - Nós_____ao parque?

_____

5 - Nós _____ao cinema?

_____

6 - Eles_____comprar o carro?

_____

7 - Ele_____ao jogo de futebol?

_____

8 - Elas_____à praia?

_____

9 - Vocês_____estudar português?

_____

10 - Nossos amigos _____à Europa?

_____

11 - Meus colegas _____trabalhar à noite?

_____

12 - Ele_____ao Brasil de avião ou navio?

_____

13 - Você _____ao parque de bicicleta?

_____

14 - Ela _____ao teatro?

_____

B - Responda como no exemplo:

Como você vai à praia?
Eu vou à praia de carro.

1 - Como você vai ao trabalho?

_____

2 - Como você vai à escola?

_____

3- Como você vai ao Rio de Janeiro?

_____

4 - Como o senhor vai ao banco?

_____

5 - Como você vai para casa?

_____

6 - Como elas vão a São Paulo?

_____

7 - Como vocês vão ao restaurante?

_____

8 - Como ela vai à Europa?

_____

9 - Como nós vamos ao teatro?

_____

10 - Como você vai ao cinema?

_____

11 - Como ele vai à Antártida?

_____

12 - Como eles vão à praia?

_____

13 - Como ela vai ao aeroporto?

_____

| A professora dá aula de português para nós. | O marido dá flores para a esposa. | A filha dá um presente para o pai. | O homem dá esmola para o pobre. | O namorado dá um beijo na namorada. |

O engenheiro dá aula de matemática.   O médico dá aula de biologia
O diretor dá aumento de salário.   O chefe dá muito trabalho para nós.

A professora dá exercícios **para nós.**	=	A professora **nos** dá exercícios.
A professora dá "bom dia" **para nós.**	=	A professora **nos** dá "bom dia".
Meu marido dá presentes **para mim.**	=	Meu esposo **me** dá presentes.
Você dá bombons **para mim.**	=	Você **me** dá bombons.

Você dá atenção **para mim.**	=	Você **me** dá atenção.
Eu dou atenção **para você.**	=	Eu **te** dou atenção.
Eu telefono **para você.**	=	Eu **te** telefono.
Eu encontro você no banco.	=	Eu **te** encontro no banco.

Ele dá o livro para mim.	Ele dá-**me** o livro.	Ele **me** dá o livro.
Ele dá o livro para você.	Ele dá-**lhe** o livro.	Ele **lhe** dá o livro. Ele **te** dá o livro.
Ele dá o livro para nós. Ele dá o livro para eles.	Ele dá-**nos** o livro. Ele dá-**lhes** o livro.	Ele **nos** dá o livro. Ele **lhes** dá o livro.

Você pode dar-me uma informação?   Você pode ajudar-me?
Você pode dar-lhe um recado?   Ela pode ensinar-lhe português.

Célia dá o livro a **Rosa.**   José telefona para **Marcos**?
Célia dá-**lhe** o livro.   Sim, José telefona-**lhe**.
       (Rosa)   (Marcos)

Usamos **lhe** com os verbos: dar, dizer, escrever, perguntar, responder, mandar, pedir, ensinar, mostrar, oferecer, entregar, etc. No Brasil usa-se o **lhe** antes do verbo: ele lhe dá, eu lhe mando, etc.

EXERCÍCIO

A-Complete com o presente do indicativo do verbo dar e responda às perguntas como no exemplo:

__Você dá bom dia aos colegas no trabalho ? __Sim, eu lhes dou bom dia.

1 - Você_____muitos recibos para os clientes ?

_____

2 - Eles_____muitos presentes aos amigos ?

    Sim,_____

3 - Ele_____o recado à secretária ?

_____

4 - A secretária_____as mensagens ao diretor ?

_____

5 - Vocês_____muita atenção aos clientes ?

_____

6 - Ele_____seu telefone para os amigos ?

_____

7 - Você_____o meu endereço de trabalho a ele ?

_____

8 - Vocês_____as informações a Paulo ?

_____

9 - Eles_____os projetos a Manuel ?

_____

10 - Você_____o programa do curso de computador a Lisa ?

_____

B - Passe às frases para o plural:

1- A professora dá aula.

_____

2- Ele não dá muitos presentes.

_____

3- Eu dou roupas para o meu marido.

_____

4- Você dá perfume para a sua namorada.

_____

5- Eu dou esmola para os pobres na rua.

_____

6- Ele dá muitos telefonemas para o Brasil.

_____

7- O chefe dá aumento de salário.

_____

8- Ela dá muitas festas.

_____

9- Eu dou muita atenção a minha família.

_____

10- O professor dá boa nota ao estudante.

_____

C- Responda às perguntas:

1- Você dá muitos presentes?

_____

2- Você dá esmola para os pobres?

_____

3- O professor dá muitas aulas?

_____

4- Vocês dão flores para as amigas?

5- O chefe te dá muito trabalho?

6- Você dá discos para os amigos?

7- Seus amigos te dão presentes?

8- Você dá dinheiro para as entidades filantrópicas?

9- Você dá muitas festas para os amigos?

10- Você dá "bom dia" aos colegas em português?

A gente adora (eu)
brincar com cachorro.

A gente (eu) gosta de andar
de bicicleta na praia.

A gente (nós) anda
muito de barco.

A gente (nós) dança e
canta samba.

7ª - Sétima lição

O FERIADO

Amanhã é dia 7 de setembro, dia da Independência do Brasil. Esse dia é feriado. Nós não trabalhamos. Marcos telefona para Pedro:

Pedro: ___ Alô!
Marcos: ___ Quem fala?
Pedro: ___ É o Pedro.
Marcos: ___ Oi, Pedro, é o Marcos.
Pedro: ___ Oi, tudo bem?
Marcos: ___ Tudo bom. Vamos à praia amanhã?
Pedro: ___ Não, eu vou ao escritório, porque preciso trabalhar.
Marcos: ___ Mas, amanhã é feriado!
Pedro: ___ Ah! Então vou trabalhar em casa.
Marcos: ___ Eu vou à praia com minha esposa e a colega dela.
Pedro: ___ Preciso terminar meu trabalho. Que pena!
Marcos: ___ Tudo bem. Vamos outro dia. Bom trabalho para você.
Pedro: ___ Obrigado. Aproveite o feriado.
Marcos: ___ Claro. Vou aproveitar para mim e para você.

PERGUNTAS

1. Porque eles não trabalham dia 7 de setembro?

_____

2. Onde Marcos vai?

_____

3. Quem vai com Marcos?

_____

4. Pedro vai à praia?

_____

Que horas são? — The most common — what time is it?

__ Quantas horas são?
__ É uma hora **em ponto**.

__ Quantas horas são?
__ São duas horas.

__ Quantas horas são?
__ É uma e quinze.

__ Quantas horas são?
__ É **meio** dia.

__ Quantas horas são?
__ É **meia** noite.

__ Quantas horas são?
__ São três e meia.

 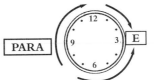

__ Quantas horas são?
__ São dez para as oito.
OU
Faltam dez para as oito.

__ Quantas horas são?
__ São vinte para as dez.
OU
Faltam vinte para as dez.

FALTAR - H__RA - Falta a letra **O** na palavra" hora".
D__A - Falta a letra **I** na palavra "dia".

Tomar café — Brekky
almoçar — lunch
jantar — dinner

__ A que horas você vai trabalhar?
__ Normalmente eu vou às 8 horas.
__ A que horas você chega no escritório?
__ Geralmente eu chego às 9 horas. E você?
__ Geralmente eu chego às nove horas também.
? generally

O avião sai às 8h 15m **da noite (vinte horas e quinze minutos)**
O avião chega às 7h 20 m **da noite (dezenove e vinte minutos)**
O trem sai às 8 **da manhã.**
O trem chega às 7 **da manhã.**

A aula começa às 6 horas.
Carlos chega às 5h 30m. Ele chega **cedo.** Ele chega **adiantado.**
José chega às 6h 15m. Ele chega **tarde.** Ele chega **atrasado.**

O relógio da Mônica está **adiantado**.

O relógio do Jorge está **atrasado**.

Ela chega **cedo** ao trabalho.

O relógio do escritório marca 9 horas **em ponto**.

Ele chega **tarde** ao trabalho.

A aula começa às 6 horas e termina às 8 horas. A aula **dura** 2 horas.
A viagem de Nova Iorque ao Rio **dura** 9 horas e meia

De  ———>———>———> ao

Eu demoro 15 minutos de casa ao escritório.

O metrô **leva** 30 minutos para ir **de** Copacabana **ao** centro.
Eu **levo** 15 minutos **de** minha casa **ao** trabalho.

__ O que é isto?
__ Isto é um relógio de pulso.

__ O que é isto?
__ Isto é um relógio de parede.

__ O que é isto?
__ Isto é um despertador.

João trabalha de 9 às 5 horas.
Ele trabalha em horário integral.

Sr. Paulo trabalha meio expediente.
Ele trabalha de 9 à 1 hora.

Meu horário é flexível.
Seu horário é fixo.

EXERCÍCIO

Responda às perguntas:

1. A que horas você vai para o escritório?

_____

2. Que hora você toma o trem ou metrô?

_____

3. Que hora você volta para casa?

_____

4. Quanto tempo você demora de casa ao metrô?

_____

5. Quanto tempo você leva de casa ao trabalho?

_____

6. Quanto tempo dura a aula de português?

_____

7. Você chega atrasado ou adiantado ao trabalho?

_____

8. Você chega cedo ou tarde à aula de português?

_____

9. Você trabalha em horário integral?

_____

10. Você estuda de manhã ou à noite?

_____

D. Ângela é enfermeira. Ela trabalha da manhã até a madrugada. Ela dá plantão 24 horas. O médico também dá plantão 24 horas.

O garçom trabalha de noite e de madrugada.

O cantor e os músicos também trabalham de noite e de madrugada.

Os bombeiros e os policiais trabalham de dia, de noite e de madrugada.

Os boêmios e os artistas amam a madrugada.

CALENDÁRIO

MÊS SETEMBRO   ANO 1992

Domingo	Segunda Feira	Terça Feira	Quarta Feira	Quinta Feira	Sexta Feira	Sábado
		1°	2	3	4	5
6	7	8	9	10	11	12
13	14	15	16	17	18	19
20	21	22	23	24	25	26
27	28	29	30			

domingo passado · anteontem · ontem · HOJE · amanhã · depois de amanhã · próximo sábado

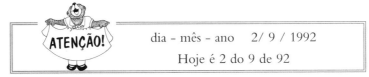

ATENÇÃO!   dia – mês – ano   2/ 9 / 1992
Hoje é 2 do 9 de 92

__ Qual é a data de hoje?
__ Hoje é 2 de setembro de 1992.

__Que dia é hoje?   __ Que dia foi ontem?
__ Hoje é quarta-feira.   __ Ontem foi terça-feira.

__ Que dia será amanhã?   __Que dia será depois de amanhã?
__ Amanhã será quinta-feira.   __ Depois de amanhã será sexta-feira.

__ Que dia foi anteontem?   __ Que dia é seu aniversário?
__ Anteontem foi segunda-feira.   __ Meu aniversário é dia 5 de maio.

__ Quais são os dias da aula de português?
__ Os dias da aula de português são: segunda e quarta-feira.

__ Quais são os dias do fim de semana?
__ Os dias do fim de semana são sábado e domingo.

__ Ele trabalha no fim de semana?
__ Não, ele trabalha só no sábado. Domingo é o dia de folga dele.
__ Qual é o seu dia de folga?
__ Meus dias de folga são sábado e domingo.

__Você vai trabalhar amanhã?
__ Não, eu estou de férias.
__Você vai viajar?
__Vou, sim. Eu vou ao Rio daqui a 10 dias.
__Eu vou tirar férias na próxima semana.

AS COMEMORAÇÕES E OS MESES

janeiro	fevereiro	março	abril	maio	junho
Ano Novo	Carnaval	Outono	Páscoa	Dia das Mães	Dia dos Namorados

julho	agosto	setembro	outubro	novembro	dezembro
Férias	Dia dos Pais	Dia da Independência	Dia da Criança	Dia da Bandeira	Natal

Janeiro é o **primeiro** mês do ano. Dezembro é o **último** e novembro é o **penúltimo.**

AS ESTAÇÕES DO ANO

A **primavera** é a estação das flores, dos pássaros e das borboletas.

O **verão** é a estação do sol, do calor, da praia e das férias.

O **outono** é a estação das folhas amarelas, verme- lhas, marrons e laranjas.

O **inverno** é a estação do frio, do vento, da chuva e da neve.

__ Patrícia, você gosta do verão?
__ Não, eu não gosto **nem** do verão, **nem** do inverno.
  Eu gosto da primavera, porque o tempo não é **nem** quente **nem** frio.

No Brasil a **primavera** começa dia 22 de setembro. O **verão** começa dia 22 de dezembro. O **outono** começa dia 21 de março. O **inverno** começa dia 21 de junho.

EXERCÍCIO

A - Responda às perguntas:

1 - Qual é a data de hoje?

2 - Quais são os dias da aula de português?

3 - Qual é a data de amanhã?

4 - Quais são as estações do ano?

5 - Qual é a data de seu aniversário?

6 - Em que estação nós estamos?

7 - Em que dia da semana nós estamos?

8 - Qual é o primeiro mês do ano?

9 - Que dia da semana foi ontem?

10 - Qual é o último mês do ano?

11 - Que dia da semana será amanhã?

12 - Qual é o penúltimo mês do ano?

B - Complete com o verbo trabalhar

1 - Nós_____ de segunda a sexta-feira.

2 - Sr. José _____ 6 dias por semana.

3 - Carlos _____ no bar no fim de semana.

4 - Nós não_____no fim de semana.

5 - João e José_____ no mesmo banco.

6 - O jornalista _____7 dias por semana.

7 - Ele _____ a noite inteira.

8 - O médico_____ no hospital de manhã.

9 - Nós_____ na escola.

10 - Carlos _____ na loja de roupas.

11 - Ela_____ com o marido.

FUTURO IMEDIATO

Na linguagem oral, o **futuro imediato** é formado com o presente do verbo **IR + Infinitivo.**
Exemplo: Eu **VOU VIAJAR** para a África.

Ele **VAI TRABALHAR** no banco.
Nós **VAMOS ESTUDAR** português.
Eles **VÃO MORAR** no Brasil.

Quando o verbo **ir** é o **verbo principal,** não se usa o **infinitivo ir.**
Exemplo: Eu vou à Europa. Nós vamos à escola com você.

_ Você vai trabalhar amanhã?
_ Não, amanhã é 7 de setembro. É feriado.
_ Ah! É mesmo. É verdade. Que bom! Então, eu vou à praia.

EXERCÍCIOS

A - Responda às perguntas

1 - Você vai viajar no fim de semana?

_____

2 - Eles vão trabalhar no domingo?

_____

3 - Nós vamos tirar férias em julho?

_____

4 - Vocês vão estudar comigo?

_____

5 - Ele vai viajar conosco?

_____

B- Escreva os números em palavras, por exemplo:

$48 \div 12 = 4$ quarenta e oito dividido por 12 é igual a quatro.

a- $68 \div 4 = 17$ _____

b- $36 \div 6 = 6$ _____

c- $57 \div 3 = 19$ _____

d- $69 \div 3 = 23$ _____

e- $72 \div 4 = 18$ _____

f- $48 \div 6 = 8$ _____

g- $65 \div 5 = 13$ _____

h- 58 ÷ 2 = 29 _____

i- 51 ÷ 3 = 17 _____

j- 63 ÷ 9 = 7 _____

l- 48 ÷ 3 = 16 _____

m- 38 ÷ 2 = 19 _____

n- 60 ÷ 5 = 12 _____

o- 78 ÷ 6 = 13 _____

p- 68 ÷ 2 = 34 _____

q- 56 ÷ 4 = 14 _____

C-Responda às perguntas:

1- Você estuda de dia ou de noite?

_____

2- Você trabalha de dia ou de noite?

_____

3- Quem trabalha de madrugada?

_____

4- Quem ama a madrugada?

_____

5- Você gosta da madrugada?

_____

PARABÉNS

Parabéns pra você
Nesta data querida
Muitas felicidades
Muitos anos de vida

ADEUS ANO VELHO

Adeus Ano Velho
Feliz Ano Novo
Que tudo se realize
No ano que vai nascer
Muito dinheiro no bolso
Saúde pra dar e vender

CLIMA E TEMPERATURA

BOM	PARCIALMENTE NUBLADO	NUBLADO	INSTÁVEL	INSTÁVEL A BOM	BOM INSTÁVEL	CHUVOSO

CONVERSÃO DE GRAUS

Para transformar graus CENTÍGRADO em FAHRENHEIT:

Centígrados   X 1.8 + 32 = Fº

Fahrenheit   — 32 ÷ 1.8 = Cº

O tempo no Rio: instável com chuvas, trovoadas esparsas e temperatura em declínio, entre 20 e 22 graus de máxima e 16 e 18 de mínima. Ventos de Sudoeste a Sul fortes e mar agitado.

O tempo no Rio: parcialmente nublado a nublado com possíveis chuvas, trovoadas isoladas. Temperatura estável. Máxima de ontem, 34 graus em Santa Tereza; mínima, 19 no Alto da Boa Vista.

O tempo no Rio: encoberto, sujeito a chuvas esparsas; temperatura estável. Máxima de ontem, 29 graus, em Bangu; mínima, 21 no Alto da Boa Vista. Ventos do Sul, fracos a moderados.

Jornal "O Globo"

Geralmente no Brasil, no verão, a temperatura varia de 23 graus centígrados (72 F) a 39 graus centígrados (98 F).

Durante o inverno a temperatura raramente vai abaixo de 20 graus centígrados (68 F).

A primavera e o outono são parecidos e a temperatura é muito agradável.

No sul do país às vezes neva e é bem mais frio.

8ª - Oitava lição

A SALA DE AULA

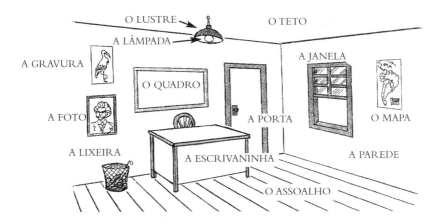

A Escola de Línguas está localizada no Edifício Guarani. O edifício tem muitos andares. No 5º andar estão as salas de aula de espanhol, português e francês. A aula de português é na sala número 5. Ela é muito clara, porque tem muitas janelas. A porta é azul e branca. As paredes são brancas e o teto também.

O assoalho é de madeira e a escrivaninha é de madeira também. O quadro é verde e está ao lado da porta. O lustre é azul.

As carteiras dos estudantes são de plástico e metal. A cadeira do professor é de madeira. A lixeira é de metal.

Nas paredes há muitas fotos de paisagens do Brasil e de Portugal.

PERGUNTAS

1 - Onde estão as salas de aula de português e francês?

_____

2 - Por que a sala de português é muito clara?

_____

3 - Como é o assoalho? E a escrivaninha?

_____

4 - Como são as carteiras?

_____

5 - Como são as paredes?

_____

6 - Como é a lixeira?

_____

MODO INDICATIVO **PRESENTE**

Verbo **TER**		Verbo **VIR**	
Eu	tenho	Eu	venho
Ele – ela Você O senhor A senhora	} tem	Ele – ela Você O senhor A senhora	} vem
Nós	temos	Nós	vimos
Eles – elas Vocês Os senhores As senhoras	} têm	Eles – elas Vocês Os senhores As senhoras	} vêm

Nota: Usa-se "nós viemos" em português informal, falado.

O mês tem 30 dias.
O dia tem 24 horas.
O ano tem 12 meses.
O século tem 100 anos.
O minuto tem 60 segundos.

O ano tem 365 dias.
A semana tem 7 dias.
A hora tem 60 minutos.
O semestre tem 6 meses.
O trimestre tem 3 meses.

__ Terezinha, quantos anos você tem?
__ Eu tenho 7 anos e você?
__ Eu tenho 8 anos. Quando é
seu aniversário?
__ É dia 5 de maio. E o seu?
__ O meu é 15 de julho. Eu vou completar 9 anos daqui a 1 mês.

__ Paulinho, qual é a sua idade?
__ Eu tenho 14 anos e você?
__ Ah! Eu tenho 16 anos.

EXERCÍCIO

A - Complete com o verbo ter, no presente do indicativo:

1 - Eu não _____muitos lápis.

2 - Ela _____poucas canetas pretas.

3 - Nós_____ duas alunas na sala.

4 - José _____muito dinheiro no banco.

5 - Pedro e Lúcia_____um apartamento.

6 - Elas_____muito trabalho hoje.

7 - O Brasil _____muitos rios.

8 - Eles _____dois carros.

9 - Nós _____exercícios de casa.

10 - Sr. Manuel_____muitas casas.

11 - Vocês_____muito trabalho hoje.

12 - A professora_____muitas aulas.

B - Responda às perguntas :

1 - Você tem aula de português hoje?

_____

2 - Elas têm carro?

_____

3 - O Sr. Mário tem casa ou apartamento?

_____

4 - Quantos dias tem a semana?

_____

5 - Quantos meses tem o ano?

_____

6 - Você tem cartão de crédito?

_____

7 - Você tem cheque ou dinheiro?

_____

8 - Eles têm dinheiro no banco?

_____

9 - Ele tem carro americano ou japonês?

_____

10 - Você tem carro?

_____

Há
~~Existe~~ muitos estudantes na sala.
~~Tem~~

Há

__ Há muitas cadeiras nesta sala. Há muitos estudantes nesta sala.

__ Quantas cadeiras há nesta sala?

__ Há 10 cadeiras nesta sala.

__ Há quanto tempo você mora em São Paulo?

__ Eu moro em São Paulo há 5 anos.

__ Há quanto tempo você estuda português?

__ Eu estudo português há 6 meses.

__ Há quanto tempo vocês trabalham nesta companhia?

__ Nós trabalhamos nesta companhia há 4 meses.

C - Responda às perguntas :

1 - Há quanto tempo você estuda português?

_____

2 - Há quanto tempo você mora nesta cidade?

_____

3 - Há quantos anos você mora neste país?

_____

4 - Há muitos alunos nesta sala?

_____

5 - Há muitas mesas nesta sala?

_____

6 - Há muitos professores nesta escola?

_____

7 - Há muitas mulheres na sua sala?

_____

8 - Há muitas pessoas na sua família?

_____

9 - Há muitas carteiras nesta sala?

_____

10 - Há uma lixeira nesta sala?

_____

❁ ❁ ❁ ❁ ❁

__ De onde vocês vêm?
__ Nós vimos de São Paulo.

__ Eles vêm do Brasil?
__ Não, eles vêm da Europa.

__ Como você vem à escola?
__ Eu venho de ônibus, e você?
__ Eu venho de metrô. Você vem aqui muitas vezes?
__ Eu venho 3 vezes por semana, e você?
__ Eu venho um dia sim e outro não.
__ Eu venho à noite para estudar na biblioteca.
__ Ah! Eu também gosto de estudar na biblioteca.

__ Quando Carlos vem da Grécia?
__ Ele vem na próxima sexta-feira.
__ Ele vem de avião?
__ Não, ele vem de navio.

___ Oi, Marta, tudo bem ?

___ Oi, Flávia, tudo bom.

___ Você vem a minha casa sábado ?

___ Claro, quero falar com você sobre nossa viagem.

___ Ótimo. A que horas você vem ?

___ Eu vou às 4 horas .

___ A Teresa vem às 3 horas. Você pode vir mais cedo ?

___ Ah ! Que bom. Então eu vou às 3 também.

___Você vem de carro ou de trem ?

___ Eu vou de carro, porque vou levar meu computador para a oficina,
pois ele está com defeito.

___ Qual é o defeito ?

___ O teclado não está funcionando bem.

___ O Paulo e o João vêm também, mas às 5 horas. Eles podem verificar
o problema de seu computador.

___Ah ! Ótimo. O João é técnico da IBM, não é ?

___ Ele trabalha na IBM há 6 anos. Ele é muito competente.

___ Que bom ! Então vamos nos encontrar no sábado e resolvo os dois problemas
ao mesmo tempo: a viagem e o defeito do computador.

___ Então, até sábado. Um beijo.

___ Até sábado. Um beijinho.

EXERCÍCIO

A-Complete e responda com o verbo VIR, no presente do indicativo:

1 - Você sempre _____ aqui aos domingos?

_____

2 - Eles _____ me visitar amanhã?

_____

3 - Pedro e Maria _____do Rio?

_____

4 - Como os estudantes _____à escola?

_____

5 - Eles _____ao banco na sexta-feira?

_____

6 - Você _____à escola duas vezes por semana?

_____

7 - Ele não _____à escola?

_____

8 - Elas_____à escola no domingo?

_____

9 - Você _____sempre à praia?

_____

10 - Quando ele_____da Europa?

_____

11 - Vocês _____falar com o diretor?

_____

12 - Quando o senhor_____comprar o carro?

_____

13 - Eles _____à escola de carro?

_____

B- Complete com os verbos vir e ir:

1- Eu _____ à escola de metrô e _____ para casa de ônibus.

2- Ele _____ à escola de bicicleta e _____ ao trabalho a pé.

3- Você _____ à escola a pé e _____ ao escritório de metrô.

4- Eles _____ à universidade de ônibus e _____ para casa de metrô.

5- Elas _____ à cidade de carro e _____ à praia de carro também.

6- Nós _____ à escola de metrô e _____ para casa de ônibus.

7- Eu e Mário _____à escola a pé e _____ para casa de ônibus.

8- Eles _____ à cidade de avião e _____ voltar de trem.

9- Nós _____ `a biblioteca a pé e _____ à aula a pé também.

10- Vocês _____ aqui de carro e_____ ao restaurante de carro também.

PRINCÍPIO	MEIO	FIM

O_____ X _____O

ANTES   <<<<<<<<<< **DURANTE** >>>>>>>>>>> **DEPOIS**

2 – 4 – 6 – 8

O número **2** vem **antes** do número **4**; o número **6** vem **antes** do número **8**.
O numero **4** vem **depois** do número **2**; o número **6** vem **depois** do número **4**.

A – B – H – I

A letra **A** vem **antes** da letra **B**; a letra **H** vem **antes** da letra **I**.
A letra **B** vem **depois** da letra **A**; a letra **I** vem **depois** da letra **H**.

A professora fala só português durante a aula.
Nós falamos só português durante a aula.

A professora fala só português **durante** a aula.
Nós falamos só português **durante** a aula.

A professora e os alunos falam outras línguas **antes** e **depois** da aula, mas **durante** a aula eles falam só português.

antes **da** aula   depois **da** aula
antes **do** trabalho   depois **do** trabalho
antes **do** teatro   depois **do** teatro

antes **de** estudar   depois **de** estudar
antes **de** trabalhar   depois **de** trabalhar
antes **de** ir ao banco   depois **de** ir ao banco

ANTES   Dr. Francisco compra o jornal **antes de** ir para o escritório.
Ela compra um sanduíche **antes de** ir para o trabalho.
DEPOIS   Jorge vai jantar no restaurante **depois da** aula.
Glória vai à escola **depois do** trabalho e **depois** vai para casa.
DE   Ele vai ao banco **antes de** trabalhar.
Paula compra frutas **antes de ir** à escola.
DO – DA   Ela vai ao cinema **antes da** aula.
Eles vão ao restaurante **depois do** teatro.

EXERCÍCIO

A- Responda às perguntas usando <u>antes</u>, <u>durante</u> ou <u>depois</u>:

1- Você estuda **antes** ou **depois** da aula de português?

2- Você toma café **antes** ou **durante** a aula?

3- Vocês tomam água ou café **durante** o trabalho?

4- Você escuta música **durante** o trabalho?

5- Você compra jornal **antes** de ir para o escritório?

6- Você trabalha **antes** de ir à escola?

B- Responda às perguntas usando <u>princípio</u>, <u>meio</u>, <u>fim</u>:

1- Você paga a conta de cartão de crédito no fim do mês?

2- Você recebe o salário no fim da semana?

3- Você tira férias no princípio do ano?

4- Geralmente, você acorda no meio da noite?

5- Geralmente, você chega no meio das festas?

6- Geralmente, seu colega chega no meio da aula de português?

7- Eles chegam no fim das festas?

8- Eles pagam a conta de telefone no fim do mês?

9ª – Nona lição

AS FÉRIAS

Fábio: __ Quando você vai ter férias?
Eduardo: __ Vou tirar minhas férias em agosto. E você?
Fábio: __ Vou tirar as minhas em dezembro. Você vai viajar?
Eduardo: __ Sim, eu vou a Portugal.
Fábio: __ Quando você vai?
Eduardo: __ Eu vou no princípio de agosto.
Fábio: __ Por que você vai a Portugal no princípio de agosto?
Eduardo: __ Porque agosto é verão em Portugal e gosto muito de ir à praia.
           E você, vai viajar nas suas férias?
Fábio: __ Sim, eu vou ao Brasil. Vou passar a festa de Ano Novo na praia de
           Copacabana. É muito interessante! Na noite de 31 de dezembro, as
           pessoas vão à praia para comemorar a passagem de ano. Todas as
           pessoas usam roupas brancas, dançam, cantam, rezam e oferecem
           flores e perfume à deusa do mar, Iemanjá.
Eduardo: __ Que interessante! Tenho uma idéia: vou tirar minhas próximas
           férias em dezembro e vou ao Rio. Estou com inveja de você.
           Penso que você vai adorar a passagem de ano no Rio.

PERGUNTAS

1 - Onde Eduardo vai passar as férias?

_____

2 - Por que ele vai viajar em agosto?

_____

3 - Onde Fábio vai nas férias?

_____

4 - Como é a festa de Ano Novo em Copacabana?

_____

Alguns patos são brancos, alguns são pretos e alguns são preto e branco.

Algumas bolas são brancas, algumas são pretas e algumas são branca e preta.

Nenhuma bola é preta.
Todas são brancas.

Nenhum pato é branco.
Todos são pretos.

__ Alguma flor é preta?
__ Nenhuma flor é preta.
Todas são brancas.

__ Algum livro é preto?
__ Nenhum livro é preto.
Todos são brancos.

__ Algum gato aqui é branco?
__ Nenhum gato é branco.
Todos são pretos.

__ Luísa, você vai **frequentemente** à praia?
__ Eu vou **diariamente**.
__ Como você vai?
__ **Algumas vezes** eu vou de bicicleta e **algumas vezes** eu vou a pé. E você, Jorge?
__ Eu também vou **diariamente**. Às vezes eu vou de carro e **algumas vezes**
vou de bicicleta.

Pedro trabalha de segunda a sábado. Ele **nunca** trabalha no domingo.
Marta vai ao cinema duas, três vezes por semana. Ela vai ao cinema **freqüentemente**.
Carlos telefona para Ana cinco vezes por semana. Ele telefona para ela **muitas vezes.**
Mauro telefona para Arlete uma ou duas vezes por semana. Ele telefona **poucas vezes.**
Paulo vai ao teatro uma vez por ano. Ele **raramente** vai ao teatro.
Arlete trabalha 7 dias por semana. Ela trabalha **diariamente.**
João estuda segunda, quarta e sexta-feira. Ele estuda em **dias alternados**.
Gláucia estuda terças, quintas e sábados. Ela estuda **dia sim, dia não.**
Jussara estuda segunda, terça e quarta-feira. Ela estuda três dias **seguidos.**
Geralmente, Jussara trabalha quinta, sexta e sábado.
Normalmente, Zélia não trabalha na segunda-feira.
José trabalha muito, **principalmente** na sexta-feira.

EXERCÍCIO

Responda às perguntas:

1 – Você vai ao cinema freqüentemente?

_____

2 – Você trabalha aos domingos?

_____

3 – Você trabalha muitas horas por dia?

_____

4 – Você vai muitas vezes à praia?

_____

5 – Você vai muitas vezes ao teatro?

_____

6 – Você estuda muitos dias por semana?

_____

7 – Geralmente, você vai ao parque de manhã?

_____

8 – Você trabalha em dias alternados?

_____

Outro   ### Outra

Um barco é branco   Um pato é branco   Uma bola é preta   Uma flor é branca
e o **outro** é azul.   e o **outro** é preto.   e a **outra** é cinza.   e a **outra** é azul.

Um dia Marcos estuda francês, outro dia ele estuda português.
Uma hora ela fala espanhol, outra hora ela fala português.

___ Você tem algum dicionário de português?
___ Não, eu não tenho nenhum dicionário.

            ___ Você conhece algum médico bom?
            ___ Sim, eu conheço alguns ótimos.
___ Você tem algum cartão de crédito?
___ Não, eu não tenho nenhum cartão de crédito.

            ___ Você tem alguma bolsa azul?
            ___ Não, eu não tenho nenhuma azul. Só tenho preta.

Todos os barcos são pretos, nenhum é branco.

 Todas as flores são brancas, nenhuma é azul.

Todas as bolas são brancas, nenhuma é preta.

Todo

Todo triângulo tem 3 lados.
Todo estudante deve estudar muito.
Todo o colégio vai participar das olimpíadas.
Ela estuda o dia todo. (o dia inteiro, completo)
Todo mundo gosta de muito dinheiro.

Todos

Todos os alunos vão à escola.
Todos os dias ela trabalha.
Todos os minutos têm 60 segundos.
Todos os dias têm 24 horas.

Toda

Toda hora tem 60 minutos.
Toda semana tem 7 dias.

Todas

Todas as pessoas falam português no Brasil.
Todas as flores são diferentes.

Vou te contar **tudo** sobre a Léia e o João!

Tudo

Tudo aqui é meu. (coisas)
Tudo aí é seu.
Tudo aquilo é da companhia.
Tudo pela paz.

__ Você escreve muitas cartas?
__ Eu não escrevo nada.

__ Você canta samba?
__ Eu não canto nada.

Nada

Nada aqui é seu.
Nada aí é meu.
Nada aqui é da companhia.
Nada pela violência.

__ Você toma alguma vitamina?
__ Eu não tomo nada.

__ Você joga tênis?
__ Eu não jogo nada.

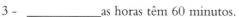 **EXERCÍCIO**

Complete com todos - todas - tudo

1 - _____alunos vão à escola.

2 - _____as bolas são pretas.

3 - _____as horas têm 60 minutos.

4 - _____os minutos têm 60 segundos.

5 - _____as caixas são brancas.

6 - _____ aqui é caixa.

7 - _____ as flores são brancas.

8 _____ aqui é flor.

9 - _____ aqui é preto.

10 - _____ ano tem doze meses.

11 - _____aqui é branco.

12 - _____ semana tem sete dias.

13- _____ as bolas são brancas.

B- Complete com nenhum, nenhuma, todos, todas, tudo:

1._____ as blusas são brancas.

2._____ aqui é blusa.

3._____ blusa é preta.

4._____ os patos são brancos.

5._____ aqui é pato.

6._____ pato é preto.

7._____ aqui é livro.

8._____ os livros são brancos.

9._____ livro é preto.

10._____ as flores são brancas.

11._____ flor é azul.

12._____ aqui é flor.

13._____ figura é preta.

14._____ as figuras são geométricas.

15._____ as figuras são brancas.

C- Complete com nenhum ou nenhuma:

1 - _____ barco é preto.

2 - _____ bola é branca.

3 - _____ pato é branco.

4 - _____ flor é azul.

5 - _____ caixa é preta.

6 - _____ copo é preto.

MODO INDICATIVO   **PRESENTE**
VERBO **VENDER**

Eu	vend - **o**	Nós	vend - **emos**
Ele - ela Você O senhor A senhora	vend - **e**	Eles - elas Vocês Os senhores As senhoras	vend - **em**

Pedro trabalha na livraria. Ele vende livros.

Marta trabalha na sapataria. Ela vende sapatos.

O jornaleiro trabalha na banca. Ele vende jornal.

João trabalha na padaria. Ele vende pão.

10ª - Décima lição

OS VENDEDORES

A VITRINA DA LOJA

Jorge __ Onde você trabalha?

Júlio __ Eu trabalho numa loja.

Jorge __ Você é vendedor?

Júlio __ Sou, sim. Eu vendo roupas masculinas.

Jorge __ Você vende muito?

Júlio __ Sim, porque as roupas são do tipo esporte. Muitas pessoas gostam de usar roupas esportivas, porque elas são mais confortáveis. E você trabalha?

Jorge __ Sim, eu também sou vendedor. Eu vendo livros.

Júlio __ Ah! Que tipo de livro você vende?

Jorge __ Eu vendo livros técnicos. Eu gosto muito de vender livros sobre computadores.

Júlio __ E você vende muito?

Jorge __ Mais ou menos. Eu vendo muito para as escolas técnicas. Eu gosto muito de meu trabalho. E você?

Júlio __ Eu também gosto. Eu gosto muito de lidar com o público. É muito interessante!

PERGUNTAS

1- Onde Júlio trabalha?

_____

2- Que tipo de roupas Júlio vende?

_____

3- Qual é a profissão de Jorge?

_____

4- Quem gosta de lidar com o público?

_____

94

AS ROUPAS E OBJETOS MASCULINOS

A camisa é de seda.
R$50,00

O terno é azul.
R$150,00

As meias são de algodão.
R$7,00

O chapéu é bege.
R$20,00

O paletó é cinza.
R$80,00

A calça é de linho.
R$40,00

O calção é branco.
R$18,00

A camiseta é branca.
R$10,00

O cinto é preto.
R$12,00

O tênis é branco.
R$50,00

O sapato é de couro.
R$70,00

A gravata é azul.
R$12,00

A **carteira** é de couro
R$20,00

O guarda-chuva
é preto.
R$9,00

O boné é branco.
R$19,00

O óculos é de metal.
R$60,00

MATERIAIS DO VESTUÁRIO

A **lã** é branca.
100% **lã.**

O **algodão** é listrado.
100% **algodão.**

A **seda** é estampada.
100% **seda.**

O **couro** é
branco e preto.

Materiais sintéticos = plástico, acrílico e poliéster.

TIPOS DE TECIDOS

Tecido liso

estampado

listrado

xadrez

de bolinhas

AS ROUPAS E OBJETOS FEMININOS

A VITRINA DA LOJA

[1] **O casaco de lã** é bege. [2] **O cachecol** é de lã. [3] A **meia comprida** é de nylon.

[4] **A blusa** é de seda pura. [5] **A bota** é de couro. [6] **O sapato** é de salto alto.

[7] **A sombrinha** é verde. [8] **O vestido** de Ana é estampado. [9] **A saia** de Lúcia é rosa.

[10] **O suéter** é de lã. [11] **O biquini** é azul e branco. [12] **A calça** é de algodão e poliéster.

[13] **O lenço** é estampado de flores.

O anel é de brilhante e platina.　**As alianças** são de ouro.　**Os brincos** são de ouro e pérola.　**O colar** é de pérolas.

Exercício de Casa

Complete com: meu – meus   minha – minhas
            seu – seus   sua – suas
            nosso – nossos   nossa – nossas

A - Meu - relógio é dourado e preto.

1. _____paletó é azul e cinza.   6. _____cintos são marrons.

2 . _____sapato é marrom   7 _____ chapéus são bege e preto.

3. _____gravata é cinza e verde.   8 . _____camisetas são de algodão.

4. _____camisa é branca e azul.   9 . _____tênis é branco.

5 . _____calça é preta.   10. _____calções são verdes e azuis.

B - Nossas - calças são pretas.

1. _____meias são brancas e beges.   5 . _____ ternos são azuis.

2._____camisas são azuis.   6. _____tênis são brancos e pretos.

3._____gravatas são vermelhas.   7._____cintos são marrons.

4._____camisetas são brancas.   8. _____calções são verdes e azuis.

            9. _____paletós são cinza e bege.

C - Complete e responda às perguntas
Seu - carro é cinza?

1 - _____chapéu é preto?

_____

2 - _____paletó é azul ou verde?

_____

3 - _____terno é cinza ou azul?

_____

4 - _____ meia é branca?

_____

5 - _____camisa é bege?

_____

6 -_____ gravata é de muitas cores?

_____

7 - _____calça é branca ou bege?

_____

D - Complete e responda às perguntas
Seus - ternos são escuros ou claros?

1 - _____ sapatos são pretos ou marrons?

2 _____ cintos são dourados ou pretos?

3 - _____ tênis são azuis ou brancos?

4 - _____ suas meias são vermelhas ou brancas?

5 -_____ calças são de algodão ou linho?

6 - _____ camisetas são de algodão?

7 -_____ camisas são de algodão ou seda?

E - Responda às perguntas:

1. Quanto custa um livro como o seu?

2. Quanto custa uma caneta igual a sua?

3. Quanto custa um sapato igual ao seu?

4. Quanto custa um tênis?

5. Geralmente quanto custa uma calça de algodão?

F - Observe o quadro das roupas e responda:

1. Se você comprar uma camiseta, um cinto, um par de tênis e uma carteira, quanto você vai pagar?

2.Você compra um boné e uma camiseta.Você paga com uma nota de R$50,00. Quanto você vai receber de troco?

3. Quais são os preços do terno e do paletó?

4. Como é o tecido da sua calça?

5. De que material é sua carteira?

A MOEDA - O DINHEIRO

ATENÇÃO! R$2.300,70 – dois mil e trezentos reais e setenta centavos.

A moeda da Europa é o euro e dos Estados Unidos é o dolar.
A moeda do Brasil é o real.

AS NOTAS

Nota de R$1,00

Nota de R$5,00

NA LOJA

__ Por favor, quanto custa o tênis?
__ Ele custa R$40,00 reais.

__ Quanto custa a carteira ?
__ A carteira custa R$15,99.

__ O que é isto ?
__ Isto é um cinto.
__ Oh ! É bonito. Qual é o preço?
__ Um custa R$22,00 e o
    outro R$13,99.

__ Quanto custa aquele par de
    óculos dourados?
__ R$ 40,00.
__ E aquele prateado?
__ O preço dele é R$48,00.
__ Oh! É caro. Eu quero aquele
    dourado.
__ Pois não. Aqui está a nota.
__ Muito bem. Aqui está o dinheiro
    trocado. Obrigada.
__ De nada. As suas ordens.

AS NOTAS

Nota de R$10,00

Nota de R$50,00

AS MOEDAS

 R$0,01 (1 centavo)

 R$0,10 (10 centavos)

 R$0,50 (50 centavos)

 R$0,05 (5 CENTAVOS)

 R$0,25 (25 centavos)

 R$1.00 (1 real)

O ANTÔNIMO   O OPOSTO   O CONTRÁRIO

O paletó é grande.   A blusa é pequena.

O salto é alto.   O salto é baixo.

O homem é alto.   O homem é baixo.

A saia é comprida.   A saia é curta.

O cinto é estreito.   O cinto é largo.

O terno é caro. R$200,00   A camisa é barata. R$40,00

A roupa é nova.
A roupa nova é bonita.   A roupa é velha.
A roupa velha é feia.

A camiseta está limpa.   A camiseta está suja.

A mulher é magra.   A mulher é gorda.

GRAU COMPARATIVO

SUPERIORIDADE

A saia branca é **mais** comprida **do que** a saia preta.
A saia preta é **mais** curta **do que** a saia branca.

R$60,00

R$50,00

A camisa branca é **mais** cara **do que** a camisa listrada.
A camisa listrada é **mais** barata **do que** a camisa branca.

IGUALDADE

O cinto estreito é **tão** caro **quanto** o cinto largo.
O cinto estreito é **tão** bonito **quanto** o cinto largo.

R$20,00   R$20,00

INFERIORIDADE

A camiseta é **menos** cara **do que** a camisa.
A camiseta é **menos** comprida **do que** a camisa.

R$10,00   R$40,00

Para comparar **grande** e **pequeno** usamos **maior** e **menor**, exemplo:

A blusa de bolinhas é **maior** do que a blusa branca.

A blusa branca é **menor** do que a blusa de bolinhas.

EXERCÍCIO

A- Compare usando maior, menor, caro, barato, etc:

1. Compare o chapéu e o boné.

_____

2. Compare o calção e a calça.

_____

3. Compare a gravata e o terno.

_____

4. Compare as meias e a camisa.

_____

5. Compare o vestido e o lenço.

_____

6. Compare o casaco de lã e a blusa.

_____

7. Compare as botas e o tênis.

_____

8. Compare o terno e o paletó.

_____

9. Compare o terno e a carteira.

_____

10. Compare a camiseta e a camisa.

_____

B- Responda às perguntas:

1. Você tem alguma camiseta?

_____

2. Você tem algum tênis preto?

_____

3. Você tem algum cinto marrom?

_____

4. Você tem algum terno preto?

_____

5. Você tem alguma gravata branca?

_____

C- Escreva os valores por extenso (palavras) em real.
Exemplo: R$52,30 - Cinquenta e dois reais e trinta centavos.

1. R$17,45

_____

2. R$36,95

_____

3. R$27,62

_____

4. R$18,50

_____

5. R$67,30

_____

NO ESCRITÓRIO

Rosa e Marta são colegas. Elas estão no escritório.

Rosa: __ Oi, Marta, você está muito elegante!

Marta: __ Muito obrigada. Você é muito gentil. Gosto muito de seu vestido. A cor é muito bonita. Eu gosto muito de verde.

Rosa: __ Eu também. Mas eu gosto mais de vermelho e branco. Eu uso muita roupa branca.

Marta: __ Onde você compra suas roupas?

Rosa: __ Geralmente eu compro em Ipanema. Meu marido trabalha numa loja de roupas. O preço para ele é especial. E você, onde compra suas roupas?

Marta:__ Meu marido gosta de comprar em São Paulo. Eu também.

Rosa: __ Boa idéia. O preço em São Paulo é muito bom. Seu marido compra roupas para você?

Marta:__ Não, eu não gosto. Eu compro as minhas e ele compra as dele.

Rosa: __ Ah! Eu compro as minhas roupas e as do meu marido também. Ele compra os sapatos dele.

A COMPRA PARA A FESTA

__ Ângela, preciso comprar um vestido para uma festa. Vamos olhar as vitrinas?

__ Ah! Eu adoro olhar as vitrinas.

__ Ótimo. Então vamos. Vai ser bom. Eu experimento e você me ajuda a escolher. Às vezes fico indecisa.

__ Quando vai ser a festa?

__ Vai ser daqui a duas semanas. Vou ficar noiva.

__ Oh! Que maravilha! Parabéns!

__ Obrigada. Estou muito entusiasmada e morrendo de felicidade.

11ª - Décima primeira lição

AS REFEIÇÕES

Vanda: __ Márcia, o que você come no café da manhã?

Márcia: __ Geralmente eu como pão com geléia e queijo. Eu adoro queijo. Eu tomo café com leite e pouco açúcar. E você, Vanda?

Vanda: __ Eu como pão com mel e bebo suco de laranja. Eu como mamão também. Eu adoro mamão! Geralmente o que você come no almoço?

Márcia: __ Ah! Eu sou vegetariana, então eu como só vegetais, arroz, feijão e massas. Você é vegetariana também?

Vanda: __ Ah! Não! Eu adoro carne! Eu gosto muito de peixe também. Geralmente, no almoço, eu como carne de vaca, frango, arroz, feijão e batatas fritas. Mas eu também como salada de alface, espinafre e tomate.

Márcia: __ Vanda, a que horas você janta?

Vanda: __ Normalmente eu janto às 6 horas. Algumas vezes eu janto fora. Eu gosto muito de comida italiana e chinesa.

Márcia: __ Geralmente eu tomo sopa no inverno; no verão eu como salada de legumes e de frutas também. O que você come de sobremesa?

Vanda: __ Eu adoro doce. Eu como pudim, musse de manga, torta de banana e tomo sorvete também.

Márcia: __ Ah! Eu também adoro sorvete! Vamos à sorveteria para tomar um sorvete de baunilha com chocolate?

Vanda: __ Boa idéia! Vamos rápido. Estou com muito calor.

Márcia: __ Vamos, eu também estou com muito calor.

PERGUNTAS

1. O que Márcia come no café da manhã?

_____

2. Vanda é vegetariana?

_____

3. Quem gosta de doce?

_____

4. O que você come no café da manhã?

_____

5. O que você come no jantar?

_____

AS REFEIÇÕES

O CAFÉ DA MANHÃ   7h ou 8h

O suco de laranja

O leite

O café

O chá

O iogurte

A margarina

A manteiga

O pão

O queijo

O bolo

O mel

A geléia

O ALMOÇO
11h ou 12h

O JANTAR
6h ou 7h

O arroz

O feijão

O frango

O peixe

Os legumes e verduras

A carne de vaca

A carne de porco

A SOBREMESA

A torta

O sorvete

O pudim

As frutas

MODO INDICATIVO	**PRESENTE**		
Verbos	**FALAR**	**COMER**	**ABRIR**
Eu	fal-**o**	com-**o**	abr-**o**
Ele – ela / Você / O senhor / A senhora	fal-**a**	com-**e**	abr-**e**
Nós	fal-**amos**	com-**emos**	abr-**imos**
Eles – elas / Vocês / Os senhores / As senhoras	fal-**am**	com-**em**	abr-**em**

EXERCÍCIO

A – Complete usando o verbo no presente do indicativo:

1 – vender – Pedro _____ carros.
2 – vender – Eles_____ roupas masculinas.
3 – vender – Nós_____roupas femininas.
4 – vender – Marta _____ flores e frutas.
5 – vender – Eu _____ livros técnicos.
6 – vender – O menino_____ jornal.
7 – beber – Jorge_____ muita água com gelo.
8 – beber – Nós_____ água mineral sem gelo.
9 – beber – Elas _____ café sem açúcar.
10 – beber – Vocês_____ muito leite.
11 – beber – Eu_____ chá com limão.
12 – beber – Eles _____ café puro.
13 – beber – Eu não_____ nem café nem leite.

Ela bebe água.

Ela escreve no quadro.

Ele recebe cartão postal.

B – Complete usando o verbo no presente do indicativo:

1 – receber – Elas _____ muitas cartas.
2 – receber – Nós _____ muitas flores.
3 – receber – Pedro _____muitos cartões.
4 – receber – O diretor _____muitos telefonemas.
5 – receber – Eles_____muitas visitas.
6 – dever – Nós_____trabalhar muito hoje.
7 – dever – Os estudantes _____estudar muito.

8 - dever - Nós _____respeitar a lei.

9 - dever - Carlos _____muito dinheiro ao banco.

10 - dever - Eles_____muitos favores ao diretor.

C - Complete as sentenças com o verbo indicado no presente:

1 - aprender - Você _____português na escola.

2 - aprender - Eles _____a dirigir carro.

3 - aprender - Os meninos _____tudo muito rápido.

4 - aprender - José _____computação na companhia.

5 - escrever - A secretária _____muitas cartas.

6 - escrever - Jorge _____livros de histórias infantis.

7 - escrever - Eles _____sobre educação e arte.

8 - escrever - Elas_____poucas cartas.

9 - escrever - Nós_____sobre ciência e política.

10 - escrever - Os ecologistas_____sobre ecologia.

D - Complete com o verbo indicado no presente:

1 - atender - O médico_____os pacientes de manhã.

2 - atender - A recepcionista _____muitas pessoas.

3 - atender - A secretária _____o telefone.

4 - atender - O porteiro _____a porta.

5 - correr - João _____um quilômetro todo dia.

6 - correr - Nós _____uma hora no parque.

7 - correr - Ele_____nas olimpíadas.

8 - comer - Elas_____sanduíche na escola.

9 - comer - Vocês não_____muitos vegetais.

10 - comer - Eu não_____muitas frutas.

11 - comer - Eles não_____sanduíche.

12 - comer - Nós não_____no restaurante.

13 - comer - Você_____pizza?

14 - comer - Pedro e José_____muitas frutas.

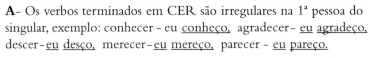

Ele corre muito.

A- Os verbos terminados em CER são irregulares na 1ª pessoa do singular, exemplo: conhecer - eu conheço, agradecer- eu agradeço, descer-eu desço, merecer-eu mereço, parecer - eu pareço.

B- O verbo SABER no presente do indicativo é irregular na 1ª pessoa do singular-eu sei.

C- O verbo PERDER é irregular na 1ª pessoa do singular do presente-eu perco

ATENÇÃO!

E - Complete com o verbo no presente do indicativo :

1 - conhecer - Eu _____o Paulo muito bem.

2 - conhecer - Nós não_____o Rio muito bem.

3 - conhecer - Marta _____o diretor daquela escola.

4 - conhecer João, você _____nosso amigo Davi ?

5 - oferecer - Ela sempre _____coquetel para os amigos.

6 - oferecer - Eles_____flores para as namoradas.

7 - descer - Nós sempre _____as escadas com cuidado.

8 - descer - Eu sempre _____as escadas do prédio.

9 - descer - Nós sempre_____de elevador.

10 - merecer - O bom jogador_____o prêmio da vitória.

11 - merecer - As crianças _____toda nossa atenção.

12 - merecer - O bom estudante_____boas notas.

13 - esquecer - Ele sempre _____a data de meu aniversário.

14 - esquecer - Eu nunca_____o seu aniversário.

15 - esquecer - Nós sempre_____muitas coisas.

16 - crescer - As crianças_____muito rápido.

17 - crescer - A população_____muito rápido.

18 - crescer - As plantas_____muito com fertilizantes.

19 - obedecer - Eles _____às leis de trânsito.

20 - obedecer - Os estudantes _____ao regime da escola.

21 - obedecer - Nós _____ao estatuto da companhia.

22 - obedecer - Os filhos nem sempre_____aos pais.

VERBOS

Os verbos em português são regulares ou irregulares.

VERBOS REGULARES
O infinitivo dos verbos regulares termina em:

1ª CONJUGAÇÃO	2ª CONJUGAÇÃO	3ª CONJUGAÇÃO
AR	**ER**	**IR**
falar - estudar	aprender - escrever	partir - dividir
trabalhar - tirar	atender - esconder	assistir - abrir
tomar - comprar	acontecer - dever	definir - decidir
começar - andar	entender - viver	repartir - expandir

No final do livro, há uma lista de verbos regulares e irregulares.

PRONOMES

Alguns pronomes são usados com mais frequência, por exemplo: **eu, ele, ela, você, nós, eles, elas, vocês, o senhor, a senhora.**

Há também o pronome **tu,** muito usado no Rio de Janeiro e outras partes do Brasil e também em Portugal .

O pronome **vós** é usado em ocasiões muito formais como na igreja, em discursos e escrita clássica.

VERBOS REGULARES	PRESENTE DO INDICATIVO		
	ESTUD-AR	**ESCREV-ER**	**ABR-IR**
Eu	Estud-**o**	Escrev-**o**	Abr-**o**
Tu	Estud-**as**	Escrev-**es**	Abr-**es**
Ele	Estud-**a**	Escrev-**e**	Abr-**e**
Nós	Estud-**amos**	Escrev-**emos**	Abr-**imos**
Vós	Estud-**ais**	Escrev-**eis**	Abr-**is**
Eles	Estud-**am**	Escrev-**em**	Abr-**em**

Verbos terminados em **IR** que são irregulares na primeira pessoa:

A-conseguir – eu consigo   competir – eu compito
consentir – eu consinto   ferir – eu firo
mentir – eu minto   refletir – eu reflito
repetir – eu repito   sentir – eu sinto
servir – eu sirvo   vestir – eu visto
divertir – eu divirto   seguir – eu sigo
preferir – eu prefiro

B-despedir – eu despeço   impedir – eu impeço
medir – eu meço   pedir – eu peço

C-dirigir – eu dirijo

D-cobrir – eu cubro   descobrir – eu descubro
dormir – eu durmo   engolir – eu engulo
tossir – eu tusso

E-ouvir – eu ouço

Os verbos **subir, sumir, sacudir** são irregulares nas seguintes pessoas:
tu sobes, ele sobe, vocês sobem; tu somes, ele some, vocês somem; tu sacodes, ele sacode, vocês sacodem.

12ª - Décima segunda lição

OS PROGRAMAS DE TELEVISÃO

__ D. Maria, a senhora assiste televisão?

__ Claro! Depois do jantar, eu sento e assisto televisão tranquilamente.

__ A que programas a senhora gosta de assistir?

__ Ah! Eu adoro as novelas, principalmente a das 7 horas, no canal 12.

__ Por que a senhora gosta mais da novela das 7 horas?

__ Porque é sempre uma novela divertida e muito alegre.

__ A senhora assiste à novela das 8 horas?

__ Não, porque geralmente é um drama com pessoas más, crimes e violência.

__ A senhora assiste ao jornal?

__ Sim, mas eu não gosto, porque há sempre muita notícia triste. Mas eu assisto porque preciso me informar sobre o que está acontecendo no mundo.

PERGUNTAS

1 - Que programa de televisão D. Maria gosta de assistir?

_____

2 - Como é a novela das 7 horas?

_____

3 - Ela assiste o jornal?

_____

4 - Como é a novela das 8 horas?

_____

EXERCÍCIO

A- Complete usando o verbo no presente do indicativo:

1 - abrir - Os estudantes _____o livro.

2 - abrir - O porteiro _____a porta do edifício.

3 - abrir - Marta_____as janelas toda manhã.

4 - partir - Eles _____para a Europa amanhã.

5 - partir - D. Ana_____o pão em 5 pedaços.

6 - partir - Ela _____o queijo para as crianças.

7 - partir - O avião _____às 2h 45m.

8 - partir - Nós_____para o Brasil no próximo mês.

9 - dividir - Eles _____a conta do restaurante.

10 - dividir - Pedro e Izabel _____as despesas da casa.

11 - decidir - Sr. Roberto _____tudo rapidamente.

12 - decidir - Eles_____viajar para a praia amanhã.

13 - mentir - Algumas pessoas _____muito.

14 - mentir - As crianças, às vezes _____para os pais.

15 - definir - Pedro não _____sobre a venda da casa.

16 - definir - Eles _____hoje se compram a casa.

17 - assistir - Nós sempre _____filmes na televisão.

18 - assistir - Carlos e Pedro_____o jogo pela T.V.

19 - assistir - Sr. Antônio sempre _____óperas.

20 - assistir - Ele _____programas científicos na televisão.

21 - repartir - A professora_____os exercícios entre os alunos .

22 - repartir - A companhia _____os lucros cada ano.

23 - repartir - O diretor _____o trabalho entre os funcionários.

24 - competir - Os colegas _____uns com os outros.

25 - poluir - As indústrias_____a atmosfera.

26 - poluir - Os carros também _____a atmosfera.

27 - discutir - Eles sempre_____sobre dinheiro.

28 - discutir - Os irmãos sempre _____sobre política.

29 - insistir - O funcionário_____em falar com o diretor.

30 - permitir - Ele não _____o empregado fumar.

31 - permitir - O diretor não _____fumar no escritório.

32 - proibir - A lei _____vender bebida alcóolica para menores de 18 anos.

33 - proibir - Eu _____meu filho de fumar.

34 - proibir - A lei _____fumar nos ônibus.

35 - proibir - Eles _____os filhos de assistir televisão.

36 - proibir - A lei_____o aborto sem justa causa.

37 - proibir - Os pais _____os filhos menores de dirigir o carro.

— O que é isto?
— Isto é uma fita cassete.

— O que é isto?
— Isto é um gravador e toca-fita também.

— O que é isto?
— Isto é um forno de micro-ondas.

B- Complete com o verbo no presente do indicativo:

Descansar
1 - Geralmente nós_____depois do jantar.
2 - Normalmente eles_____na varanda.
3 - Raramente eu_____depois do almoço.
4 - Nós sempre_____no fim de semana.

Economizar
1 - Vocês_____energia elétrica.
2 - Ele_____ parte do salário.
3 - Pedro_____dinheiro para viajar.
4 - Eu_____dinheiro para comprar uma casa.

Chegar
1 - Geralmente eu_____à escola às 9 horas.
2 - Freqüentemente José_____atrasado.
3 - Raramente as secretárias_____atrasadas.
4 - O diretor_____exatamente às 9 horas.
5 - Ela_____sempre depois das 9 horas.
6 - Nós_____sempre juntos.
7 - As crianças_____cedo.

Ligar
1 - Eles_____o rádio de manhã.
2 - Nós_____a televisão à noite.
3 - Ela_____a luz da sala.
4 - A menina_____o gravador.
5 - Paulo_____o computador.
6 - Ela_____o forno de micro-ondas.
7 - Você_____o ar condicionado à noite.

Desligar

1 - Ela_____a luz quando deita.

2 - Eu_____o rádio quando estudo.

3 - Nós_____o telefone quando viajamos.

4 - Nós_____o ar condicinado à noite.

5 - Roberto_____o computador às 5 horas.

6 - Vocês_____o rádio quando estudam.

7 - Elas_____tudo quando viajam.

Preocupar

1 - Ela se_____muito com os filhos.

2 - Nós nos_____com a família.

3 - Você se_____muito com seu pai.

4 - Os pais se_____com a violência.

Combinar

1 - Patrícia_____muito com os irmãos.

2 - Nós_____o horário da aula.

3 - Eles_____uma festa para a mãe.

4 - Nossos pais_____muito.

5 - Pedro e Marta não_____nunca.

6 - O pintor_____as cores muito bem.

7 - Os estudantes_____um encontro.

Alugar

1 - Meus amigos_____carro no fim de semana.

2 - Nós sempre_____casa na praia.

3 - Normalmente eu_____bicicleta no parque.

4 - Ele_____uma sala para escritório.

Tirar

1 - Eles_____dinheiro do banco.

2 - O estudante_____os objetos da pasta.

3 - Nós sempre_____fotos dos filhos.

4 - Pedro_____o carro do estacionamento.

5 - Marta_____a chave da bolsa quando chega em casa.

6 - Eles_____o paletó quando está quente.

7 - Ele_____o cartão de crédito do bolso.

8 - Ela_____o cheque da bolsa.

A FAMÍLIA

Dr. Valter e D. Rosa são casados. Eles moram em São Paulo, no bairro Jardim América. Eles têm um apartamento muito bom, que está localizado perto de um parque muito bonito.

Eles têm quatro filhos: três meninos e uma menina. Os meninos se chamam Romeu, Renato e Roberto e a menina se chama Gabriela.

Romeu tem 10 anos de idade, Renato tem 8 anos e Roberto tem 6 meses. Gabriela tem 7 anos e é muito bonita.

Sr. Alfredo é o pai de D. Rosa e a D. Maria é a mãe. Eles moram todos juntos.

Dr. Valter está trabalhando no centro da cidade. Ele é médico e é muito famoso porque é um cirurgião muito competente. Ele trabalha também num hospital perto da casa dele.

D. Rosa é professora. Ela trabalha numa escola pública, perto da casa dela. Os filhos também estudam na mesma escola. Eles adoram ir à escola com a mãe.

Responda às perguntas:

1 - Onde Dr. Valter mora?

_____

2 - Quem é D. Rosa?

_____

3 - Quem é Romeu?

_____

4 - Como se chama a filha?

_____

114

5 - Qual é a idade de Renato?
_____

6 - Qual é a profissão do Dr. Valter?
_____

7- Por que ele é famoso?
_____

8- Qual é a profissão de D. Rosa?
_____

9- Quem é o Sr. Alfredo?
_____

10- Quem é D. Maria?
_____

A FAMÍLIA E OS PARENTESCOS

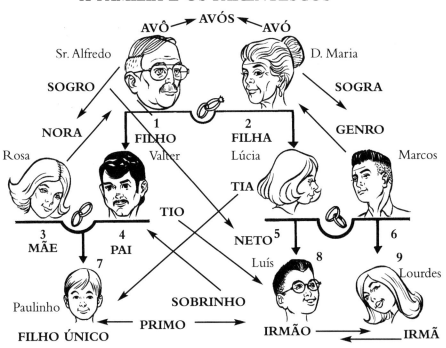

1-2   Sr. Alfredo é casado com D. Maria.
4-5   Eles têm dois filhos, Valter e Lúcia.
3-4   Valter é casado com Rosa. Eles têm um filho, Paulinho.
3-4   Valter é **pai** de Paulinho. Rosa é a **mãe.**
5-6   Lúcia é casada com Marcos. Eles têm um **filho,** Luís, e uma
       filha, Lourdes.

Sr. Alfredo é **sogro** de Rosa e Marcos. D. Maria é **sogra.**
Rosa é **nora** do Sr. Alfredo e D. Maria. Marcos é **genro.**

Sr. Alfredo é **avô** de Paulinho, Luís e Lourdes. D. Maria é **avó** deles.
Paulinho e Luís são **netos** do Sr. Alfredo e D. Maria. Lourdes é **neta** deles.
Rosa é **cunhada** de Lúcia. Marcos é **cunhado** de Valter.
Marcos é **tio** de Paulinho e Lúcia é **tia**.
Paulinho é **sobrinho** de Lúcia e Marcos.
Rosa e Valter são **tios** de Luís e Lourdes.
Lourdes é **irmã** de Luís; Luís é **irmão** de Lourdes.
Paulinho é **primo** de Luís e Lourdes.
Lourdes é **prima** de Paulinho.

FICHA DE IDENTIFICAÇÃO

Nome: _____ Sobrenome:_____

Data de nascimento: _____ Sexo: _____ Idade _____

Local de nascimento: _____

Estado civil _____ Profissão: _____

Pai: _____ Mãe: _____

Avô materno:_____ Avó materna:_____

Avô paterno: _____ Avó paterna: _____

Endereço:_____ Bairro:_____

CEP:_____ Cidade: _____ Estado_____País_____

Telefone residencial: _____ Comercial: _____Ramal_____ .

Data: _____

Assinatura: _____

MASCULINO   FEMININO

o pai – a mãe

a mulher – o marido

o rei – a rainha

o galo – a galinha

o boi – a vaca

o cavalo – a égua

Masculino	Feminino	Masculino	Feminino
o menino	a menina	o moço	a moça
o pato	a pata	o aluno	a aluna
o esposo	a esposa	o médico	a médica
o professor	a professora	o doutor	a doutora
o autor	a autora	o escritor	a escritora
o inglês	a inglesa	o português	a portuguesa
o chinês	a chinesa	o francês	a francesa
o espanhol	a espanhola		
o irmão	a irmã	o alemão	a alemã
o campeão	a campeã	o cristão	a cristã
o rei	a rainha	o ator	a atriz
o galo	a galinha	o boi	a vaca
o gerente	a gerente	o colega	a colega
o jornalista	a jornalista	o dentista	a dentista
o cliente	a cliente	o estudante	a estudante
o chefe	a chefe	o paciente	a paciente

Geralmente as palavras terminadas em **a** são **femininas** e as terminadas em **o** são **masculinas.**

Atenção para as **exceções:**

a) **o chá, o dia, o mapa, o planeta, o sofá, o cometa, o clima, o fantasma.**

b) palavras terminadas em **ema, ama** e **oma** que têm origem grega: **o problema, o dilema, o cinema, o estratagema, o poema, o sistema, o tema, o telefonema, o diploma, o idioma, o aroma, o quilograma, o programa.**

ATENÇÃO!

═══════ EXERCÍCIO ═══════

A - Passe para o feminino:

1 - O cristão segue as leis da igreja.

_____

2 - O aluno é muito amigo do professor.

_____

3 - O doutor chama o paciente.

_____

4 - O escritor comenta o livro com o editor.

_____

5 - O jornalista entrevista o diretor e o gerente.

_____

6 - O filho vai com o amigo encontrar o pai.

_____

7 - O rei anda com os filhos no parque.

_____

8 - O galo está debaixo da árvore.

_____

9- O boi está no curral.

_____

10 - O alemão é o campeão.

_____

B - Complete usando os artigos o, os, a, as:

1 - _____ campeão	2 - _____ problema	3 - _____ autores
4 - _____ patas	5 - _____ meninas	6 - _____ moço
7 - _____ dia	8 - _____ rainha	9 - _____ sistemas
10 - _____ cinema	11 - _____ português	12 - _____ espanhola
13 - _____ lições	14 - _____ alemães	15 - _____ programa
16 - _____ pai	17 - _____ galos	18 - _____ telefonema
19 - _____ irmãs	20 - _____ marido	21 - _____ paciente

PRESENTE CONTÍNUO

Neste momento ele está brincando com o cachorro.

Neste momento eles estão jogando bola.

Neste momento ela está andando de bicicleta. Ela está indo para o parque.

Neste momento a professora está ensinando português. Ela está escrevendo no quadro.

Neste momento ele está dirigindo o carro. Ele está indo para o escritório.

Carlinhos e seu cachorro estão andando de barco. Eles estão indo a Cabo Frio.

O ENCONTRO

Alfredo e Márcia estão no bar. Ele está tomando uma caipirinha e ela guaraná. A amiga deles, Carolina, está entrando no bar com um moço. Ela cumprimenta os amigos:

Carolina: __ Oi, Alfredo. Oi, Márcia. Tudo bem?
Alfredo: __ Tudo bem.
Márcia: __ Que surpresa!
Carolina apresenta o namorado dela:
               __ Este é João Carlos, meu namorado.
Alfredo: __ Muito prazer.
João Carlos: __ Muito prazer.
Márcia: __ Muito prazer, João Carlos.
J. Carlos: __ O prazer é meu.
Márcia: __ Vocês querem sentar na nossa mesa?
Carolina: __ O que você acha, João Carlos ?
J. Carlos: __ É uma boa idéia.
Alfredo: __ Ótimo. Sente aqui deste lado, João Carlos.
Márcia: __ E você, Carolina, sente aqui perto de mim. Temos muito que
               conversar.
Carolina: __ Quero conversar com você também.

```
MODO INDICATIVO
PRESENTE CONTÍNUO

Eu            estou       tomando água.

Ele – ela  }
Você        }  está       bebendo café.

Nós           estamos     abrindo o livro.

Eles – elas }
Vocês       }  estão       estudando
```

```
Verbo estar + falar - ndo
              beber - ndo
              partir - ndo
```

Neste momento a professora **está ensinando** português.
Neste momento eu **estou falando** português.
Neste momento você **está aprendendo** português.
Neste momento ele **está abrindo** o livro.

Agora eles estão trabalhando no banco.
A aula de português está começando agora.
Agora elas estão preparando o jantar.

Ela está chegando agora na escola.
Ele está telefonando exatamente agora.
Nós estamos falando exatamente sobre você agora.

EXERCÍCIO

Complete usando o presente contínuo, como no exemplo:

Ensinar e aprender

Ela <u>está ensinando</u> matemática e ele <u>está aprendendo</u> muito.

Agora ela _____a lição e eles _____
_____ rápido.

O técnico_____o jogo e nós_____
_____bem.

Ela _____música e elas _____
_____rápido.

Explicar e entender

O diretor _____o plano e eles_____
_____ muito bem.

Vocês _____tudo e nós _____
_____bem.

Elas _____tudo direitinho e as crianças _____
_____tudo.

Trabalhar e cansar
Eles _____muito e _____
_____muito também.
Agora nós _____pouco e _____
_____ pouco também.

Pensar e escrever
Eles_____ em inglês, mas _____
_____ em português.
Vocês _____ numa coisa e _____
_____outra.
Eu_____ muito sobre o tema, mas _____
_____ pouco sobre ele.

Ganhar e gastar
Eu_____ muito dinheiro e _____
_____ tudo.
Nós_____ pouco e_____
_____ pouco.
Ela _____ pouco dinheiro e _____
_____ muito.

Comprar e vender
Nós_____muito e_____
_____ muito também.
Eles não _____ muito, por isto não_____
_____ muito.
Paulo não _____ muito, porque ele não_____
_____ muito também.

Estudar e aprender
Marta _____ muito e _____
_____ muito, naturalmente.
Jorge _____ pouco e_____
_____ pouco também.
Paulo não _____ muito, por isto não _____
_____ muito.

EXERCÍCIO

PRESENTE   **FUTURO**   **PRESENTE CONTÍNUO**

Eu sempre tomo água.

Eu vou tomar água.

Eu estou tomando água.

Complete as frases com o presente, presente contínuo e futuro, como no exemplo:

Presente   Eu sempre **estudo** à noite.
Presente contínuo   Agora eu **estou estudando** de manhã.
Futuro   Amanhã eu **vou estudar** à noite.

Esperar 1- Eu sempre _____o trem às 8 horas.
2- Agora eu _____o ônibus.
3- Amanhã eu _____o trem das 7 horas.
4- Marta sempre _____a amiga para lanchar.
5- Agora a amiga _____Marta.
6- Amanhã elas_____os maridos.

Guardar 1- Eu sempre _____os livros no armário.
2- Agora eu_____os livros na gaveta.
3- Amanhã eu_____os livros na bolsa.
4- José sempre _____o dinheiro na carteira.
5- Agora ele _____a carteira no bolso.
6- Amanhã ele_____o dinheiro na gaveta.
7- Nós sempre _____as roupas no armário.
8- Amanhã nós _____as roupas na gaveta.
9- Os meninos_____os brinquedos na caixa.
10- Agora eles _____os brinquedos.
11- Amanhã eles_____os brinquedos no armário.

Brigar 1- Eu nunca _____com meu marido.
2- Agora eu_____com meu colega.
3- Amanhã eu não _____.

4- Eles sempre _____com os amigos.

5- Agora eles _____com o chefe.

6- Amanhã eles_____com os jogadores.

7- Nós sempre _____por causa de dinheiro.

8- Agora nós não_____.

9- Amanhã nós _____pelos salários.

10- O gato sempre _____com o cachorro.

11- Agora eles _____na rua.

12- Amanhã eles não _____.

Tentar
1- Eu sempre_____pensar em português.

2- Agora eu_____pensar em português.

3- Eles sempre _____pensar mais em português.

4- Agora eles _____pensar em português.

5- Amanhã eles_____pensar em português.

6- Agora ela _____estudar mais o português.

7- Amanhã ela _____pensar em português.

8- Nós sempre _____estudar muito português.

9- Agora nós_____estudar muito.

10- Amanhã nós_____estudar mais.

11- Você sempre _____falar português.

12- Agora você _____falar português.

13- Amanhã você _____falar só português.

Eu sempre como banana.

Eu vou comer banana.

Eu estou comendo banana.

Escrever
1- Eles sempre _____bem em português.

2- Agora eles _____em português.

3- Amanhã eles _____em português também.

4- Eu sempre _____em inglês.

5- Agora eu_____em português.

6- Nós sempre _____muito bem.

7- Agora nós _____em português.

8- Amanhã nós _____ bem em português.

Receber
1- Ela sempre_____muitas cartas.

2- Agora ela _____cartões postais.

3- Amanhã ela _____mais cartas e cartões.

4- Eu sempre _____muitos fax.

5- Agora eu _____um fax do meu cliente.

6- Amanhã eu _____mais fax.

Correr

1- Eles sempre_____no parque.

2- Agora eles _____na praia.

3- Amanhã eles _____no clube.

4- Eu sempre_____de manhã.

5- Este mês eu _____à noite.

6- No próximo mês eu_____de manhã.

7- Amanhã eles _____no parque.

8- Nós sempre_____na maratona.

9- Agora nós não _____.

10- No próximo ano _____na maratona.

Eu sempre assisto televisão.

Eu vou ssistir televisão.

Eu estou assistindo televisão.

Assistir

1- Nós sempre_____televisão à noite.

2- Este mês nós não _____televisão.

3- No próximo sábado nós_____televisão.

4- Ele sempre _____os jogos de futebol.

5- Este mês eles não _____os jogos de futebol.

6- No próximo mês elas_____à ópera.

7- Eu sempre _____comédias.

8- Agora eu não_____nada.

9- Na próxima sexta eu _____uma comédia.

10- Você sempre _____aos concertos da filarmônica.

11- Este ano você_____a muitos concertos.

12- No próximo ano você _____a muitos concertos.

Abrir

1- Elas sempre _____as janelas de manhã.

2- Agora elas _____as janelas.

3- Amanhã elas _____as janelas.

4- Você sempre _____o livro para estudar.

5- Agora você_____o livro.

6- Amanhã você _____o livro.

7- Amanhã elas _____as janelas.

8- Ele sempre_____o dicionário.

9- Agora ele _____o dicionário.

10- Amanhã ele _____o dicionário.

11- O gerente_____muitas contas no banco.

12- Agora ele _____uma conta.

Ele põe a carta na caixa do correio.

Ele quer abrir a porta, mas ele não pode alcançar o trinco.

Ela põe o leite no copo do liquidificador.

Ela quer comer, mas ela não pode alcançar o bolo de aniversário.

MODO INDICATIVO **PRESENTE**			
Verbo	**QUERER**	**PODER**	**PÔR**
Eu	quero	posso	ponho
Ele - ela Você O senhor A senhora	quer	pode	põe
Nós	queremos	podemos	pomos
Eles - elas Vocês Os senhores As senhoras	querem	podem	põem

__ Nós podemos contar as estrelas no céu?

__ Não podemos contar as estrelas no céu porque elas são infinitas.

__Vocês podem contar os peixes do mar?

__ Não podemos contar os peixes do mar porque eles são infinitos.

__Você pode contar os grãos de areia na praia?

__ Não podemos contar os grãos de areia na praia porque eles são infinitos.

__ Eu quero comprar um carro mas não posso.
__ Por que não?
__ Porque não tenho dinheiro.

__ Ele quer ir à praia mas não pode.
__ Por que não?
__ Porque vai trabalhar.

PODER = CONSEGUIR   **Exemplo:** Ele não consegue abrir a porta.
Ela não consegue pegar o bolo.
Nós não conseguimos contar as estrelas.
Ele não consegue terminar o trabalho hoje.
Eu não consigo emagrecer.

—Você pode me ajudar? Não consigo abrir esta garrafa de cerveja.
— Claro! Um momento.

— Posso dar um telefonema?
— Claro! O telefone está ali em cima da mesa.

—Você pode trabalhar amanhã?
—Infelizmente não posso. Vou viajar.

—Você pode me ajudar? Estou perdida.
— Onde você quer ir?
— Quero ir ao Hotel Presidente.
—Você está perto. É só andar quatro quarteirões nesta rua. O hotel fica na esquina.
— Muito obrigada.

— Quem fala?
— É Marta, do Banco Progresso.
— Eu queria falar com o Dr. Paulo.
— Ele está numa reunião. A senhora quer deixar um recado?
— Por favor, peça a ele pra ligar para Antonia Costa.
— Pois não; qual é o seu número?
— É 224-4498
— Pode repetir devagar?
— Claro, 2-2-4-4-4-9-8.
— Muito obrigada.
— Até logo.

TELEFONEMAS

— Alô!
— É da casa da Bete?
— É sim.
— Ela está?
— É ela que está falando.
— Aqui é Izabel.
— Oi, tudo bem?
— Tudo bem e você?
— Tudo jóia! Vamos ao cinema hoje à noite?
— Infelizmente não posso.
— Está bem, vamos outro dia.
— Está bem. Um beijo.
— Outro.

— Banco Ideal, boa tarde.
— Boa tarde, eu queria falar com o gerente, por favor.
— Ele ainda não chegou. Quer deixar recado?
— Não, eu telefono mais tarde.
— Até logo.

— Alô. Quem está falando?
— É o Renato.
— Oi, Renato é o Mauro.
— (Plic....)
— Ih! A ligação caiu.
— Bip...bip...bip...

—————————————

— Ih! Agora está dando sinal de ocupado. Que bomba!

— Alô!
— De onde fala?
— Do escritório do Dr. Pedro.
— Eu gostaria de falar com ele.
— Quem deseja falar?
— É Maria Angélica, paciente dele.
— Um minuto por favor...vou transferir a ligação.

— Alô!
— É do escritório do Dr. Alfredo?
— É sim senhor.
— Eu gostaria de falar com ele.
— Quem gostaria? (Quem desejaria?)
— É o Dr. Alberto.
— Um momento, vou verificar se ele está. Oh! Ele acabou de sair. Quer deixar um recado?
— Fale com ele para me ligar o mais rápido possível. Preciso falar com ele urgente.
— Está bem. Vou dar o recado logo que ele voltar.
— Muito obrigado.
— De nada. Até logo.
— Até logo.

— Alô. De onde fala?
— 332-6759.
— Pode repetir por favor?
— 3-3-2-6-7-5-9.
— Ah! Desculpe, é engano.

13ª - Décima terceira lição

NO HOTEL

Hóspede:__ Bom dia.

Gerente: __ Bom dia. Como vai o senhor?

Hóspede:__ Bem obrigado. Eu quero um apartamento para casal.

Gerente: __ O senhor tem reserva?

Hóspede:__ Não.

Gerente: __ Um momento. O senhor quer um apartamento num andar mais alto ou mais baixo?

Hóspede:__ Eu prefiro mais alto e de frente para a rua.

Gerente: __ Pois não. Apartamento nº 734, sétimo andar. Por favor, o senhor pode preencher estas fichas?

Hóspede:__ Claro.

Gerente: __ Por favor, posso ver seu documento?

Hóspede:__ Aqui está meu passaporte.

Gerente: __ Muito obrigado. Está tudo em ordem. Aqui está a chave do apartamento.

O gerente fala para o carregador:

__ Por favor, acompanhe o senhor até o apartamento.

Carregador: __ Pois não. O elevador está aqui à direita, senhor.

PERGUNTAS

1 - O hóspede tem reserva de apartamento?

_____

2 - Que tipo de apartamento ele prefere?

_____

3 - Qual é o documento que ele tem?

_____

4 - Quem acompanha o hóspede até o apartamento?

_____

5 - Onde está localizado o elevador?

_____

128

NA LANCHONETE

Freguês: __ Estou com muita fome. Eu quero um sanduíche de queijo e presunto.
Garçom: __ O senhor quer o sanduíche quente?
Freguês: __ Sim, boa idéia. Eu quero um misto quente.
Garçom: __ O senhor quer tomar alguma coisa?
Freguês: __Vou tomar um guaraná, mas antes quero tomar uma água mineral.
Garçom: __ O senhor prefere com gás ou sem gás?
Freguês: __ Eu prefiro com gás.

NO RESTAURANTE

__ Garçom, eu quero comer um filé.
__ Como o senhor gosta do filé, mal passado ou bem passado?
__ Eu gosto ao ponto.
__ O que o senhor quer tomar?
__ Eu vou tomar um chope bem gelado e uma caipirinha também.
__ O senhor gosta do chope com espuma ou sem espuma?
__Ah! Eu adoro chope com espuma!

EXERCÍCIO

A -Complete com o verbo <u>poder</u> no presente do indicativo e responda às perguntas:

1 - Você _____comprar um carro este ano?
_____

2 - Ela _____atender o telefone?
_____

3 - Nós _____ir ao Brasil este mês?
_____

4 - O senhor _____comprar um avião?
_____

5 - Eles_____trabalhar amanhã?
_____

6 - Por que ele não _____comprar um navio?
_____

7 - Eu _____estudar com você hoje?
_____

8 - Por que ele não_____ir à praia?
_____

9 - Pedro _____tirar férias agora?
Não, _____

10 -Vocês _____ jantar conosco hoje?
Não, _____

B - Complete com os verbos indicados:

1. Eu (preferir) _____ trabalhar de dia, mas eu (poder) _____
   trabalhar só à noite, porque eu (querer) _____ estudar português.

2. Eu (preferir) _____ viajar no verão, mas eu não (poder) _____
   porque eu (querer) _____ continuar meus estudos.

3. Eles (preferir) _____ viajar, mas não (poder) _____
   porque (querer) _____economizar dinheiro para comprar uma casa.

4. Nós (preferir) _____ comprar carro grande, mas não (poder)_____
   _____ porque (querer) _____ comprar uma casa.

5. Ele (preferir) _____ comprar apartamento, mas não (poder) _____
   _____ porque não (querer) _____ pagar financiamento.

C - Complete e responda como no exemplo:

   Você quer jogar golfe? Tênis
   Quero, mas prefiro jogar tênis.

1. Vocês _____ nadar? Voleibol

   Nós _____, mas _____

2. Eles _____jogar futebol? Basquete

   _____

3. Elas _____ jogar xadrez? Pôquer

   _____

4. Você _____ estudar comigo? Dançar

   _____

5. Vocês _____ trabalhar sábado? Ir à praia

   _____

6. Ela _____ assistir TV? Ir ao teatro

   _____

7. Você _____ trabalhar comigo? Passear no parque

   _____

8. João e José _____ estudar hoje? Passear na praia

   _____

D - Complete com o verbo <u>pôr</u> no presente:

1 – Você_____açúcar no café ?

2 - A secretária_____os livros no armário.

3 - Eles_____muito limão na caipirinha.

4 - Carlos_____leite no café.

5 - Nós _____o dinheiro no banco.

6 - Sr. Romeu_____o carro no estacionamento.

7 - Os estudantes_____os livros na cadeira.

8 - Elas_____gelo no guaraná.

9 - D. Ana_____a mesa para o jantar.

10 - Eles _____muito sal na carne.

E - Complete usando o verbo no presente do indicativo:

Querer

1 - Eu _____ir ao Brasil este ano.

2 - Você_____ir ao restaurante comigo?

3 - Eles _____estudar português?

4 - Nós _____comprar uma casa.

5 - Você _____morar conosco?

6 - Eles não _____trabalhar hoje.

7 - Elas _____comprar muitas jóias.

8 - Eu _____ser engenheiro eletrônico.

9 - Eles _____falar português muito bem.

10 - Nós_____falar japonês fluentemente.

F - Preferir

1 - Você _____vinho ou cerveja?

2 - Marta e João _____ir à praia.

3 - Nós_____estudar à noite.

4 - Eu _____escutar música clássica.

5 - Eu _____matemática.

6 - Eles_____música popular.

7 - Eles _____viajar de carro.

8 - D. Célia_____comer peixe.

9 - O senhor_____chá ou café?

10 - Nós _____comer carne e frango.

14ª - Décima quarta lição

O ESCRITÓRIO

O escritório do Dr. Eduardo fica na Avenida Paulista, número 34, no 5°
andar do Edifício Boa Vista.

D. Ângela é a secretária dele. Ela está trabalhando agora. Ela está sentada
atrás da escrivaninha. O telefone está em cima da escrivaninha e ao lado direito
da secretária. O grampeador está no canto da mesa, perto do telefone. A agenda
está no meio da escrivaninha e na frente da secretária. Há uma jarra de flores no
canto da escrivaninha.

O computador está em cima da mesinha, que está ao lado da escrivaninha.
Ao lado do computador está a impressora.

A cesta de lixo está perto da escrivaninha e o cofre também.

Na parede há um relógio e abaixo dele está o calendário. O relógio e o
calendário estão perto da janela. No canto, perto da janela, há um arquivo com
muitas gavetas. A primeira gaveta está aberta. A estante está junto do arquivo. Há
muitos livros e pastas nas prateleiras da estante.

D. Ângela está trabalhando no computador. Geralmente ela escreve cartas e
documentos no computador, organiza o arquivo, manda fax para os clientes, lê e
responde as mensagens do correio eletrônico, etc.

D. Ângela é muito eficiente e responsável.

131

PERGUNTAS

1. De quem é este escritório?

_____

2. Como se chama a secretária?

_____

3. O que está em cima da escrivaninha?

_____

4. Onde está a agenda da secretária?

_____

5. O que está perto do arquivo?

_____

6. Onde está o grampeador?

_____

7. Onde está o relógio?

_____

8. Onde está a impressora?

_____

O lápis está **perto da** caneta.

O lápis está **longe da** caneta.

A cruz está **em cima da** igreja.

O livro está **embaixo (debaixo) da** caixa.

A bola está **entre** o triângulo e o quadrado.

O ponto está no **meio (centro) do** círculo.

O menino está **ao lado da** menina.

Eles estão **frente a frente.**

O sol está **atrás das** montanhas.

A árvore está **na frente da** casa.

A menina está **à direita do** menino.   O menino está **à esquerda da** menina.

As meninas estão **juntas**.

As meninas estão **separadas.**

Elas estão **fora do** carro.

Ele está **dentro** da canoa.

Ele está **em pé.**

Ele está **deitado.**

Ela está **sentada**.

A mesa está **no centro** e as cadeiras estão ao **redor (em torno) da** mesa.

Nova Iorque está **acima da** linha do Equador. O Rio de Janeiro está **abaixo da** linha do Equador.

O quadro **acima** é preto e o quadro **abaixo** é branco e preto.

A bola está **em cima** da caixa,
que
a caixa está **em cima** do livro,
que
o livro está **em cima** da caneta.

A canoa está **do lado de cá** do rio e a casa está **do lado de lá.**

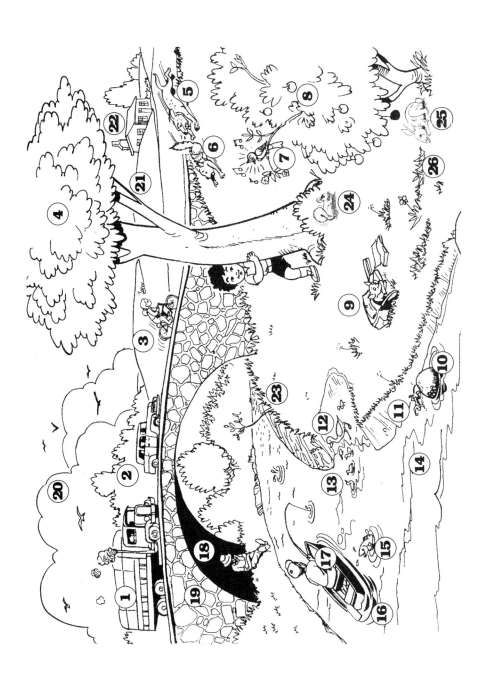

VOCABULÁRIO

1 - o caminhão	2 - o carro ou o automóvel	3 - a bicicleta
4 - a árvore	5 - o cachorro	6 - o gato
7 - o passarinho	8 - o galho da árvore	9 - a sacola
10 - a pedra	11 - a rã	12 - a pata
13 - o patinho	14 - o rio	15 - o peixe
16 - a canoa	17 - o pescador	18 - o homem
19 - a ponte	20 - a nuvem	21 - a montanha
22 - a casa	23 - a margem direita do rio	24 - o esquilo
25 - o coelho	26 - a grama	

EXERCÍCIO

Observe o quadro e o vocabulário.

Responda às perguntas, usando as palavras: atrás, entre, na frente, perto, em cima, etc.

1 - O que está em cima da ponte?

_____

2 - O que está embaixo da ponte?

_____

3 - Onde está o carro?

_____

4 - Onde está a bicicleta?

_____

5 - Onde está o caminhão?

_____

6 - Onde está o menino?

_____

7 - Onde está o cachorro?

_____

8 - Onde está o pescador?

_____

9 - Onde está o gato?

_____

10 - Onde estão os patinhos?

_____

11 - Onde está o passarinho?

_____

12 - Quem está embaixo da ponte?

_____

13 - Onde está a canoa?

_____

14 - Onde está a casa?

_____

15 - Onde está o peixe?

_____

16 - Onde está a rã?

_____

17 - Onde está o esquilo?

_____

18 - O que está na frente do caminhão?

_____

19 - O que está atrás da bicicleta?

_____

20 - Onde está o coelho?

_____

POR	por + a = pela	por + as = pelas
	por + o = pelo	por + os = pelos

O dinheiro vem **pelo** correio.
O ônibus passa **por** aqui ?
Não, ele passa lá **pela** avenida.
O trem passa **pela** rua de sua casa ?
Não, o trem passa **pela** avenida.
O ônibus passa **pelo** bairro.
O ônibus passa **por** Copacabana ?
Pela manhã, José passa **pela** praia.
As crianças passam **pelo** parque.
Nós passamos **pelo** centro da cidade.
Roberto passa **pelas** montanhas quando vai para casa.
Pela tarde, o médico atende muitos pacientes.

Marta sempre pergunta **pelo** Carlos.

Mário sempre pergunta **por** você.

Ela pergunta **por** mim?

Ela pergunta **por** nós.

Davi viaja **por** Israel.

Pedro viaja **por** Portugal.

Elas viajam **pelo** Brasil.

Eles andam **pela** praia.

Ele estuda **pela** manhã.

Ela trabalha **pela** tarde.

Vou mandar a carta **por** fax.

Ela manda notícias **pela** internete.

EXERCÍCIO

Complete com por, pelo, pela, pelos, pelas:

_____manhã, Marta passa_____hotel.

Não passamos _____sua casa, porque não passamos_____centro.

Aquele ônibus não passa_____cidade.

Maria sempre passa_____lojas do centro.

Carlos adora viajar_____montanhas e andar_____praias.

Patrícia pergunta_____diretor e_____ secretária.

José nunca passa_____centro de carro.

João sempre passeia_____parque e _____ praia..

Os animais correm_____campos e _____ montanha.

D. Marina pergunta_____filhos.

Eles sempre compram livros_____correio.

Nós mandamos a encomenda_____correio.

A notícia vem_____rádio e _____internete.

Ele manda a resposta_____fax e _____ correio eletrônico.

Ele sempre pergunta_____Jorge.

Você vai passar_____escritório?

Não vou passar _____ banco.

Ele viaja _____ Europa.

Eu trabalho _____ manhã.

José estuda   tarde.

PEDINDO INFORMAÇÃO

Sr. Antônio está visitando a cidade pela primeira vez. Ele pede informação na recepção do hotel:
___ Por favor, onde é o ponto de ônibus para o centro da cidade?
___ É perto. O senhor sai do hotel e vira à esquerda. Depois anda dois quarteirões e vira à direita. O ponto do ônibus fica na frente do correio.
___ Muito obrigado.

Carlos pergunta a uma moça:
___ Por favor, onde é o Cine Rex ?
___Você sai do hotel e vira à esquerda. Anda na Rua D. Pedro I até a Avenida Princesa Isabel. Depois vira à direita. O cinema está quase na esquina, do outro lado da rua.
___ Muito obrigado.
___ Às ordens.

Observe o mapa. Você está no hotel. Agora responda às perguntas:

1 - Onde é a agência de viagem ?
2 - Onde é o Banco do Brasil ?
3 - Onde é a farmácia ?
4 - Onde é a igreja ?
5 - Onde é o parque?
6 - Onde é a escola?
7 - Onde é o hospital?
8 - Onde é o correio?

VOCABULÁRIO: quadra - quarteirão - rua - avenida - sinal de trânsito - cruzamento - esquina - centro - bairro - periferia - subúrbio - ponto de ônibus - estação
do metrô - estação rodoviária - ferroviária - porto

direto - depois - em frente - atrás - no fim - então - quase - até

saia - vire - continue - ande - atravesse - siga - passe - va

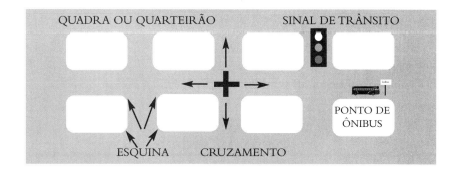

O MAPA DO CENTRO DA CIDADE

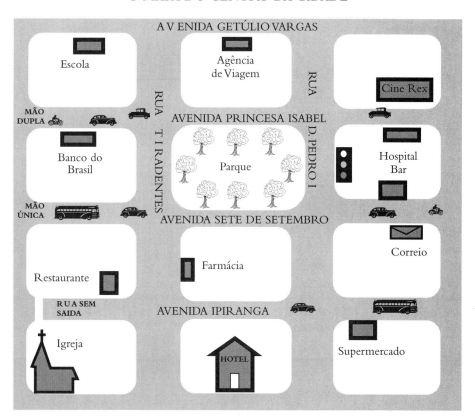

NA RODOVIÁRIA

GUICHÊ DE VENDA DE PASSAGENS

__ Por favor, qual é o horário de ônibus para Petrópolis?

__ O ônibus para Petrópolis parte de hora em hora.

__ Ótimo. Então eu quero uma passagem para o ônibus das 10 horas.

__ Está lotado. Tem lugar no ônibus das 9 horas e das 11 horas.

Está bem. Então eu vou no das 11 horas.

__ A passagem custa R$22.00.

__ Aqui está o dinheiro trocado. De onde sai o ônibus?

__ Ele parte da plataforma C. Boa viagem.

__ Obrigado.

NO PONTO DE ÔNIBUS

__ Por favor, que ônibus devo tomar para ir a Ipanema?

__ Onde você quer ir?

__ Ah! Quero ir à praia.

__ Então pode pegar o 483.

__ Ele para neste ponto?

__ Sim. Olha, ele está chegando.

__ Que bom. Muito obrigado.

15ª - Décima quinta lição

NOSSA CASA

Nós moramos no interior de São Paulo. Nossa casa é muito grande e confortável. Ela tem dois andares e seu estilo é colonial. As paredes são brancas e as portas e janelas são azuis. Na frente há um jardim pequeno, mas muito bonito e com muitas flores.

No primeiro andar da casa há uma sala grande, que é a sala de visita, uma outra sala pequena, que é a sala de jantar. Ao lado da sala de visita há uma sala pequena, que é o escritório de meu pai. Ao lado da sala de jantar está o banheiro.

A cozinha é muito grande e clara.

No segundo andar há uma sala, onde está a televisão e quatro quartos. Há também um banheiro.

Atrás da casa há também um jardim e uma horta de legumes.

Minha mãe adora plantar frutas e legumes.

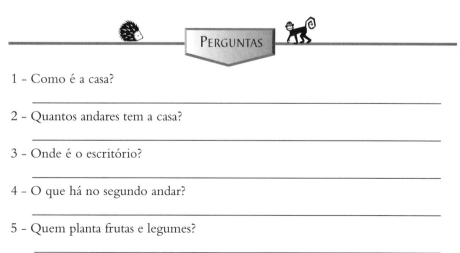

PERGUNTAS

1 - Como é a casa?

_____

2 - Quantos andares tem a casa?

_____

3 - Onde é o escritório?

_____

4 - O que há no segundo andar?

_____

5 - Quem planta frutas e legumes?

_____

141

142

A CASA – O APARTAMENTO

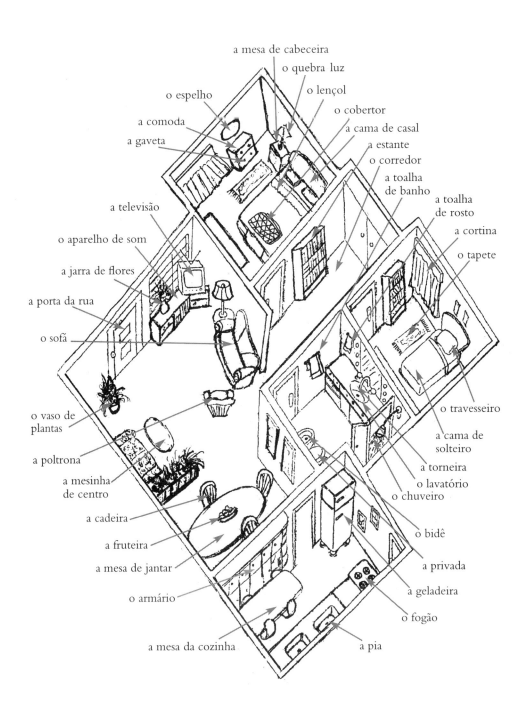

- a mesa de cabeceira
- o quebra luz
- o espelho
- o lençol
- o cobertor
- a comoda
- a cama de casal
- a gaveta
- a estante
- o corredor
- a toalha de banho
- a televisão
- a toalha de rosto
- o aparelho de som
- a cortina
- a jarra de flores
- o tapete
- a porta da rua
- o sofá
- o vaso de plantas
- o travesseiro
- a poltrona
- a cama de solteiro
- a mesinha de centro
- a torneira
- o lavatório
- a cadeira
- o chuveiro
- a fruteira
- o bidê
- a mesa de jantar
- a privada
- o armário
- a geladeira
- o fogão
- a mesa da cozinha
- a pia

EXERCÍCIO

A-Responda às perguntas:

1 Quantos cômodos tem sua casa ou apartamento?
_____

2. Quantos quartos tem sua casa ou apartamento?
_____

3.A sua cozinha é grande ou pequena?
_____

4.Onde está a sua televisão?
_____

5. Você tem muitas estantes?
_____

B- Descreva como é a sua sala de visita. Use perto, ao lado, etc.

_____

_____

_____

_____

_____

_____

_____

_____

_____

_____

_____

_____

_____

_____

_____

_____

O garçom **traz** o café.
O garçom **vem** à mesa.

O garçom **leva** os pratos.
O garçom **vai** à cozinha.

MODO INDICATIVO	**PRESENTE**		
Verbos	**FAZER**	**TRAZER**	**DIZER**
Eu	faço	trago	digo
Ele - ela Você O senhor A senhora	faz	traz	diz
Nós	fazemos	trazemos	dizemos
Eles - elas Vocês Os senhores As senhoras	fazem	trazem	dizem

__ Garçom, traz um cafézinho, por favor.
__ Pois não.
__ Traz a conta também.
__ Está bem.

__ Alô!
__ Oi Glorinha, você pode me fazer um favor?
__ Claro! O que você precisa?
__ Quando você voltar para casa, traz um litro de leite para mim?
__ Você precisa de mais alguma coisa?
__ Não, é só.
__ Tudo bem. Vou chegar às 6 horas, tá?
__ Ótimo.

__ Geralmente o que você faz no fim de semana?

__ Normalmente eu me levanto tarde e começo o dia calmamente. Eu sempre vou à praia e depois almoço com meus amigos. À noite, geralmente, eu vou ao cinema ou vou a um barzinho para escutar música. Eu gosto de ir às galerias de arte também. E o que você faz?

__ Eu faço mais ou menos a mesma coisa. Eu também gosto de ir às galerias. Geralmente eu aproveito para fazer compras no sábado.

Rosa sempre diz que vai comprar um carro, mas nunca compra.
A professora diz "bom dia" aos alunos.
O provérbio diz:" Não adianta chorar sobre o leite derramado."
O médico diz para ter cuidado com a alimentação.

__ Quando você viaja você traz muitas lembranças?

__ Eu trago só coisas típicas, artesanato e fotos, muitas fotos. E você traz muitos presentes para sua família?

__ Eu trago lembrancinhas, coisas simples e típicas. Eu tenho uma família muito grande!

Pedro faz ginástica todos os dias.	Maria faz café todas as manhãs.
Ela faz um pudim delicioso.	Ela faz compras no supermercado.
O bom estudante faz os exercícios de casa.	Ela faz comida chinesa.
Minha mãe faz a cama todos os dias.	A mãe faz festa para o filho.
Marta faz a mala uma semana antes de viajar.	Ela faz limpeza na casa toda a semana.

EXERCÍCIO

A– Complete e responda com o verbo FAZER no presente do indicativo:

1 - Você_____os exercícios de português?

_____

2 - Eles _____muitos testes na fábrica?

_____

3 - Elas_____compras na feira ou no supermercado?

_____

4 - Marta_____crochê bem?

_____

5 - Ele_____muitas viagens ao Brasil?

_____

6 - Eles_____caipirinha para as festas?

_____

7 - Ele_____planos para as férias?

_____

146

8 - Seu pai_____muitas viagens?
_____

9 - Esse engenheiro_____prédios ou pontes?
_____

10 - A fábrica_____mesas para escritórios?
_____

11 - Você_____churrasco de porco ou de frango?
_____

12 - Elas_____ginástica aeróbica ou ioga?
_____

B- Complete usando o verbo no presente do indicativo:
Trazer
1 - Nós sempre _____ o livro para a escola.
2 - Ele _____os filhos quando vem a minha casa.
3 - João _____o filho à escola.
4 - Nós _____lanche todos os dias.
5 - Eu _____um presente para você.
6 - Meus pais_____muitos brinquedos para meu filho.
7 - O carteiro _____cartas, jornais e revistas.
8 - Os jornais _____notícias boas e más.

Dizer
1 - Eu sempre_____ _____a verdade para meus pais.
2 - Nem sempre os jornais_____a verdade.
3 - As avós sempre _____sim para os netos.
4 - Eu _____bom dia quando chego ao escritório.
5 - Aquelas meninas _____muitas mentiras.
6 - Os jornais _____mentiras e verdades.
7 - Você_____que vai viajar, mas nunca viaja.
8 - Ele _____uma coisa e faz outra muito diferente.
9 - Nós_____parabéns para o aniversariante.
10 - Nem sempre ela _____a verdade para o marido.
11 - Nem sempre ele _____a verdade para a esposa.
12 - Eles sempre _____meia verdade um para o outro.

C- Complete e responda às perguntas usando o presente:
Trazer
1 - Você_____muitos livros para a escola?
_____

2 - Você_____muitas lembranças quando viaja?
_____

3 - Você _____ presentes para os amigos quando viaja?
_____

4 - Seus amigos _____presentes para você quando viajam?

_____

5 - Seus colegas_____dicionário para a aula?

_____

Dizer

1 - Você_____muitas mentiras?

_____

2 - O professor_____tudo corretamente?

_____

3 - Você sempre_____tudo o que pensa?

_____

4 - Eles sempre_____a verdade um para o outro?

_____

5 - Elas sempre_____tudo o que querem?

_____

PRESENTE	FUTURO	PRESENTE CONTÍNUO	PRETÉRITO PERFEITO (PASSADO)

Eu sempre tomo água. / Ah! Eu vou tomar água. / Estou tomando água. / Eu tomei água.

Eu sempre como frutas. / Eu vou comer banana. / Eu estou comendo banana. / Eu comi banana.

Eu sempre assisto televisão. / Eu vou assistir televisão. / Eu estou assistindo televisão. / Eu assisti televisão.

MODO INDICATIVO
PRETÉRITO PERFEITO (PASSADO)

	Estudar	**Comer**	**Abrir**
Eu	Estud-**ei**	Com-**i**	Abr-**i**
Ele-ela } Você	Estud-**ou**	Com-**eu**	Abr-**iu**
Nós	Estud-**amos**	Com-**emos**	Abr-**imos**
Eles-elas } Vocês	Estud-**aram**	Com-**eram**	Abr-**iram**

Exemplo: **Ontem,** Carlos estudou o dia todo.
No ano passado, eles venderam muitos carros.
Ontem, o Sr. Pedro abriu uma conta no Banco do Brasil.
Eu trabalhei muito na **semana passada.**
Nós dividimos a conta do restaurante, **ontem.**
Ontem eu comprei muitas frutas.
Ontem vocês tomaram muito vinho.
No **ano passado**, eu trabalhei muito.
No **mês passado**, ela trabalhou muito.

Os verbos terminados em **gar** têm a **1ª pessoa** do singular do **pretérito perfeito irregular.** Exemplo: chegar - che**guei**; pagar - pa**guei**; jogar - jo**guei**; ligar - li**guei**; brigar - bri**guei**; alugar - alu**guei**; entregar - entre**guei.**

Os verbos terminados em **car** também são irregulares na **1ª pessoa do singular.** Exemplo: ficar - fi**quei**; brincar - brin**quei**; pescar - pes**quei**; tocar - to**quei.**

EXERCÍCIO

Complete com o verbo indicado, no pretérito perfeito:

1 - **viajar** - Ontem eles _____para a França.

2 - **escutar** - Luís _____a notícia no rádio.

3 - **ajudar** - Ela_____muito o pai, no ano passado.

4 - **levar** - No mês passado, eu _____meu filho à Flórida.

5 - **combinar**- Ontem eles _____a reunião com os clientes.

6 - **comprar** - José_____um dicionário de português.

7 - **falar** - Renato _____com o diretor sobre seu salário.

8 - **gostar** - Ele _____muito do filme de ontem.

9 - **gastar** - Nós_____muito quando compramos o carro.

10 - **visitar** - Elas_____os pais, no mês passado.

11 - **alugar** - João_____um apartamento na praia.

12 - **tomar** - José _____muita caipirinha ontem.

13 - **andar** - Ontem elas _____muito na praia.

14 - **mostrar** - O pintor _____as pinturas ao professor.

15 - **encontrar** - Ontem Mário _____Luiza no restaurante.

1 - **beber** - Ontem, na festa, eles _____muita cerveja.

2 - **vender** - No ano passado, ele _____muitas casas.

3 - **vender** - O vendedor _____toda a produção deste ano.

4 - **comer** - Domingo passado, nós _____feijoada.

5 - **oferecer** - A companhia _____um coquetel ontem.

6 - **aprender** - No ano passado, nós _____japonês.

7 - **atender** - Ontem, o médico não_____os pacientes.

8 - **escrever** - Ontem, Paula_____uma carta para a mãe.

9 - **receber** - No mês passado, eu_____o carro novo.

10 - **esquecer** - Jorge _____o livro em casa.

11 - **receber** - A diretora _____um presente dos alunos.

12 - **conhecer** - Eles se _____na praia de Ipanema.

13 - **nascer** - Em que dia você _____?

14 - **nascer** - Eu _____no dia 10 de maio.

15 - **compreender** - Eles _____tudo muito bem.

1 - **acontecer** - Ontem, _____um acidente perto da praia.

2 - **descer** - Os preços das ações_____muito.

3 - **descer** - Pedrinho _____a montanha com os amigos.

4 - **descer** - O bebê _____a escada pela primeira vez.

5 - **descer** - O elevador_____muito rápido.

6 - **merecer** - O jogador_____o prêmio no jogo passado.

7 - **abrir** - As lojas _____mais tarde ontem.

8 - **abrir** - Sr. José _____uma conta no Banco do Brasil.

9 - **abrir** - O gerente _____o cofre do banco.

10 - **partir** - O avião _____atrasado meia hora.

11 - **abrir** - Sr. José _____uma conta no Banco do Brasil.

12 - **abrir** - O gerente_____o cofre do banco.

13 - **partir** - O avião _____atrasado meia hora.

14 - **partir** - Eles_____ontem para Roma.

15 - **partir** - Nós _____de São Paulo ontem, às 8 horas.

16 - **partir** - D. Ana_____o bolo em 9 fatias.

17 - **partir** - Maria _____o pão ao meio.

18 - **assistir** - Elas _____o concerto da filarmônica.

19 - **decidir** - Ontem, nós _____não viajar este mês.

20 - **decidir** - Eles não _____o que fazer nas férias.

21 - **decidir** - O diretor _____o aumento de salário.

1 - **definir** - O diretor não_____o novo horário da aula.

2 - **definir** - Eles _____tudo sobre o programa do curso.

3 - **mentir** - Pedrinho _____sobre o resultado do teste.

4 - **mentir** - Eles _____sobre a causa do acidente.

5 - **mentir** - Nós nunca _____para nossos filhos.

6 - **desistir** - Ela _____de estudar chinês.

7 - **desistir** - Eles _____de comprar casa.

8 - **desistir** - Você _____de viajar?

9 - **desistir** - Não, eu não _____ainda.

10 - **repetir** - Eles_____tudo calmamente.

11 - **repetir** - Ela _____o disco muitas vezes.

12 - **repetir** - O coro _____a música 3 vezes.

16ª - Décima sexta lição

AS COMPRAS

Ontem, D. Maria comprou muitas coisas para a casa. Primeiro, ela comprou as frutas e os legumes na feira. Depois comprou o pão e o leite na padaria perto da casa. Ela pagou tudo com dinheiro.

Em seguida, ela terminou as compras no supermercado. Lá comprou arroz, feijão, açúcar, carne, frango, batata, manteiga e óleo e pagou com o cartão de crédito Nacional. Ela mandou entregar as compras, porque não foi de carro.

As compras chegaram muito tarde e ela preferiu encomendar o jantar no Restaurante Chinês. Quando o marido dela chegou, o chinês chegou na mesma hora, entregando o jantar.

PERGUNTAS

1 - O que D. Maria comprou na feira?

_____

2 - O que ela comprou no supermercado?

_____

3 - Como ela pagou a conta no supermercado?

_____

4 - Por que ela encomendou o jantar no restaurante chinês?

_____

A PRAÇA
Carlos Imperial

Hoje eu acordei com saudade de você
Beijei aquela foto que você me ofertou
Sentei naquele banco da pracinha só porque
Foi lá que começou o nosso amor.

Senti que os passarinhos todos me reconheceram
E eles entenderam toda minha solidão
Ficaram tão tristonhos que até emudeceram
Aí então eu fiz esta canção

A mesma praça, o mesmo banco
As mesmas flores, o mesmo jardim
Tudo é igual, mas estou triste
Porque não tenho você perto de mim.

Beijei aquela árvore tão linda onde eu
Com o meu canivete um coração eu desenhei
Escrevi no coração meu nome junto ao seu
Ser seu grande amor então jurei

O guarda ainda é o mesmo que um dia me pegou
Roubando uma rosa amarela pra lhe dar
Ainda tem balanço, tem gangorra meu amor
Crianças que não param de correr

Aquele bom velhinho pipoqueiro foi quem viu
Quando envergonhado de amor eu lhe falei
Ainda é o mesmo o sorveteiro que assistiu
Ao primeiro beijo que lhe dei

A gente vai crescendo, vai crescendo, e o tempo passa
Mas nunca esquece a felicidade que passou
Sempre vou lembrar do nosso banco lá na praça
Foi lá que começou o nosso amor.

A PEÇA DE TEATRO

__ Ontem eu fui assistir a uma peça de teatro muito interessante.

__ Qual é o nome da peça?

__ Chama-se *Se ficar o bicho come, se correr o bicho pega.*

Que nome extravagante!

__ Não é engraçado? Mas é muito real. Muitas situações são difíceis de resolver, não têm solução. É um impasse! Então, *se ficar o bicho come, se correr o bicho pega.*

__ A peça é uma comédia?

__ Sim, é muito divertida!

— Qual é o teatro que está apresentando a peça?

— É o teatro Castro Alves. Você tem que comprar o ingresso com antecedência. O teatro fica lotado todas as noites.

MODO INDICATIVO   PRETÉRITO PERFEITO

Verbos	SER - IR	ESTAR	TER	VIR
Eu	fui	estive	tive	vim
Ele - ela / Você / O senhor / A senhora	foi	esteve	teve	veio
Nós	fomos	estivemos	tivemos	viemos
Eles - elas / Vocês / Os senhores / As senhoras	foram	estiveram	tiveram	vieram

---

EXERCÍCIO

Complete com o verbo indicado no pretérito perfeito:

Ir

1 - Ontem elas_____jantar no restaurante chinês.

2 - No mês passado, nós _____à praia só duas vezes.

3 - Você_____ao supermercado sábado passado.

4 - Quando eles_____visitar o irmão?

5 - No ano passado, eu _____à Bahia todos os meses.

6 - O Sr. João _____ao Rio encontrar a família.

7 - No ano passado, Paulo _____à Europa de navio.

Ser

1 - Ele sempre_____ o melhor aluno da classe.

2 - Nós _____alunos daquela universidade.

3 - Você_____secretária do diretor.

4 - O Sr. Pedro _____presidente do Flamengo.

5 - Meu irmão _____campeão de tênis no ano passado.

6 - Elas _____minhas alunas por muito tempo.

7 - Eles _____casados muitos anos.

Estar

1 - Vocês _____no Brasil no ano passado?

2 - Eu _____com o João ontem, no clube.

3 - Ele_____na Bahia, no verão passado.

4 - Nós_____no parque, perto da sua casa.

5 - A minha vizinha _____muito doente.

6 - Márcia _____no meu trabalho ontem.

7 - Eu_____em Recife, no mês passado.

Ter

1 - Nós _____uma grande surpresa ontem.

2 - Eles _____muito trabalho este mês.

3 - Eu _____muita dor de cabeça ontem.

4 - Você _____um bom fim de semana?

5 - Carlos_____um aumento de salário muito bom.

6 - Elas_____um dia muito alegre ontem.

7 - Ontem, nós _____um dia muito divertido.

8 - Ontem à noite ele _____um acidente no aeroporto.

Vir

1 - Eu _____ontem de Portugal.

2 - O dinheiro _____pelo Banco do Brasil.

3 - Eles_____de navio da Europa.

4 - Nós _____da fazenda domingo.

5 - Ana e o filho _____do Rio ontem.

6 - Vocês _____visitar sua amiga ?

7 - Os livros_____pelo correio.

8 - Ontem, ele_____trabalhar à noite.

B- Complete usando o verbo no tempo verbal adequado à palavra:

Exemplo: **Eu sempre** fico em casa.

Ontem eu fiquei em casa.

Amanhã eu vou ficar em casa.

No próximo fim de semana eu não vou ficar em casa.

Este mês eu estou ficando mais em casa.

A- Ser (sendo)

1- Eu sempre _____ muito paciente.

2- Ontem eu não _____ paciente com meu filho.

3- Amanhã eu _____ mais paciente com todos da família.

4- Agora eu _____ muito impaciente com meu colega.

5- Ele nunca _____ paciente, mas agora ele _____paciente.

6- No fim de semana passado ele _____ impaciente demais com os filhos.

7- Amanhã ele _____ mais paciente.

8- Elas sempre _____ pacientes com as amigas.

9- Ontem elas _____ muito impacientes comigo.

10-Agora elas _____ pacientes comigo também.

B- Ter (tendo)

1- Eu sempre _____ muito trabalho.

2- Ontem eu _____ trabalho demais.

3- Na próxima semana eu _____ muito mais trabalho.

4- No mês passado eu não _____ muito trabalho.

5- Ela sempre _____ pouco trabalho.

6- No ano passado ela não _____ nenhum trabalho.

7- Mas, amanhã ela _____ muito trabalho.

8- Eles nunca _____ muito trabalho.

9- Mas, ontem eles _____ muito trabalho.

10- Amanhã eles _____ muito trabalho.

11- Agora eles _____ muito trabalho.

12- Nós sempre _____ trabalho extra.

13- Agora nós não _____ trabalho extra.

14- No ano passado nós _____ trabalho extra o ano todo.

C- Ir (indo)

1- Eu sempre _____ ao clube.

2- Ontem eu não _____ ao clube porque choveu muito.

3- No próximo fim de semana eu _____ ao clube.

4- Agora eu _____ ao clube.

5- Ela sempre _____ ao clube comigo.

6- Ontem ela não _____ ao clube.

7- Amanhã ela _____ ao clube com o marido.

8- Neste mês ela _____ ao clube com o marido.

9- Eles sempre _____ ao clube a pé.

10- Ontem eles _____ ao clube de bicicleta.

11- No próximo sábado eles _____ ao clube a pé.

12- Agora eles _____ ao clube de bicicleta.

13- Nós sempre _____ ao clube sábado.

14- Sábado passado nós não _____ ao clube.

15- Agora nós _____ ao clube.

D- Vir (vindo)

1- Eu sempre _____ à escola.

2- Ontem eu não _____ à escola porque foi feriado.

3- Amanhã eu _____ à escola à noite.

4- Agora eu _____ à escola com minha amiga.

5- Eles sempre _____ ao escritório a pé.

6- Ontem eles _____ de ônibus.

7- Amanhã eles _____ de ônibus.

8- Esta semana eles _____ de ônibus.

9- Geralmente nós _____ ao escritório de carro.

10- Ontem nós _____ de táxi.

11- Agora nós _____ de carro.

12- Ele sempre _____ à escola de metrô.

13- Agora ele _____ de ônibus.

14- Ontem ele _____ de bicicleta.

15- Amanhã ele _____ de bicicleta também.

EXERCÍCIO

Complete como no exemplo:

Eu **sempre** trabalho muito.   **Ontem** eu trabalhei muito.

Neste momento eu não estou trabalhando.   **Amanhã** eu vou trabalhar muito.

A- Eu sempre jogo na loto.

1- Ontem eu _____

2- Amanhã eu _____

3- Agora eu não_____

4- Nós sempre _____

5- Ontem nós não _____

6- Amanhã nós _____

7- Neste momento nós_____

8- Ela sempre _____

9- Ontem ela _____

10- Neste mês ela não _____

B- Ele sempre aluga um carro.

1- Amanhã ele _____

2- Ontem ele _____

3- Agora ele não _____

4- Nós nunca _____

5- Mas ontem nós _____

6- Amanhã também nós _____

C- O banco sempre empresta muito dinheiro.

1- Hoje o banco _____

2- Ontem o banco _____

3- No mês passado o banco não _____

4- Eu sempre _____

5- Ontem eu não _____

6- Neste momento eu não _____

7- Amanhã eu não _____

D- Eu sempre escrevo muitas cartas.

1- Agora eu não _____

2- Ontem eu _____

3- Amanhã eu _____

4- Eles sempre _____

5- Agora eles não _____

6- Amanhã eles _____

E- Ele sempre esquece os nomes dos clientes.

1- Ontem ele _____

2- Amanhã ele não _____

3- Agora ele não _____

4- Eu sempre _____

5- Amanhã eu não _____

6- Ontem eu _____

7- Neste momento eu não _____

8- Eles sempre _____

9- Ontem eles _____

10- Amanhã eles não _____

F- Ele sempre assiste televisão à noite.

1- Ontem ele _____

2- Na próxima semana ele não_____

3- Agora ele não _____

4- Nós sempre _____

5- No mês passado nós não _____

6- Amanhã nós _____

7- Eu sempre _____

8- Amanhã eu _____

9- Ontem eu não _____

10- Agora eu não _____

G- Nós sempre abrimos a porta do carro com cuidado.

1- Amanhã nós _____

2- Hoje nós _____

3- Ontem nós _____

4- Elas sempre _____

5- Amanhã elas _____

6- Neste momento elas _____

7- Ontem elas _____

8- Ele sempre _____

9- Ontem ele _____

10- Agora ele _____

11- Amanhã ele _____

H- Eles sempre dividem as despesas com os amigos.

1- Neste mês eles não _____

2- No mês passado eles _____

3- Amanhã eles _____

4- Nós sempre _____

5- Agora nós _____

6- Ontem nós _____

7- Amanhã nós _____

8- Você sempre _____

9- Ontem você _____

10- Agora você _____

17ª - Décima sétima lição

RECEITA
DE CAIPIRINHA

Marcelo: __ Como você faz caipirinha ?

Fernando: __ É muito fácil. Você precisa de 3 a 5 limões, açúcar e cachaça.

Marcelo: __ Cachaça e aguardente são a mesma coisa ?

Fernando: __ Sim, cachaça é uma palavra mais popular.

Marcelo: __ Então, como se faz caipirinha ?

Fernando: __ Você corta os limões em 4 partes e coloca num copo com açúcar. Depois você espreme os limões, até tirar todo o caldo. O açúcar deve ficar com gosto de limão. Depois, você coloca a cachaça e, por último, o gelo.

Marcelo: __ Mas você não falou a quantidade dos ingredientes.

Fernando: __ Depende. Se você gosta de uma caipirinha mais doce, coloca mais açúcar; se você prefere uma bebida mais forte, coloca mais cachaça. É bom experimentar e adicionar os ingredientes aos poucos.

Marcelo: __ É uma boa idéia adicionar a cachaça aos poucos. A caipirinha é uma bebida forte. Uma vez, meu amigo fez uma deliciosa. Eu tomei muito e tive uma ressaca com dor de cabeça e enjôo.

PERGUNTAS

1 - Quais os ingredientes para se fazer caipirinha?

_____

2 - Como se usa o limão?

_____

3 - Você já tomou caipirinha?

_____

MODO INDICATIVO		**PRETÉRITO PERFEITO**		
Verbos	**PODER**	**PÔR**	**QUERER**	**FAZER**
Eu	pude	pus	quis	fiz
Ele – ela Você O senhor A senhora	pôde	pôs	quis	fez
Nós	pudemos	pusemos	quisemos	fizemos
Eles – elas Vocês Os senhores As senhoras	puderam	puseram	quiseram	fizeram

__ Pedrinho, você já fez o exercício de casa?
__ Já fiz tudo, mamãe!
__ Você já fez a composição também?
__ Já fiz tudo direitinho, como a senhora mandou.
__ Muito bem, agora você pode ir brincar.

__ D. Ângela, a senhora já mandou o *e-mail* para o Sr. José?
__ Já mandei, sim senhor.
__ A senhora pôs os preços das mercadorias?
__ Pus, sim, senhor.
__ A senhora já fez o relatório da minha última viagem?
__ Já fiz e pus em cima da sua mesa.
__ Muito obrigado. A senhora é muito eficiente.
__ Muito obrigada, Dr. Carlos.

__ O que você fez no fim de semana?
__ Ah! Eu fiz tanta coisa! Sábado fui ao supermercado, depois comprei roupas
para meu filho, fiz um pudim, limpei a casa e à noite fiz um trabalho para a escola.
__ Puxa! Você fez muita coisa mesmo!

EXERCÍCIO

A- Complete com os verbos indicados no pretérito perfeito
Poder

1. Ontem eu _____ assistir televisão.

2. No ano passado eu não _____ estudar.

3. Ontem ele _____ trabalhar e estudar.

4. Os alunos não _____ terminar o exercício.

5. Ontem eles não _____ comprar o computador.

6. No domingo passado nós _____ ir ao jogo.

7. Ontem eu _____ ir à praia porque eu não trabalhei.

8. Ele não _____ viajar no mês passado.

9. Só ontem Ângela _____ terminar o trabalho.

10. Eu nunca _____ conhecer a África.

11. Você _____ comprar o apartamento?

12. Eu ainda não _____ comprar o apartamento.

13. Eu não _____ telefonar para você.

14. Ele não _____ ir à aula na semana passada.

15. Eles não _____ trabalhar segunda-feira passada.

Querer

1- Você sempre _____ ir ao Japão. Você foi?

2- Eu _____ ir nas férias passadas, mas não fui.

3- Ela não _____ falar português comigo.

4- Ele não _____ comprar meu carro.

5- Ele não _____ atender o telefone.

6- Elas não _____ falar comigo.

7- Eu também não _____ falar com elas.

8- Nós não _____ falar umas com as outras.

9- Eles não _____ aceitar o convite para jantar.

10- Ele não _____ estudar comigo ontem porque foi trabalhar.

B- Complete com o verbo <u>fazer</u> no pretérito perfeito:

1 - Os alunos_____todos os exercícios muito bem.

2 - O atleta _____regime para emagrecer.

3 - Nós_____um excelente trabalho sobre ecologia.

4 - Você_____um bom teste ?

5 - Não, eu_____um teste horrível.

6 - Eles_____boa viagem.

7 - No ano passado, eu_____uma exposição de pintura.

8 - A secretária_____um relatório sobre a reunião.

9 - Sr. Manuel_____uma feijoada deliciosa.

10 - A fábrica_____as entregas na data certa.
11 - O povo_____uma manifestação contra a violência.

C- Complete com o verbo <u>pôr</u> no pretérito perfeito:

1 - Nós_____o carro na garagem ontem à noite.
2 - Célia_____todo o salário no banco.
3 - O diretor_____a chave do carro no bolso.
4 - Ela_____um sapato novo para ir à festa.
5 - Eu_____muitas cartas no correio ontem.
6 - A secretária_____ o computador perto do telefone.
7 - Elas_____as jóias no cofre.
8 - Izabel_____os documentos na bolsa.
9 - Carlos_____a bicicleta perto da garagem.
10 - Ontem, eu_____meu quadro na sala.

D-Complete e responda às perguntas com o verbo pôr no pretérito perfeito:

1 - Onde você_____o dicionário?
_____

2 - Ele _____a carta no correio?
_____

3 - A secretária_____os livros no armário?
_____

4 - Eles_____as bicicletas na garagem?
_____

5 - Onde você_____seu carro?
_____

6 - Onde o diretor_____o balanço financeiro?
_____

7 - Onde elas_____as bolsas?
_____

8 - A recepcionista_____o casaco no armário?
_____

9 - Onde as crianças_____as bolas?
_____

10 - O gerente_____o dinheiro no cofre?

_____

E- Complete com os verbos indicados no pretérito perfeito:

1- Ontem eu (querer) _____ pôr o carro na garagem, mas não (pôr)

_____.

2- José (querer) _____ comprar um carro no ano passado, mas não

(poder) _____.

3- Nós não (poder) _____ encontrar você ontem, porque não (poder)

_____ terminar o trabalho cedo.

4- No mês passado eles (querer) _____ fazer uma festa para a diretora,

mas não (poder) _____ porque ela viajou.

5- Ela não (pôr) _____ o dinheiro no banco, porque (fazer)

_____muitas coisas e não (poder) _____ passar no banco.

```
+-------------------------------------------------+
|                VERBOS REFLEXIVOS                |
|                                                 |
|   Eu me levanto          Tu te levantas         |
|                                                 |
|   Você se levanta        Ele se levanta         |
|                                                 |
|   Nós nos levantamos     Vocês se levantam      |
+-------------------------------------------------+
```

Complete com o verbo lembrar e respectivos reflexivos

Eu _____   Nós _____

Tu _____   Eles _____

Ele _____   Elas _____

Ela _____   Vocês _____

Você _____   Os senhores _____

O senhor _____   As senhoras _____

A senhora _____   Pedro _____

"MEU HORÁRIO"

Geralmente eu acordo às 6 horas, mas ontem eu acordei às 6h30m. Eu acordei tarde.

Normalmente eu me levanto às 6h30m (seis e meia). Ontem eu me levantei mais cedo, às 5h 30m.

Geralmente eu tomo banho e me visto às 6h 35m.

São 7 horas. Estou tomando café.

São 8h 30m (oito e meia). Estou indo tomar o trem.

São 9 horas. Estou no escritório. Estou telefonando.

É uma hora. Estou na lanchonete. Vou almoçar.

São seis horas. Vou tomar o ônibus. Estou indo para casa.

São 7 horas. Estou jantando. Ontem jantei mais cedo, às 6 horas.

São oito horas. Vou assistir o Jornal Nacional.

São 11 horas em ponto. É tarde. Vou me deitar. Estou tonta de sono.

São 11h 30m. Vou dormir. Tenho que me levantar mais cedo amanhã.

O DIA DO DR. ALFREDO

Ele se levanta às 6h 30m.

Ele se barbeia às 6h 45m.

Ele se veste às 7 horas.

Ele toma café às 7h15m.

Às 8 horas ele se despede da esposa.

Às 8h 10m ele leva os filhos à escola.

Eles chegam na escola às 8h 30m.

Às 8h 40m ele passa na banca para comprar jornal.

Às 9 horas em ponto ele chega no escritório.

Às 12 horas ele busca os filhos na escola.

Ele almoça com a família às 12h 30m.

Ele termina o trabalho e sai do escritório às 6 horas.

Ele põe as cartas na caixa do correio.

Ele assiste às notícias na televisão.

Ele se deita às 11h 30m.

EXERCÍCIO

Responda às perguntas:

1 - A que horas você se levanta?

_____

2 - A que horas você toma café?

_____

3 - A que horas você vai trabalhar?

_____

4 - A que horas você lancha?

_____

5 - A que horas você termina o trabalho?

_____

6 - A que horas você janta?

_____

7 - A que horas você se deita?

_____

8 - Quantas horas você trabalha por dia?

_____

9 - Quantas horas você trabalha por semana?

_____

10 - Quanto tempo você leva de casa ao trabalho?

_____

11 - Geralmente a que horas você chega no trabalho?

_____

12 - Você toma banho de manhã ou à noite?

_____

13 - Você assiste televisão depois do jantar ou durante o jantar?

_____

14 - A que horas você acordou ontem?

_____

15 - A que horas você se deitou ontem?

_____

16 - A que horas você se levanta no fim de semana?

_____

17- Geralmente a que horas você se deita no fim de semana?

_____

18 - Você leva e busca seus filhos na escola?

_____

19 -Você almoça e janta com sua família?

_____

18ª - Décima oitava lição

O ALMOÇO NO DOMINGO

Sr. Romeu e D. Afonsina são casados e têm uma família grande. Eles têm dois filhos e duas filhas. Todos eles são casados e também têm filhos. Todos juntos são 10 pessoas.

No domingo, eles sempre se encontram para almoçar juntos. É uma grande festa!

O Sr. Romeu e os filhos preparam o churrasco e a caipirinha.

D. Afonsina e as filhas ajudam a empregada a preparar a salada, o arroz, o feijão e a sobremesa. A sobremesa é sempre um pudim de leite condensado e salada de frutas com sorvete.

As crianças brincam, dançam, assistem televisão e jogam bola.

Os homens também assistem televisão. Eles adoram futebol.

Todos comem muito, porque a comida é muito gostosa.

O pudim é uma delícia. As crianças adoram a salada de frutas com sorvete.

PERGUNTAS

1. O que a família do Sr. Romeu faz aos domingos?

2. Como as crianças se divertem?

3. Quem prepara o churrasco?

4. Quem prepara a salada, o arroz e o feijão?

5. Como é a sobremesa?

6. Por que todos comem muito?

AS FRUTAS

A maçã é verde ou vermelha.
As maçãs são verdes ou vermelhas.

A pera é verde ou amarela.
As peras são verdes ou amarelas.

O morango é vermelho.
Os morangos são vermelhos.

A banana é amarela.
As bananas são amarelas.

A laranja é amarela ou alaranjada.
As laranjas sao amarelas ou alaranjadas.

O limão é verde.
Os limões são verdes.

A uva é verde ou roxa.
As uvas são verdes ou roxas.

A melancia é verde e vermelha.
As melancias são verdes e vermelhas.

O abacaxi é vermelho e amarelo.
Os abacaxis são vermelhos e amarelos

O abacate é verde-escuro.
Os abacates são verde-escuros.

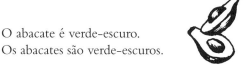

A manga é vermelha e amarela.
As mangas são vermelhas e amarelas.

O mamão é amarelo.
Os mamões são amarelos.

O melão é verde e amarelo.
Os melões são verdes e amarelos.

OS LEGUMES E VERDURAS

O tomate é vermelho.
Os tomates são vermelhos.

A cenoura é alaranjada.
As cenouras são alaranjadas.

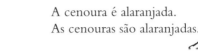

A alface é verde.
As alfaces são verdes.

O repolho é roxo ou verde.
Os repolhos são roxos ou verdes.

A couve-flor é branca.
As couves-flores são brancas.

Os brócolos são verdes.

O milho é amarelo.
Os milhos são amarelos.

A batata é marrom.
As batatas são marrons.

O pimentão é verde, vermelho ou amarelo.
Os pimentões são verdes, vermelhos ou amarelos.

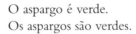

O aspargo é verde.
Os aspargos são verdes.

A berinjela é roxa.
As berinjelas são roxas.

O cogumelo é branco.
Os cogumelos são brancos.

A beterraba é roxa.
As beterrabas são roxas.

O espinafre é verde-escuro.
Os espinafres são verde-escuros.

O pepino é verde.
Os pepinos são verdes.

A vagem é verde.
As vagens são verdes.

A abóbora é alaranjada ou verde.
As abóboras são alaranjadas ou verdes.

OS TEMPEROS

o alho   a cebola   a salsa   a cebolinha

o sal   a pimenta   o louro   o vinagre

Vou comer a banana porque está **madura.**
Não vou comer a manga porque está **verde.**

A melancia tem muitas **sementes.**
O abacate tem o **caroço** grande.
A manga tem o **caroço** grande também.

O limão é sempre **ácido. (azedo)**
A melancia é **doce.**

__ Paulo, você come frutas?
__ Sim, eu adoro comer frutas. E você?
__ Eu também como muitas frutas, mas eu gosto
mais de legumes.
__ Eu também como muitos legumes. Você bebe muita água?
__ Não, eu bebo muito café.

__ Glória, você come sanduíche?
__ Sim, eu como muito sanduíche.
__ Qual é o sanduíche de que você gosta mais?
__ Eu adoro cachorro-quente. E você?
__ Eu também gosto muito de cachorro-quente.

O PLURAL

O plural de palavras terminadas em: a – e – i – o – u

o livro – os livro**s**

o peixe – os peixe**s**

a casa – as casa**s**

a noite – as noite**s**

Palavras terminadas em r – s – z

o senhor – os senhor**es**

a flor – as flor**es**

a luz – as luz**es**

o país – os país**es**

o professor – os professor**es**

a voz – as voz**es**

a cruz – as cruz**es**

a raiz – as raíz**es**

> **Não mudam no plural:**
> o lápis – os lápis   o ônibus – os ônibus
> o atlas – os atlas   o oásis –   os oásis
> o fax – os fax

Palavras terminadas em ão:

o limão – os lim**ões**

o milhão – os milh**ões**

o coração – os coraç**ões**

o balão **–** os bal**ões**

a lição – as liç**ões**

a canção – as canç**ões**

o medalhão – os medalh**ões**

o campeão – os campe**ões**

o alemão – os alem**ães** **–**

o pão – os p**ães**

o cão – os c**ães**

a mão – as mão**s**

o irmão – os irmão**s**

o cidadão – os cidadão**s**

Palavras terminadas em al – el – il – ol – ul

o animal – os anima**is**

o jornal – os jorna**is**

o anel – os ané**is**

o barril – os barris

o casal – os casa**is**

o papel – os papé**is**

o azul – os azu**is**

> fácil – fáceis   difícil – difíceis
> portátil – portáteis   réptil – répteis

Palavras terminadas em m:

a viagem – as viage**ns**

a paisagem **–** as paisage**ns**

bom – bo**ns**

o homem – os home**ns**

a imagem **–** as imag**ens**

o jardim – os jardi**ns**

Invariável: **muito**
Ela é muito rica.   Eles são muito ricos.
Ela é muito bonita.   Elas são muito bonitas.

Variável: **muito (s) – muita(s)**
Ela bebe muito vinho.   Ele toma muita água.
Ela compra muitos livros.   Eles falam muitas línguas.

OBSERVE: **Invariável**   **Variável**
Ela é muito preguiçosa.   Ela tem muita preguiça
Ela é muito rica.   Ela tem muitos milhões.

EXERCÍCIO

A- Passe as frases para o plural:

1 - A lição é difícil.

_____

2 - A flor azul é rara.

_____

3 - A lição é fácil.

_____

4 - O senhor compra jornal.

_____

5 - O alemão está no jardim.

_____

6 - A viagem de avião é confortável.

_____

7 - O homem gosta de pão.

_____

8 - O irmão dele mora em São Paulo.

_____

9 - O papel é azul e vermelho.

_____

10 - O cidadão ama sua cidade.

_____

11 - O ônibus é confortável.

_____

12 - O pão francês é gostoso.

_____

13 - O coração do esportista é forte.

_____

14 – A opinião dele é sempre importante.

_____

15 – Aquela cor é bonita.

_____

16 – Aquele automóvel é alemão.

_____

17 – Este pintor lava a mão com cuidado.

_____

18   O menino é muito inteligente.

_____

B- Passe para o plural:

1. um coração   – dois _____ 2. uma passagem – duas_____

3. uma flor   – duas _____ 4. um anel   – dois_____

5. um cão   – dois _____ 6. um casal   – dois _____

7. uma lição   – duas _____ 8. um país   – dois _____

9. um irmão   – dois _____ 10.um papel   – dois _____

11.um pão   – dois _____ 12. um milhão – dois _____

13.um homem   – dois _____ 14. um senhor – dois _____

15. um balão   – dois_____ 16. um animal – dois _____

17. uma viagem – duas _____ 18.uma mão   – duas _____

C- Complete:

O menino olha o balão.

Os _____

Ela comprou o anel.

Elas _____

Ele assinou o jornal por um ano.

Eles _____

Ele brincou com o cão no jardim.

Eles _____

O casal fez uma viagem.

Os _____

O campeão ganhou um milhão.

Os _____

D- Complete com muito, muitos ou muita(s):

1- A secretária tem _____ paciência.

2- Elas compraram _____ jornais.

3- João tem _____ milhões.

4- O filme de ontem foi _____ monótono.

5- As salas de aula são _____ claras.

6- Ele tem _____ inteligência.

7- Vocês estudam _____ línguas.

8- Marta sempre tem _____ tempo para estudar.

9- Eles tomaram _____ caipirinhas na festa.

10- O jogador tem _____ força.

11- O vestido é _____ caro.

12- Os livros têm _____ histórias interessantes.

13- Ele assiste _____ programas interessantes na televisão.

14- Elas são _____ bonitas e _____ educadas.

15- Os técnicos são _____ eficientes e _____ responsáveis.

RECEITA DE FEIJOADA

Receita para 10 pessoas

Ingredientes:

1 quilo de feijão preto
1 quilo de linguiça defumada
lombo de porco defumado
1 quilo de carne seca, carne de vaca cortada em cubos
alho, cebola, pimenta

Modo de preparar

Deixar o feijão de molho na água durante 3 horas.

Pôr o feijão numa panela grande com muita água, depois as carnes e os temperos. Cozinhar tudo junto em fogo médio. Experimentar para saber se o tempero está bom ou se precisa pôr mais sal ou pimenta. Geralmente as carnes secas já têm sal, por isto é bom esperar cozinhar um pouco, para depois colocar mais sal.

Deixar cozinhar até tudo ficar macio.

Servir com arroz, couve picadinha, farinha de mandioca ou farofa e rodelas de laranja.

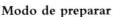

NA FEIRA

Hoje é sexta feira. D. Teresa vai à feira comprar frutas. Maria José, a empregada, vai com ela. Elas vão direto à banca do Sr. Pedro, que vende frutas. D. Teresa o cumprimenta:

__ Oi, Sr. Pedro, tudo bem?

__ Tudo bem. Olhe as frutas como estão bonitas!

__ Realmente. Quanto custa a dúzia de banana?

__ O preço está ótimo. Só R$2,00 a dúzia.

__ Está barato. Eu quero 2 dúzias. Quanto custa a laranja?

__ A laranja está ótima. São 10 por R$3,00.

__ Eu quero 10. E o abacaxi?

__ Custa R$1,00, mas se a senhora comprar 2, eu faço um desconto.

__ Está bem. Eu quero 2 abacaxis e a conta.

__ Vamos ver: R$4,00 da banana, mais R$3,00 da laranja, mais R$1,80 do abacaxi, são R$8,80.

__ O senhor tem troco? Só tenho uma nota de R$50,00.

__ Tudo bem. Aqui está o seu troco, R$41,20.

__ Sr. Pedro, o senhor se enganou no troco. Olhe, o senhor me deu R$1,00 a mais.

__ Oh! Meu Deus, estou com a cabeça no ar. Obrigado, D.Teresa. Um bom dia para a senhora.

__ Para o senhor também. Vamos, Maria José.

Elas vão andando e olhando as frutas. Elas param numa banca e olham os mamões.

__ Bom dia, D. Sinhá. Como está o mamão?

__ O mamão tem 3 B: BOM, BONITO e BARATO. Aproveite o preço, R$3,00 o quilo.

__ Quero um mais maduro. Maria José, escolha um. Você tem sorte. Todo mamão que você escolhe é bom.

__ Este maior parece muito bom.

__ Vou levar 2. Quanto lhe devo?

__ Vamos ver: 2 mamões, R$6,00.

__ Que bom! Tenho trocado.

__ Obrigada. Até a próxima semana.

D.Teresa ajuda Maria José a carregar a sacola que está muito pesada.

OS ANTÔNIMOS

O rato é **pequeno.**

O cavalo é **grande.**

O pincel é **grosso.**

O pincel é **fino.**

O livro é **grosso.**

O livro é **fino.**

O barco está **perto.**

O barco está **longe.**

Ela está **alegre.**

Ela está **triste.**

O copo está **cheio.**

O copo está **vazio.**

Ele é **novo.**

Ele é **velho.**

O café está **quente.**

O sorvete é **frio.**

Ela é **bonita.**

Ela é **feia.**

A janela está **clara.**

A janela está **escura.**

R$9.000,00
O carro é **caro.**

R$800,00
A bicicleta é **barata.**

Ele é **forte.**

Ele é **fraco.**

O copo de vidro é **liso**

A lixa é **áspera.**

O pássaro voa **rápido.**

A tartaruga anda **devagar.**

A lã é **macia.**

O diamante é **duro.**

O dicionário é **pesado.**

A pena é **leve.**

Muitos lápis.

Poucos lápis.

O carro é **antigo.**

O carro é **moderno.**

Muita água.

Pouca água.

$$1 + 1 = 2$$
Isto é **fácil.**

$$\sqrt{84593204}$$
Isto é **difícil.**

Muitas pessoas.

Poucas pessoas.

Ela é **rica.**

Ele é **pobre.**

Ele é **preguiçoso.**

Ele é **trabalhador.**

A rua é **estreita.**

A estrada é **larga.**

Ele é **inteligente.**

Ele é **idiota.**

Ela está **molhada.**

Ele está **seco.**

Esta rua tem muito **barulho.**

Atenção. **Silêncio.**

Ela está **infeliz.**

Eles estão **felizes.**

Ele está **doente.**

Ele é **sadio. (são)**

$$8 \times 3 = 24$$
A multiplicação está **certa.**
A multiplicação está **correta.**

$$8 + 9 = 16$$
A adição está **errada.**
A adição está **incorreta.**

MAIS ANTÔNIMOS

Doente	Saudável	Adiantado	Atrasado
Enfermo	São (Masculino)	Cedo	Tarde
	Sã (Feminino)	Seguro	Perigoso
Possível	Impossível	Perfeito	Imperfeito
Paciente	Impaciente	Parcial	Imparcial
Justo	Injusto	Decente	Indecente
Crível	Incrível	Formal	Informal
Moral	Imoral	Móvel	Imóvel
Mortal	Imortal	Maturo	Imaturo
Honesto	Desonesto	Animado	Desanimado
Organizado	Desorganizado	Obediente	Desobediente –teimoso
Honrado	Desonrado	Corajoso	Medroso – covarde

a magreza	a gordura	a grossura	a fineza
a alegria	a tristeza	a beleza	a feiura
a infância	a velhice	a juventude	a velhice
a força	a fraqueza	a rapidez	a vagareza
a pressa	a lentidão	a limpeza	a sujeira
a maciez	a dureza	o peso	a leveza
a facilidade	a dificuldade	a riqueza	a pobreza
a fartura	a miséria	a felicidade	a infelicidade
a preguiça	o trabalho	a sabedoria	a ignorância
o barulho	o silêncio	a doença	a saúde
a claridade	a escuridão	a inteligência	a burrice – a estupidez

Observe as expressões:

 Trabalhadeira como a abelha. Feia como a morte.

 Brigam como cão com gato. Trabalha como um burro.

É valente como um leão. Bravo como um touro.

 Gordo como um porco. Vaidoso como um pavão.

 Engraçado como um macaco. Sujo como um porco.

 Feroz como um tigre. Tem a graça de um cisne.

Alegre como um passarinho.

Tem estômago de avestruz.

Tem nariz de papagaio.

Fala como papagaio.

Esperto como a raposa.

Devagar como a tartaruga.

Fede como um gambá.

Teimoso como uma mula.

EXERCÍCIO

A- Complete com o respectivo antônimo:

1 - Isto é bonito. Não, é _____

2 - É grosso. Não, é_____

3 - É triste. Não, é _____

4 - É pesado. Não, é _____

5 - É novo. Não, é_____

6 - É antigo. Não, é_____

7 - É perto. Não, é _____

8 - É limpo. Não, é _____

9 - É seco. Não, é _____

10 - É cheio. Não, é _____

11 - É estreito. Não, é_____

12 - É áspero. Não, é_____

13 - É gordo. Não, é_____

14 - É alto. Não, é_____

15 - É rico. Não, é _____

16 - É inteligente. Não, é _____

17 - É rápido. Não, é _____

18 - É nervoso. Não, é _____

19 - É trabalhador. Não, é_____

20 - É certo. Não, é _____

21 - É caro. Não, é _____

22 - É feliz. Não, é _____

23 - É possível. Não, é _____

24 - É comprido. Não, é_____

25 - É forte. Não, é_____

26 - É grande. Não, é_____

27 - É organizado. Não, é_____

28 - Ela está doente. Não, é_____

29 - Eles estão alegres. Não, eles estão_____

30 - Ele está atrasado. Não, ele está_____

B- Complete como no exemplo:

Se eu não sou forte, eu <u>sou</u> <u>fraco.</u>

1 - Se eu não sou gorda, eu _____

2 - Se eu não sou velho, eu _____

3 - Se ela não é inteligente, ela _____

4 - Se ele não é trabalhador, ele _____

5 - Se nós não falamos rápido, nós _____

6 - Se nós não chegamos cedo, nós_____

7 - Se os carros não são baratos, eles _____

8 - Se as ruas não são largas, elas _____

9 - Se as casas não são novas, elas _____

10 - Se as ruas não são limpas, elas _____

11 - Se a cadeira não é moderna, ela _____

12 - Se ele não é sadio, ele_____

13 - Se ela não está alegre, ela _____

14 - Se eles não são corajosos, eles_____

15 - Se ele não é obediente, ele é _____

C- Escreva o texto seguinte substituindo as palavras grifadas pelo seu antônimo:

Paulo está muito <u>alegre</u> hoje, porque vai comprar um carro <u>novo</u>. O preço é muito <u>barato</u>, porque o carro é <u>pequeno</u>, mas é muito <u>desconfortável</u>. Ele mora numa cidade <u>grande</u> e é <u>difícil</u> encontrar estacionamento, porque as ruas são muito <u>estreitas</u>.

_____

_____

_____

_____

_____

_____

19ª - Décima nona lição

NO RESTAURANTE

Paulo e Renato foram almoçar juntos num restaurante na Avenida Atlântica. Eles se sentaram numa mesa na frente, para olhar o mar. O garçom deu o cardápio para eles, serviu o couvert (pão, manteiga, azeitonas e picles) e perguntou-lhes:

__ O senhor já escolheu?

Paulo respondeu :

__ Primeiro, eu quero uma caipirinha. Renato, o que você vai tomar?

__ Eu quero um chope.

Paulo falou:

__ E para comer eu quero um filé com legumes e batata frita.

O garçom perguntou:

__ Como o sr. gosta do filé: bem passado, mal passado ou ao ponto?

__ Eu prefiro ao ponto.

Renato falou:

__ Eu quero uma moqueca de peixe.

__ Pois não, falou o garçom.

Quando eles terminaram de comer, o garçom tirou os pratos e perguntou-lhes:

__ Os senhores querem sobremesa?

__ Não, obrigado. Nós queremos um cafezinho.

O garçom serviu o café. Depois que tomaram o café, pediram a conta e Renato perguntou:

__ A gorjeta já está incluída?

__ Não, senhor, respondeu o garçom.

Renato falou:

__ Muito bem. Aqui está o dinheiro da conta e sua gorjeta. O serviço é muito bom e a comida é ótima! E o preço também é muito bom.

O garçom respondeu:

__ Muito obrigado. Boa tarde, senhor.

Paulo acrescentou:

__ Eu também gostei muito. Vou recomendar seu restaurante para meus amigos.

O garçom falou sorridente:

__ Muito obrigado.

PERGUNTAS

1 - Onde Paulo e Renato foram almoçar?

2 - Por que eles se sentaram numa mesa na frente ?

3 - Como é o couvert deste restaurante?

182

4 – O que eles beberam?
_____

5 – O que Paulo comeu?
_____

6 – Como ele gosta do filé?
_____

7 – O restaurante é caro?
_____

8 – A gorjeta está incluída na conta?
_____

O CARDÁPIO

RESTAURANTE DA VOVÓ SINHÁ

Entradas
Bolinho de bacalhau
Casquinha de siri
Coquetel de camarão

Saladas
Alface e tomate
Mista: palmito, tomate,
azeitona e cebola

Sopas
Canja de galinha
Sopa de legumes
Caldo verde

Carnes
Bife à cavalo
Churrasco à gaucha
Churrasco misto
Lombo de porco
Filé grelhado
Feijoada

Massas
Lasanha
Talharim à bolonhesa
Caneloni
Macarrão ao alho e óleo

Peixes e Mariscos
Moqueca de peixe
Bacalhau à Gomes de Sá
Camarão à Paulista
Bobó de camarão
Lagosta

Aves
Frango a passarinho
Peito de frango grelhado
Frango com quiabo
Frango com catupiri
Pato Tucupi

Sobremesas
Torta de chocolate
Mousse de maracujá
Pudim caramelado
Doce de leite
Sorvete
Frutas

Bebidas
Água mineral
Refrigerantes-Guaraná
- Cerveja - Chope -
Vinho - Caipirinha -
Batida de caju
Sucos naturais: laranja,
abacaxi, maracujá

Guarnições: Arroz, feijão, batata frita e torradas
A gorjeta não está incluída na conta.

Temperatura dos Alimentos		Tipos de cozimento	Sabor (gosto)
			Salgado (sal)
Frio	**verbo:** Esfriar	Frito	Doce (açúcar)
Quente	Esquentar	Grelhado	Ácido (limão)
Gelado	Gelar	Assado	Amargo (Campari)
Morno	Mornar	A Vapor	Apimentado (com pimenta)
Congelado	Congelar	Cozido	Temperado (alho, cebola, salsa)
			Azedo (iogurte)

Filé: mal passado, bem passado e ao ponto (médio)

Molho branco (espaguete à Alfredo)
Molho de tomate (espaguete à bolonhesa)
Peixe cru (sushi)

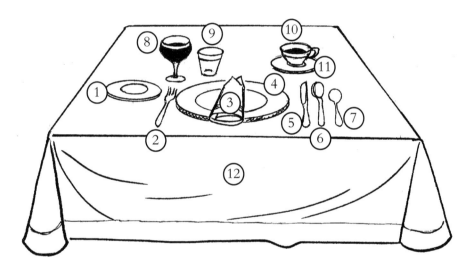

1. o prato de sobremesa
2. o garfo
3. o guardanapo
4. o prato
5. a faca
6. a colher de sopa
7. a colher de sobremesa
8. o cálice de vinho
9. o copo de água
10. a xícara de café
11. o pires
12. a toalha de mesa

Eu estou com fome, por isto vou comer um sanduíche.
Ele está com sede, por isto vai tomar muita água.
Elas estão com sono, por isto vão dormir cedo.
A senhora está com frio, por isto vai tomar um chá.
O menino está com calor, por isto vai tomar banho.
Ele está com pressa, por isto vai tomar um táxi.
Ele está cansado, por isto vai se deitar.

	MODO INDICATIVO				
	PRESENTE		**PRETÉRITO PERFEITO**		
Verbos	**VER**	**LER**	**VER**	**LER**	**DAR**
Eu	vejo	leio	vi	li	dei
Ele – ela Você O senhor A senhora	vê	lê	viu	leu	deu
Nós	vemos	lemos	vimos	lemos	demos
Eles – elas Vocês Os senhores As senhoras	vêem	lêem	viram	leram	deram

NA UNIVERSIDADE

Glória e Juliano estudam na mesma universidade. Eles estudam literatura brasileira. Eles tiveram um intervalo grande e ficaram conversando no pátio.

__ Juliano, você lê algum jornal ou revista?

__ Quando tenho tempo eu leio o Jornal do Brasil. Eu leio também a revista Veja. Esta eu leio toda semana porque assinei por 2 anos. Você também lê a Veja?

__ Eu leio a revista Isto É, que é mais independente. Eu gosto muito da revista Casa e Decoração também. Agora, o que eu leio diariamente é o jornal Folha de São Paulo.

__ Quais são as seções que você lê?

__ Ah! Eu leio o editorial, as notícias internacionais, a parte de arte e a seção de economia. E você o que gosta de ler?

__ Eu também leio o editorial, o caderno de economia, arte e esportes. Eu adoro esportes. Mas, normalmente eu assisto ao jornal na televisão ou eu vejo as notícias na "internet". A propósito, você lê suas mensagens de "e-mail" diariamente?

__ Imagina! Com todo este trabalho da faculdade não tenho muito tempo! Mas eu leio mais ou menos de 3 em 3 dias e respondo imediatamente porque senão acumula e nunca acaba.

__ Eu leio diariamente. Não gosto de deixar acumular. Você gosta de ler livros?

__ Eu adoro romances bem românticos e biografias também. Estou lendo agora uma biografia de Renoir. Estou gostando demais! Quais são os autores que você lê mais?

__ Ah! Eu gosto muito de Jorge Amado e Paulo Coelho. O que você acha de Paulo Coelho?

__ Eu também gosto muito de Paulo Coelho! Eu sempre leio e releio muitas vezes. Ele e Machado de Assis são meus livros de cabeceira. Eu adoro ler poesias também. Você lê poesias, Juliano?

__ Raramente. Sabe? A conversa está boa, mas tenho que ir à biblioteca para fazer uma pesquisa. Foi bom descobrir esse seu lado romântico. Quero continuar esta conversa outro dia, tá?

__ Eu também adorei este papinho. Vamos nos encontrar amanhã no intervalo do almoço?

__ Combinado! Então nos encontramos na lanchonete ao meio dia.

__ "Tá falado". Até amanhã.

EXERCÍCIO

Complete com o verbo e o tempo indicado:

Ver Presente

1 - Eu sempre _____Márcia na escola.

2 - Nós _____o mar da janela do nosso apartamento.

3 - Eles _____o pai no escritório todos os dias.

4 - Ela nunca _____filme na televisão.

5 - Meus pais_____ o jogo de futebol na televisão.

6 - Eu sempre_____exposições de arte.

7 - Marta nunca_____filmes de violência.

8 - Eu não _____bem de longe, porque tenho miopia.

9 - Você _____muito bem?

10 - Minha mãe não _____bem de perto.

11 - Ela não _____bem sem óculos

Ver Pretérito Perfeito

1 - Eles _____o filme e não gostaram.

2 - Nós _____o acidente perto da universidade.

3 - Eu_____quando Pedro chegou.

4 - Elas_____O Fantasma da Ópera, ontem.

5 - Eles ainda não _____Os Miseráveis.

6 - Eu nunca_____um vulcão em erupção.

7 - Pedro e Ana_____o eclipse da lua.

8 - Ontem, José e Isabel _____a lua nascer.

9 - Na semana passada eu_____o espetáculo de Caetano.

Ler Presente

1 - Sr. Carlos _____o Jornal do Brasil todas as manhãs.

2 - Nós_____o seu relatório sobre energia solar.

3 - Eles _____as notícias sobre esporte.

4 - Eu sempre_____as notícias sobre ciências.

5 - Elas _____as revistas sobre casa e moda.

6 - Sr. José _____tudo sobre pesquisa nuclear.

7 - O diretor _____a avaliação dos professores.

8 - Os professores _____os trabalhos dos alunos.

9 - Cada pessoa _____sobre o que mais lhe interessa.

10 - Paulo _____livros de mistério.

11 - Meu pai sempre_____a Bíblia antes de deitar.

Ler Pretérito Perfeito

1 - Eles_____o relatório sobre o novo modelo de carro.

2 - Ele nunca _____Shakespeare.

3 - Nós _____as cartas de nossos filhos.

4 - O advogado _____todo o processo em 3 dias.

5 - Eu _____o romance O Guarani em 1 dia.

6 - Ela _____a carta do namorado com muita emoção.

7 - Pedrinho _____o livro de história.

8 - Romeu_____muitas vezes os sonetos de Camões.

9 - Ontem Marta_____poesia o dia todo.

10 - João _____a Bíblia antes de dormir.

11 - Nós_____todo o trabalho antes de dar ao diretor.

12 - Ela nunca _____o livro que lhe dei.

13 - Nós_____o Jornal do Brasil todos os dias.

14 - Vocês já _____a revista Manchete desta semana?

Marta você viu o Marcelo?

Eu **O**↑ vi ontem.

Célio, você encontrou a Izabela ontem?

Sim, eu **A**↑ encontrei na praia.

__ Adriana, você vê seu namorado todo dia?

__ Sim, eu **o** vejo todo dia no trabalho.

__ Você vê o seu tio todo dia ?

__ Sim, eu **o** vejo também no escritório.

__ Você vê sua prima todo dia?

__ Sim, eu **a** vejo no escritório. Nós trabalhamos todos juntos
na companhia de meu avô.

__ Mamãe, a senhora já leu o jornal?
__ Sim, eu **o** li depois do café.
__ Onde ele está? Eu não **o** encontro!
__ Eu **o** deixei em cima do sofá, na sala de visitas.
__ Mas, ele não está aqui!
__ Acho que seu pai **o** levou para o escritório.
__ Você leu a notícia sobre as eleições?
__ Sim, eu **a** li. A apuração está terminando. O partido do governo está perdendo.
__ Ah! Que bom. Eu **o** detesto.

__ Júlia, onde estão os seus filhos?
__ Eu **os** levei para casa da mamãe. Por que?
__ Porque eu não **os** vi na sala.
__ Eu **os** levei para lá, porque assim podemos estudar mais.

Usamos os pronomes O – A – OS – AS para substituir os nomes.

EXERCÍCIO

Complete com os pronomes: O – OS – A – AS

1- Paulo, você encontrou o Carlos?

2- Sim, eu_____encontrei na semana passada.

3- Você comprou os livros de português?

4- Sim, eu_____comprei na livraria perto de meu escritório.

5- Quando você conheceu o Renato?

6- Eu_____conheci há dois anos, na praia.

7- O senhor encontrou os seus documentos?

8- Sim, eu_____encontrei debaixo da cadeira do meu carro.

9- A senhora levou as compras para a cozinha?

10- Sim, eu _____ levei e _____ guardei no armário.

11- Seu pai comprou o carro?

12- Sim, ele _____ comprou e _____ vendeu imediatamente.

13- Ela viu a ópera ontem?

14- Não, ela não _____ viu.

15- Vocês conhecem o Rodrigo?

16- Nós não _____ conhecemos bem, só superficialmente.

17- Ele conhece bem a Maria e a Conceição?

18- Sim, ele _____ conhece bem.

19- Você viu o Alfredo?

20- Sim, eu _____ vi rapidamente no ônibus.

21- Você conhece o Marcos?

22- Sim, eu _____ conheço e _____ admiro muito.

23- Vocês compraram o apartamento?

24- Sim, nós _____ compramos e _____ alugamos.

188

PRONOMES PESSOAIS

eu	**me**	Ela **me** viu no teatro.
tu	**te**	Ele **te** telefonou?
ele	**o**	Ela **o** encontrou ontem.
ela	**a**	Ele **a** viu.
você	**o-a**	Você **o** viu? Você **a** viu?
nós	**nos**	Ele **nos** conhece desde criança.
eles	**os**	Eu **os** deixei no teatro.
elas	**as**	Paulo **as** encontrou na escola.
vocês	**os-as**	Nós **as** vimos no ano passado.
vocês	**os-as**	Nós **os** vimos na semana passada.

ATENÇÃO!

Eu quero conhecer o Marcos.
Eu quero conhecê-**lo**.   (conhecer-ele)
Eu vou esperar a Luísa.
Eu vou esperá-**la**.   (esperar-ela)
Pedro vai buscar os filhos na escola.
Pedro vai buscá-**los**.   (buscar-eles)
Ana vai comprar as flores.
Ana vai comprá-**las**.   (comprar-elas)

Verbos terminados em   **AR: ESPERÁ-LO**
                                            ER: VENDÊ-LO
                                            IR: DIVIDI-LO

A-Complete como no exemplo:

Eu quero vender o carro. Eu quero vendê-lo.

1 - Eles vão chamar a Márcia. Eles vão_____.

2 - Nós podemos encontrar o Paulo hoje. Nós podemos_____.

3 - Vou encontrar meus filhos. Vou _____.

4 - Eles vão esperar as namoradas. Eles vão _____.

5 - Eles vão discutir o programa hoje. Eles vão _____.

6 - Nós queremos vender nossa casa. Nós queremos _____.

7 - Eles vão fazer o exercício hoje. Eles vão_____.

8 - Elas vão comer o lanche no parque. Elas vão _____.

9 - Ele foi chamar o doutor? Sim, ele foi _____.

10 - Ela vai ler o livro? Sim, ela vai _____.

11 - O senhor vai visitar o José ? Sim, eu vou _____.

B- Complete com os verbos indicados no tempo de acordo com a palavra chave:

Ler (lendo)

1- Geralmente eu _____ o jornal de manhã.

2- Ontem eu _____ o jornal no metrô.

3- Amanhã eu _____ o jornal no ônibus.

4- Agora ela _____ o relatório da companhia.

5- Ontem ele _____ um artigo muito interessante sobre ecologia.

6- Amanhã nós _____uma pesquisa sobre desemprego.

7- Geralmente nós _____artigos relacionados com nosso trabalho.

8- Ontem eles _____ o relatório sobre o desempenho do banco.

9- Você sempre _____ livros sobre computador.

10- Ontem eles _____ sobre os novos programas de computador.

11- Hoje vocês _____ as notícias internacionais no jornal.

12- Ontem elas _____ as notícias locais e nacionais.

Ver (vendo)

1- Ela sempre _____ filmes na televisão.

2- Ontem ela _____ um filme horrível.

3- Amanhã ela _____ um balé moderno.

4- Eu sempre _____ as novelas na televisão.

5- Agora eu _____ um capítulo muito divertido.

6- Amanhã eu não _____ as novelas porque eu vou jantar fora.

7- Nós sempre _____ os passarinhos da janela da sala.

8- Ontem nós _____ o eclipse da lua.

9- Agora nós _____ nossos colegas estudando.

10- Elas sempre_____ desfiles de moda.

11- Ontem elas _____ um desfile na televisão.

12- Vocês já _____ algum filme brasileiro?

13- Não, nós ainda não _____ nenhum filme brasileiro.

14- Ontem nós _____ uma comédia muito divertida.

15- Agora eles _____ um filme policial de muito suspense.

Dar (dando)

1- Ontem eu _____ muitos telefonemas para meus clientes.

2- Neste momento eu _____ muita atenção a

meu filho.

3- No próximo mês eu _____muitos presentes a meus filhos.

4- No ano passado eu não _____presentes a ninguém.

5- Amanhã o diretor _____ um jantar para os clientes.

6- Ela nunca me _____ nada e eu já _____ muitos presente para ela.

7- No próximo sábado ele _____ uma festa para os amigos.

8- Ele nunca _____ dinheiro para a igreja, ele _____ para a Cruz Vermelha.

9-Nós não _____ muitos brinquedos para os filhos, mas _____

muitos livros.

10- Elas _____ muitas aulas na quarta e nunca _____ no sábado.

11- Meus filhos me _____ muita preocupação no passado, mas agora

me _____ muita alegria.

12-Vocês não me _____ notícia ontem, por isto fiquei preocupada.

13- A secretária _____ a informação sobre os cursos ontem.

14- Os filhos _____ muita alegria aos pais e eles _____ muita atenção e

amor a eles.

15- Este ano nós _____ muita ajuda às crianças pobres.

20ª - Vigésima lição

O LANCHE NA PRAIA

Soraia e Paula são irmãs. Elas têm uma amiga que se chama Cristina. Elas sempre vão à praia juntas. Elas adoram a praia de Ipanema. Agora elas estão chegando na praia. Cristina falou:

__ Vocês trouxeram bronzeador? Eu esqueci o meu.

__ Não tem problema, disse Paula. Você pode usar o meu. Eu sempre trago bronzeador e filtro solar também. Se você precisar, pode usá-lo.

__ Muito obrigada.

Soraia perguntou :

__ Você trouxe lanche ?

__ Não, respondeu Cristina. Eu adoro um sanduíche que eles vendem aqui na praia.

__ É, mas é muito caro. Nós estamos fazendo toda economia possível. Queremos comprar um carro novo, o nosso está muito velho.

__ O que vocês touxeram para comer?

__ Nós trouxemos sanduíche misto, bolinho de bacalhau, mamão e banana. Para beber trouxemos vitamina de frutas.

__ Que exagero, disse Cristina. Vocês vão engordar!

__ É, mas nós trouxemos tudo isto pensando em dividir com você.

__ Ah! Que bom! Vocês são uns amores. Muito obrigada. Amanhã eu vou trazer o lanche. Combinado?

__ Boa idéia. Combinado. Então vamos nadar e depois vamos comer.

PERGUNTAS

1. Quem é Cristina?

2. Onde se passa a cena?

3. Quem esqueceu o bronzeador?

4. O que Soraia e Paula levaram para comer na praia?

5. Por que Soraia e Paula estão economizando dinheiro?

MODO INDICATIVO   Pretérito Perfeito

Verbos	SABER	TRAZER	DIZER
Eu	soube	trouxe	disse
Ele – ela Você O senhor A senhora	soube	trouxe	disse
Nós	soubemos	trouxemos	dissemos
Eles – elas Vocês Os senhores As senhoras	souberam	trouxeram	disseram

A PESQUISA

___Você sabe quem foi Aristóteles ?

___ Sim, Aristóteles foi um sábio grego; Platão e Sócrates também foram sábios e filósofos gregos. Por quê ?

___Tenho que fazer uma pesquisa sobre os filósofos gregos.

___ Eu tenho uma coleção muito boa, você pode usá-la.

___Oh! Que bom! Posso ir a sua casa no próximo fim de semana?

___ Naturalmente. É um prazer ajudá-lo e minha mãe vai adorar vê-lo. Ela o admira muito.

___ Muito obrigado. Então até sábado.

___ Até sábado.

NO TÁXI

Passageiro: __ O senhor está livre ?

Motorista :   __ Sim, pode entrar.

Passageiro: __ Eu quero ir à praia de Ipanema.

Motorista: __ O senhor prefere passar pela Avenida Atlântica ou pela Avenida Nossa Senhora de Copacabana?

Passageiro: __ Eu prefiro passar pela Av. Atlântica. Quero ver as praias. É muito mais agradável.

Motorista: __ Realmente. Há muito tráfego na Nossa Senhora de Copacabana e há muitos ônibus também.

Depois de andar um pouco, o motorista pergunta :

__ Onde o senhor quer ficar ?

__ Eu quero ir ao Bar Garota de Ipanema. Eu adoro as músicas de Vinícius de Moraes.

Motorista: __ Eu também. Estamos quase chegando. O bar é ali, naquela esquina.

Passageiro: __ Quanto é a corrida ?
Motorista: __ São R$8,00.
Passageiro: __ Aqui estão R$10,00. Pode ficar com o troco.
Motorista: __ Obrigado. Boa noite. Aproveite.

Responda às perguntas:

1 - Onde o passageiro quer ir ?

_____

2 - Por que eles não vão passar pela Av. Nossa Senhora de Copacabana ?

_____

3 - Por que o passageiro quer ir ao Bar Garota de Ipanema ?

_____

MÚSICA: GAROTA DE IPANEMA

Vinícius de Moraes e Tom Jobim

Olha que coisa mais linda
Mais cheia de graça
É ela a menina que vem e que passa
No doce balanço a caminho do mar
  Moça do corpo dourado do sol de Ipanema
  O seu balançado é mais que um poema
  É a coisa mais linda que eu já vi passar
Ah! Por que estou tão sozinho
Ah! Por que tudo é tão triste
Ah! A beleza que existe
A beleza que não é só minha
Que também passa sozinha
  Ah! Se ela soubesse
  Que quando ela passa
  O mundo inteirinho
  Se enche de graça
  E fica mais lindo
  Por causa do amor

PERGUNTAS

1 - Onde vai a garota de Ipanema ?

_____

2 - O que acontece com o mundo quando ela passa ?

_____

3 - Por que o mundo fica mais lindo ?

_____

A- Complete com o verbo indicado no pretérito perfeito:

Trazer

1 - Ontem eles _____uma notícia muito boa.

2 - A secretária_____café para os clientes.

3 - Eu _____meu filho para conhecer a escola.

4 - O casal_____o filho para brincar no parque.

5 - Marta e Ana _____um livro para minha filha.

6 - O diretor_____o dinheiro do banco.

7 - D. Glória _____um bolo para o lanche.

8 - Eles _____muitos presentes para mim.

9 - Meus filhos _____os amigos para a festa.

Dizer

1 - Ontem eles _____que vão ao Brasil.

2 - A secretária_____que não vem trabalhar amanhã.

3 - Nós _____ao diretor que queremos aprender português.

4 - Eles _____ao chefe deles que querem aumento.

5 - O chefe _____que não pode dar aumento este ano.

6 - Eu_____a professora que não pude fazer o exercício.

7 - Mário _____que vai jantar comigo no sábado.

8 - Ela_____que vai estudar muito este fim de semana.

9 - Pedrinho e José _____que gostam muito de mim.

10 - A secretária _____que deixou um recado para o cliente.

11 - Paulo _____que vai trabalhar todo o fim de semana.

Saber

1 - Ele não _____responder as perguntas da mãe.

2 - Nós não_____o que fazer para ajudar nossa colega.

3 - Eu _____que você foi promovida a gerente.

4 - Eles não_____responder as perguntas do teste.

5 - Eu não _____da morte do seu pai.

6 - Você _____resolver o problema muito bem.

7 - Vocês já _____o resultado do teste?

8 - Não, nós não _____ainda.

9 - Ela não_____nos dar a informação sobre o acidente.

10 - Eles não _____a verdade até o último minuto.

11 - Você_____o que aconteceu ontem na escola?

12 - Eu não _____nada ainda.

B - Complete as frases com o verbo indicado, usando o tempo de acordo com a palavra chave:

Saber

1- Ontem eu não _____ explicar a causa do acidente.

2- Amanhã eles _____ o resultado do concurso.

3- Agora você _____ toda verdade sobre o acidente.

4- Só ontem nós _____ que você esteve no hospital.

5- Neste momento eu _____ fazer todos os exercícios.

6- Elas ainda não _____nada sobre a nossa viagem.

7- Amanhã nós _____ tudo sobre o novo curso de computação.

8- Nós não _____ o que dizer depois do que aconteceu.

9- Eles _____que eu ganhei na loto e pediram um empréstimo.

10- Ele ainda não _____ o resultado dos exames de sangue e urina.

11- Só ontem eu _____ que você foi dispensada do trabalho.

12- Os filhos _____se comportar muito bem na festa ontem.

Trazer

1- Você sempre _____ muitas coisas para a escola.

2- Ontem você _____ dois dicionários.

3- Amanhã você _____ mais coisas do que hoje.

4- Ontem ele _____ o filho à escola.

5- Amanhã ele _____ a filha.

6- Agora ele _____ a esposa.

7- Geralmente eu não _____ muito dinheiro para o trabalho.

8- Agora eu _____ dinheiro para pagar o lanche.

9- No próximo mês, eu não _____ muito dinheiro, porque eu _____ lanche todos os dias.

10- Eles nunca _____ muito dinheiro.

11- Eles sempre _____ cartão de crédito ou cheque.

12- Ontem eles _____ mais dinheiro para pagar as contas.

13- Amanhã eles não_____ muito dinheiro.

Dizer

1- Nós não lhe _____ toda a verdade ontem porque você ficou nervosa.

2- Amanhã nós _____ a verdade que você não quer saber.

3- Ontem eles _____ que vão viajar para a África.

4- Agora eles _____ que não vão viajar mais.

5- Eu _____ que você foi muito mal-educado ontem.

6- Agora eu _____ que você é muito irresponsável.

7- Amanhã você _____ que eu sou irresponsável também.

8- No ano passado, o presidente _____ a mesma coisa.

9- Os políticos_____ que vão fazer muitas coisas e depois esquecem tudo.

10- Você não me _____ o que acha do novo diretor.

11- Agora eu lhe _____ que ele é uma ótima pessoa.

12- O professor _____ que devemos estudar mais os verbos.

ADVÉRBIO

José concorda fácil.	José concorda **facilmente**.
Ele cantou triste.	Ele cantou **tristemente**.
Paulo chegou alegre.	Paulo chegou **alegremente**.
Ela volta breve.	Ela volta **brevemente**.
Ele fez aquilo com dificuldade.	Fez aquilo **dificilmente**
Ela resolveu tudo com inteligência.	Resolveu tudo **inteligentemente**
O técnico explicou tudo com paciência.	Ele explicou tudo **pacientemente**
Ela guardou tudo com cuidado.	Ela guardou **cuidadosamente**
A mãe falou com bondade.	A mãe falou **bondosamente**
Ele andou rápido.	Ele andou **rapidamente**.
Ele perguntou calmo.	Ele perguntou **calmamente**.
José falou nervoso.	José falou **nervosamente**.
Ela chegou agitada.	Ela chegou **agitadamente**.
Ele falou com fluência.	Ele falou **fluentemente**.
Ela abraçou o filho com carinho.	Ela abraçou o filho **carinhosamente**.
Ele respondeu delicado.	Ele respondeu **delicadamente**.
Ele foi injusto.	Ele falou **injustamente**.
Ela falou com naturalidade.	Ela falou **naturalmente**.

OUTROS ADVÉRBIOS:

Nós falamos português muito **bem**.
Ana fala japonês muito **mal**.
Ela não está **bem,** parece que está doente.
Você está muito **bem** com este vestido vermelho.
Ele passa **mal** no inverno, porque tem asma.
Ele trabalhou **bastante** hoje.
Aquela mulher fala **demais**. (exagerado)
Marta estuda **muito**.
Carlos trabalha **pouco,** por isto ganha **pouco** também.
João ganha **bastante** dinheiro, mas gasta **demais**.

Observe:
O **bem** e o **bom** não se confundem. Veja o exemplo:

Fumar é **bom**, mas não faz **bem**.
É mau fazer o mal a quem nos quer **bem**.
É **bom** fazer o **bem** a quem nos quer mal.

ATENÇÃO!

198

VARIÁVEL			INVARIÁVEL
Masculino - Feminino		**Plural**	**Não tem plural, nem gênero**
bom	boa	bons – boas	bem – mal
mau	má	maus – más	

Ele é um homem bom.   Ele fala francês mal.
Eles são homens bons.   Elas falam francês bem.
Ele é um homem mau.   Ele escuta bem.
Eles sao maus.   Elas escutam mal.
Elas são más.

A menina chora **à toa**. (sem razão)
Ele teve um problema **à toa**. (sem importância)
Ela sentou-se **à vontade** naquele confortável sofá.
O médico chegou **às pressas** no hospital. (muito rápido)
À tarde, todos foram tomar um chope.
À noite, Paulo encontrou a namorada no parque.
A secretária tem tudo **à mão** para o diretor. (pronto, perto)

EXERCÍCIO

A- Trasforme as palavras em advérbios, com a terminação: mente

1 - forte _____
2 - longo_____
3 - frio _____
4 - correto _____
5 - errado _____
6 - feliz _____
7 - rico _____
8 - antigo _____
9 - moderno_____
10 – animado _____
11 - informal _____
12 – injusto_____
13 – justo _____

B- Faça frases, transformando as expressões em advérbios:

1 - em breve _____

2 - em geral _____

3 - com certeza_____

4 - com muita fluência_____

5 - com carinho _____

6 - com naturalidade _____

7 - com rapidez _____

C- Complete as frases com os advérbios:

1 - Ela não faz o trabalho_____.

2 - Umas pessoas comem_____ outras comem_____ .

3 - Umas pessoas falam português _____outras falam _____.

4 - Ele explicou o projeto muito _____.

5 - Ela foi ao médico, porque não está_____.

6 - Alice joga tênis _____, mas hoje jogou muito _____.

7 - Célia está no hospital, porque está passando_____.

8 - A sua vizinha reclama _____.

9 - O diretor não tirou _____dinheiro do banco.

D- Complete as frases com as expressões adequadas:

1 - _____, os alunos foram estudar na biblioteca.

2 - Ele foi ao banco _____porque está sem dinheiro.

3 - As crianças ficam _____quando vão brincar no parque.

4 - Ele é muito organizado, ele tem tudo _____.

5 - Ela não fica_____quando encontra o ex-marido.

6 - Ela é fraca, ela se cansa _____.

7 - Ele fica nervoso por uma coisa_____.

ATENÇÃO!

Pedro trabalha e estuda **diariamente.**
Marta recebe o salário **semanalmente.**
José recebe **quinzenalmente.**
Nós recebemos **mensalmente.**
O balanço da companhia é **bimensal.**
A avaliação é **trimestral** e **semestral.**
O balanço da firma é **semestral** e **anual.**

Responda às perguntas:

1 – Você recebe salário semanalmente ?

_____

2 – Você paga a escola mensalmente ?

_____

3 – Você estuda diariamente ?

_____

CRASE

Usa-se crase antes de palavra feminina.
A + A = À   Vou a + a praia =   Vou **à** praia
A + AS = ÀS   Obedeço a + as leis =   Obedeço **às** leis.

Exemplos: Eles foram **à** cidade.
Ela foi **às** reuniões.
O avião chegou **às** 14 horas.
Mário foi **à** Bahia ontem.
Apresentei-me **à** secretária da firma.

Usa-se crase também nas expressões: à direita, à esquerda, à toa, à vontade, às claras, às pressas, à tarde, à noite, etc.

EXERCÍCIO

A- Use a crase quando necessário :

Márcia foi a praia ontem, com seus colegas de escola. Eles sairam as 8 horas. Primeiro eles foram a praia de Copacabana, mas como tinha muita gente lá, eles foram direto a praia da Barra, que é mais tranquila. O dia estava lindo. A tarde eles foram a casa de uma colega escutar música. As 5 horas eles foram a pizzaria e depois as 8 horas foram ao teatro.

B- Use a- à- as- às

1- Ela vai _____ escola _____10 horas.

2- Eles vão _____ cidade _____ pé?

3- Não, eles vão _____fazenda de bicicleta.

4- Carlos foi _____pressas chamar o médico.

5- Ela falou tudo _____claras com ele.

6- Ela nunca vai _____ reuniões.

7- _____meninas foram _____ praia.

8- Pedro vai _____ São Paulo.

NO CONSULTÓRIO MÉDICO

Médico: __ O que o senhor está sentindo?

Paciente: __ Acho que estou muito doente. Estou sentindo muito enjôo de manhã e às vezes fico tonto também. Estou com uma dor no lado esquerdo perto do fígado.

Médico: __ Há quanto tempo o senhor está sentindo isto?

Paciente: __ Há 3 semanas.

Médico: __ O senhor teve febre?

Paciente: __ Não sei se tive febre, eu não pus o termômetro para verificar.

Médico: __ Vamos fazer uns exames e saber o que está acontecendo. Vou colher o material para fazer exame de sangue e urina. Pode ser um problema de esgotamento nervoso. O senhor está passando por algum problema emocional?

Paciente: __ Ah! Doutor, estou numa fase muito difícil. Fui dispensado do meu trabalho há três meses e não encontrei outro emprego até hoje. Estou com muitas dívidas e não sei o que fazer.

Médico: __ Fique calmo e tente não se preocupar. Vou examiná-lo e ver como está a saúde em geral... A pressão está normal. Tudo parece bem. Vou lhe receitar uns comprimidos para o enjôo. O senhor deve tomar em jejum antes do café da manhã. Também vou lhe receitar um analgésico para tomar quando sentir dor. Acho que o senhor precisa relaxar, por isto vou lhe dar um tranquilizante. Tome um comprimido antes de se deitar.

Paciente: __ Obrigado, doutor. Preciso mesmo relaxar para encontrar qualquer trabalho para fazer.

Médico: __ Isto mesmo. Cuide da saúde primeiro e depois vai ser mais fácil resolver os outros problemas. Agora temos que esperar os resultados dos exames para saber realmente o que está acontecendo. Quando eu receber os resultados vamos conversar novamente.

Paciente: __ Muito obrigado. Vou aguardar ansiosamente. Até logo.

Médico: __ Até logo. Fique tranquilo.

PERGUNTAS

1- Quais são os sintomas do paciente?

_____

2- Quais são os exames que vão ser feitos?

_____

3- O que está acontecendo com o paciente?

_____

O CORPO HUMANO

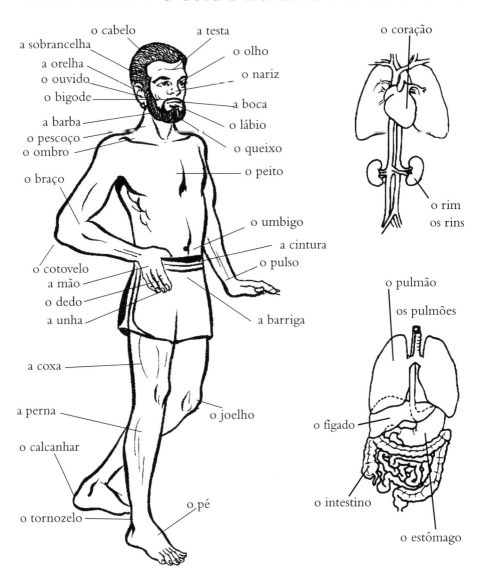

o cabelo · a testa · o coração · a sobrancelha · a orelha · o ouvido · o bigode · a barba · o pescoço · o ombro · o braço · o olho · o nariz · a boca · o lábio · o queixo · o peito · o umbigo · a cintura · o pulso · o rim · os rins · o cotovelo · a mão · o dedo · a unha · a barriga · o pulmão · os pulmões · a coxa · a perna · o joelho · o calcanhar · o fígado · o intestino · o tornozelo · o pé · o estômago

OS SENTIDOS

A VISÃO
Quem não vê é <u>cego</u>.

O OLFATO

A AUDIÇÃO
Quem não ouve é <u>surdo</u>.

O TATO

O PALADAR
Quem não fala é <u>mudo</u>.

MEU PAI

Meu pai é uma pessoa maravilhosa. Ele é alto, forte e muito simpático. Ele tem o corpo proporcional, não é gordo nem magro. Os seus cabelos são pretos e os olhos também. Ele tem bigode e barba.

Ele é muito inteligente. Ele é engenheiro eletrônico e trabalha com computadores.

Ele é muito alegre, gosta muito de música, de dançar, de ir à praia e ler. Ele adora futebol. Seu time preferido é o Flamengo. Ele gosta muito de assistir futebol e tomar cerveja. Meu pai adora cerveja. Ele gosta muito de comer. Os seus pratos preferidos são feijoada e churrasco.

Ele e minha mãe são muito felizes.

D. Maria está sempre com dor nas costas.
José está com dor na coluna vertebral por isto faz fisioterapia.
Paula está com dor de garganta por isto faz gargarejo.
Ele está com dor de estômago.
Pedrinho está com dor de barriga e diarréia.
Ela está com dor de cabeça.
Ele está com dor de dente.
Ele está com febre.
A menina está com gripe, por isto vai tomar aspirina.
O menino está com tosse, por isto vai tomar xarope.

Os cabelos são:
pretos, castanhos, louros, grisalhos, brancos ou ruivos.

Os olhos são:
pretos, castanhos, verdes, azuis e cinza azulados.

__ Ontem eu tive muita dor de cabeça.
__ Você está gripada? Seus olhos estão vermelhos.
__ Acho que sim, porque estou com dor de garganta também.
__ Você tem febre?
__ Ontem eu tive, mas hoje não.
__ Eu tenho uma aspirina. Você quer tomar uma?
__ Não, obrigada. Já tomei dois comprimidos de Melhoral hoje.

EXERCÍCIO

A- Responda às perguntas:
1 - Com quem você se parece?

2 - Seu primo se parece com o pai dele?

_____

3 - Sua amiga se parece com a mãe dela?

_____

4 - Carlos se parece com o pai?

_____

5 - As irmãs parecem gêmeas?

_____

6 - O seu nariz se parece com o do seu pai ou da sua mãe?

_____

7 - Os olhos de sua irmã se parecem com os da mãe?

_____

8 - Qual é a cor de seus olhos?

_____

9 - Qual é a cor de seus cabelos?

_____

10 - Qual é a cor dos cabelos de sua mãe?

_____

11 - Qual é a cor dos cabelos de sua avó?

_____

12 - O seu pai usa bigode?

_____

13 - O seu pai usa barba?

_____

14 - Você tem cabelo curto ou comprido?

_____

15 - Você é alto ou baixo?

_____

B- Responda às perguntas como no exemplo:

__ Como você é? __ Eu sou alto, magro, louro, tenho cabelos compridos, olhos verdes, nariz pequeno, mãos e pés grandes. Eu tomo muita cerveja, por isto tenho a barriga grande.

1 - Como você é? Eu ————————————————————

_____

2 - Como é sua mãe? ————————————————————

_____

3 - Como é seu pai? ————————————————————

_____

4 - Como é sua irmã? (ou esposa, noiva, namorada)? —————————————

———————————————————————————————————————

Observe as palavras: FILHINHA GRACINHA CARINHA MENININHA
Em português as palavras têm 3 graus, para indicar o tamanho:

NORMAL	AUMENTATIVO	DIMINUTIVO
gato	gatão	gatinho
livro	livrão	livrinho
bonito	bonitão	bonitinho
bom	bonzão	bonzinho
vida	vidão	vidinha
beijo	beijão	beijinho
marido	maridão	maridinho
amor	amorzão	amorzinho
bem	benzão	benzinho
pai	paizão	paizinho
mãe	mãezona	mãezinha
mão	mãozona	mãozinha
mulher	mulherona	mulherzinha
olho	olhão	olhinho
dedo	dedão	dedinho
queixo	queixão	queixinho
pé	pezão	pezinho
nariz	narigão	narizinho
barriga	barrigão	barriguinha

As formas diminutivas exprimem, freqüentemente, carinho e
afetividade, por ex. Paulinho, filhinho, avozinha, etc.
Às vezes podem exprimir sentido pejorativo ou depreciativo:
povinho, gentinha, homenzinho, etc.

EXERCÍCIO

Escreva as seguintes frases, usando o diminutivo, como no exemplo:
Pedro ganhou um gato.   Pedro ganhou um gatinho.

A mãe abraçou o filho.———————————————————

O homem ficou triste. ————————————————————

A mão dela era bonita. ———————————————————

O menino joga bola. ————————————————————

O amor dela chegou. _____

O livro era de histórias. _____

A casa dela é branca. _____

Aquele povo sofre muito. _____

Aquela gente é mal educada. _____

A CONSULTA MÉDICA

Flávia: __ Quando você vai ao médico?
Raquel: __ Não sei, vou olhar minha
agenda. Ah! Minha consulta é amanhã às 3
horas da tarde. Vou falar com minha secretária.
Flávia: __ Eu também vou ao médico, mas a minha hora é depois de amanhã.
Minha consulta é na parte da manhã.
Raquel: __ Qual é a especialidade de seu médico?
Flávia: __ Ele é clínico geral. E o seu?
Raquel: __ O meu é ginecologista. Acho que estou grávida. Estou muito feliz!
Flávia: __ Parabéns! É seu primeiro filho?
Raquel: __ Não, é o segundo. Tenho uma menina. Agora espero ter um menino.
Flávia: __ Felicidades para você e o bebê.
Raquel: __ Muito obrigada. Boa sorte para você.

O SUSTO NA ESCOLA

Francisca: __ Glória, sabe o que aconteceu?
Glória: __ Não, o que foi?
Francisca: __ O Frederico caiu e quebrou a perna, coitado! Ele foi à escola ontem
e eu levei o maior susto quando o vi. Ele está andando de muletas.
Fiquei com tanta pena! Você sabe que eu gosto muito dele.
Glória: __ Como foi que aconteceu?
Francisca: __ Ele subiu na escada para trocar uma lâmpada,
perdeu o equilíbrio e caiu. Por sorte o irmão dele estava perto
e o levou imediatamente   ao hospital.
Glória: __ Ele ficou de repouso?
Francisca: __ Não sei, mas provalvelmente ele ficou uns dias em
casa sem andar, não é?
Glória: __ Felizmente o pior já passou e você pode vê-lo na
escola.
Francisca: __ Graças a Deus. Agora estou mais tranquila.

MEU TIPO IDEAL

Ontem, Alexandre e Bárbara conversaram muito tempo na escola. Cada um falou sobre os seus interesses e Alexandre perguntou:

__ Bárbara, qual é a característica que você acha mais importante no homem? Qual é o seu tipo ideal?

__ Ah! A primeira qualidade para mim é ter personalidade. O homem dos meus sonhos deve ser inteligente, bom, educado, honesto e trabalhador.

__ E as qualidades físicas são importantes para você?

__ Claro! Mas o importante é ser saudável. Eu gosto de rapaz alto, forte, mas não gordo, mais tipo atleta. Um pouquinho de beleza física sempre ajuda. E você? Qual é o seu tipo ideal de garota?

__ Eu também acho muito importante ser inteligente, mas eu sou como o Vinícius de Moraes, "as feias que me perdoem, mas beleza é fundamental". Eu gosto de mulher magra, de altura média ou alta, olhos grandes e cabelos compridos. Ela deve gostar das mesmas coisas que eu gosto.

__ Você tem razão. Afinidade é muito importante! E você já encontrou a sua garota ideal?

__ Ainda estou procurando, mas tenho certeza que vou encontrá-la. E você?

__ Na semana passada conheci um "gatinho" jóia. Mas ainda não sei muito sobre ele. Também estou esperando meu companheiro ideal, mas não estou com pressa, porque tenho que terminar a universidade primeiro.

__ Muito bem. Você tem a cabeça no lugar. Boa sorte.

__ Obrigada, para você também.

Responda às perguntas:

1- Qual é qualidade do homem que é mais importante para Bárbara?
_____

2- Que tipo físico ela prefere?
_____

3- Como é a garota ideal de Alexandre?
_____

4- O que diz Vinícius de Moraes sobre a beleza?
_____

5- Quem já encontrou a pessoa ideal?
_____

6- Qual é o seu tipo ideal?
_____

AS GÊMEAS

Luizinha e Roseli são filhas de Janete. Elas nasceram no mesmo dia, elas são gêmeas. Elas estão discutindo no jardim. Roseli falou:

__ Eu sou mais alta do que você!

__ Não, falou Luizinha. Eu sou mais alta! Vem cá, vamos medir.

__ Eu não preciso medir! Eu sou mais alta do que você!

__ Vamos perguntar a mamãe. Mamãe, quem é mais alta?

Janete: __ Não sei, vamos medir. Vem cá Roseli. Fica ao lado de Luizinha. Assim. Ah! Vocês são exatamente do mesmo tamanho. Nem mais alta nem mais baixa. Roseli falou:

__ Mas eu pareço mais alta, porque sou magra e a Luizinha é gorda.

Luizinha respondeu :

__ Mas eu nasci primeiro, por isto sou mais velha do que você.

A mãe falou :

__ Muito bem. Agora vocês vão parar de discutir e vão estudar. Hoje vamos jantar no restaurante.

Roseli: __ Oba! Eu quero comer pizza de atum.

Luizinha: __ Ah! Eu quero comer pizza de salaminho e vou tomar suco de laranja.

GRAUS DE COMPARAÇÃO

GRAU DE SUPERIORIDADE

Célia é **mais** alta **do que** Marta.
Célia é **mais** velha **do que** Marta.

GRAU DE INFERIORIDADE

Marta é **menos** alta **do que** Célia.
Marta é **menos** alegre **do que** Célia.

GRAU DE IGUALDADE

Luizinha é **tão** alta **quanto** Roseli.
Luizinha é **tão** nova **quanto** Roseli.
Luizinha é **tão** alegre **quanto** Roseli.

EXERCÍCIO

A- Use o grau comparativo de superioridade:

1. bonito- Este carro é_____aquele.

2. velho- João é_____José.

3. fácil- Português é_____chinês.

4. confortável- A casa dele é_____a minha.

5. alto- Meu marido é_____eu.

6. gorda- Lúcia é_____Ângela.

7. doce- A laranja é_____o limão.

8. nova- Mariazinha é_____Paulo.

9. pesada- A mesa é_____a cadeira.

10. bonita- Glória é_____a irmã dela.

11. confortável- O sapato preto é_____o azul.

12. caro- O carro é_____a bicicleta.

13. cara- A vida na cidade grande é_____na pequena.

14. no verão- Pedro trabalha_____no inverno.

B- Use o comparativo de inferioridade:

1. trabalhador- Mário é_____João.

2 . estreita - Esta rua_____ aquela

3. interessante- Este filme é_____ de ontem.

4. tranquila- A cidade grande é_____a pequena.

5. nervosa- Ângela é_____Mirtes.

6. caras- As frutas na feira são_____no mercado.

7. calma- Marta é_____Renato.

8. inteligente- Antônio é_____Jorge.

9. gordo- Manuel é_____Fernando.

10. frio- Hoje está _____ontem.

11. pesada- Esta bolsa está_____aquela.

12. adiantado- Meu trabalho está_____o seu.

13. interessante- Geografia é_____História.

14. complicado- O seu trabalho é_____o dele.

15. monótono - Este filme é_____o de ontem.

C- Use o grau comparativo de igualdade:

1. interessante- Este livro é_____aquele.

2. inteligente- Pedro é_____José.

3. alto- Carlos é_____Francisco.

4. quente- No Brasil, dezembro é_____janeiro.

5. frio- Na Europa, janeiro é _____dezembro.

6. quente- Nos Estados Unidos, julho é_____agosto.

7. bonito- O menino é_____a menina.

8. larga- Esta avenida é_____aquela.

9. quente- Hoje está_____ontem.

10. caro- Este carro é_____aquele.

11. grande- Este apartamento é_____o seu.

12. boa- Minha casa é_____a sua.

13. novo- Meu pai é_____o seu.

14. triste- Esta música é_____a outra.

	IRREGULAR	
	SINGULAR	PLURAL
bom – boa	**melhor**	**melhores**
mau – má	**pior**	**piores**
grande	**maior**	**maiores**
pequeno	**menor**	**menores**

ATENÇÃO!

Exemplo: Este livro é **melho**r do que aquele.
Esta sala é **maior** do que aquela.

D- Complete as frases:

1 - (boa) Marta é_____secretária do que Sara.

2 - (mau) O apartamento de Rita é_____do que o de Ana.

3 - (grande) Esta casa é_____ do que a sua.

4 - (pequeno) João é_____ do que Renato.

5 - (boa) Sua escola é_____ do que a minha.

6 - (mau) Ele é _____ do que ela.

7 - (má) Elas são _____ do que eles.

8 - (pequena) Esta mesa é _____ do que a sua.

9 - (grande) Este carro é _____ do que aquele.

10 - (bom) Seu trabalho é _____ do que o meu.

11 - (má) Esta advogada é _____ do que a minha.

12 - (grande) Esta escola é _____ do que a sua.

13 - (grande) Meu bairro é _____ do que o seu.

14 - (mau) O barulho nesta rua é _____ do que na avenida.

15 - (bom) Este livro é _____ do que o seu.

16 - (boa) Esta pintura é_____ do que aquela.

SUPERLATIVO

grande	**o maior de**	bom	**o melhor de**
pequeno	**o menor de**	mau	**o pior de**

Exemplo:

o mais (alto - comprido- caro - etc.)
o menos

O Brasil é **o maior de** todos os países da América do Sul.
Rolls Royce é **o mais** caro **de** todos os carros.

Complete com o respectivo superlativo:

1 - pequeno - O México é _____todos os países da A.do Norte.

2 - grande - A Rússia é _____todos os países.

3 - grande - O deserto Saara é_____todos os desertos.

4 - pequeno - O Principado de Mônaco é _____todos os países.

5 - grande - O Oceano Pacífico é_____todos os oceanos.

6 - grande - O Rio Amazonas é _____todos os rios.

7 - alto - O Everest é o pico _____ do mundo.

8 - grande - A população chinesa é _____do mundo.

9 - pequeno - A população do Vaticano é _____do mundo.

10 - grande - O Brasil é_____produtor de café e cana de açúcar.

11 - alto - O World T. Center é o edifício_____ de Nova Iorque.

A MAIOR AVE DO MUNDO NÃO VOA

O avestruz é a maior ave do mundo, podendo medir mais de 2,50m e pesar mais de 100 quilos.

Um ovo de avestruz equivale a duas dúzias de ovos de galinha.

Os ovos são chocados pela fêmea durante o dia e pelo macho durante à noite.

A ave é fértil até os 35 anos, em média. Ela vive até os 70 anos e há casos de avestruzes que ultrapassaram os 80 anos.

Uma das poucas aves que não consegue voar, o avestruz é um grande corredor, podendo atingir velocidade de até 65 quilômetros por hora.

Sua alimentação constitui-se, basicamente, de sementes e plantas.

A ave tem o hábito de engolir tudo o que encontra na frente. Vem daí a expressão "estômago de avestruz".

Cada 100 gramas de carne de avestruz contém 2,8 gramas de gordura, 81 miligramas de colesterol e 140 calorias. A mesma quantidade de carne de frango tem 7,4 gramas de gordura, 190 calorias e 89 miligramas de colesterol. 100 gramas de carne de vaca tem 9,3 gramas de gordura, 211 calorias e 86 miligramas de colesterol.

22ª - Vigésima segunda lição

UM POUCO DE GEOGRAFIA

O Brasil está situado na América do Sul e tem fronteira com todos os países do continente, exceto Equador e Chile. Ele é o maior país da América do Sul com a extensão de 8.511.965 quilômetros quadrados ou 3.284.426 milhas quadradas. A costa marítima tem 7.408 quilômetros, que vai de norte a sul do país e é constituída de belíssimas praias, cheias de coqueiros, barcos e jangadas. O clima é temperado e quente, mas não há muita distinção entre as estações do ano. Somente no sul do país o frio é mais intenso e algumas vezes neva.

A capital do Brasil é Brasília, situada no Planalto Central, no centro do país.

O setor agrícola produz principalmente café, soja, cana-de-açúcar, laranja, tabaco, milho, algodão, arroz e feijão. Além da agricultura, a pecuária é uma importante atividade. Muito importante também é a exploração de recursos minerais como ferro, ouro, manganês, estanho, cobre, urânio, petróleo e pedras preciosas.

O setor industrial é bastante desenvolvido. A indústria automobilística fabrica carros a álcool e ônibus a gás natural. Isto é importante, pois diminui a poluição.

O Brasil exporta café, açúcar, soja, arroz e frutas; minérios, ferro, aço, pedras preciosas, petróleo, madeira, papel e também aviões, tratores, carros, tanques de guerra, calçados, etc. A economia do Brasil está entre as 10 maiores do mundo.

O Brasil é um país privilegiado onde não há vulcão, terremoto, furacão e inverno rigoroso. O povo brasileiro é muito alegre e pacífico.

PAÍS	ÁREA quilômetros quadrados	POPULAÇÃO em milhões	PRODUTO N. BRUTO em US$ bilhões	PNB per Capita US $
Argentina	2.766.889	35.200	302.000	8.570
Austrália	7.682.300	18.500	380.000	20.540
Alemanha	356.957	82.100	2.319.000	28.260
Brasil	8.511.965	153.500	873.000	5.030
Canadá	9.976.139	30.300	583.900	19.290
China	9.571.300	1.227.200	1.055.700	860
Espanha	504.872	39.300	570.100	14.510
Est. Unidos	9.372.614	267.600	7.690.100	28.740
França	543.965	58.600	1.526.000	26.050
Holanda	33.936	15.600	402.000	25.820
Índia	3.287.263	960.900	375.000	390
Inglaterra	258.256	58.900	1.220.000	20.710
Itália	301.279	57.400	1.155.400	20.120
Japão	377.748	126.100	4.772.300	37.850
México	1.908.691	94.800	348.900	3.680
Portugal	92.072	9.900	103.900	10.450
Rússia	17.075.400	147.300	403.500	2.740
Suécia	440.945	8.800	232.000	2.620
Suíça	41.293	7.100	316.200	44.430

Fonte: Banco Mundial–1997

EXERCÍCIO

A- Observe o quadro e responda às seguintes perguntas:

1 - Qual é o maior país do mundo? Quantos Km^2 ele tem?

2 - Qual é o segundo maior país do globo terrestre? Quantos quilômetros quadrados ele tem?

3 - Compare a área da Argentina com a da Índia.

4 - Compare a área do Brasil com a dos Estados Unidos.

5 - Compare a área da China com a do Canadá.

6 - Qual país é menor a Índia ou a Austrália?

7 - Qual é o país de maior população do mundo?

8 - Compare a população da Rússia com a da Índia.

9 - Compare a população do Brasil com a de Portugal.

B- Observe o quadro e responda às seguintes questões:

1 - Qual é a maior renda per capita do mundo ?

_____

2 - Qual é o maior P.N.B. do mundo ? (Produto Nacional Bruto)

_____

3 - Qual é a menor renda per capita deste grupo de países ?

_____

4 - Compare o P.N.B. dos Estados Unidos e Japão.

_____

5 - Compare o P.N.B. da Suíça e Holanda.

_____

6 - Compare a renda per capita dos Estados Unidos e Suíça.

_____

7 - Compare a renda per capita da Holanda e Suécia.

_____

CIDADE MARAVILHOSA

Cidade maravilhosa
Cheia de encantos mil
Cidade maravilhosa
Coração do meu Brasil

Berço do samba e das lindas canções
Que vivem n'alma da gente,
És o altar de nossos corações
Que cantam alegremente

Jardim florido de amor e saudade
Terra que a todos seduz.
Que Deus te cubra de felicidade
Ninho de sonho e de luz.

Nota: A cidade do Rio de Janeiro é chamada pelos brasileiros de "Cidade Maravilhosa."

A VIAGEM AO RIO DE JANEIRO

Antônio e Helena foram ao Rio nas férias do ano passado. Eles ficaram hospedados no apartamento dos amigos deles: Gustavo e Carla. Eles passearam muito. Eles estiveram no Corcovado duas vezes. Na primeira vez não tinha sol, por isto eles voltaram outra vez. No segundo dia foi uma maravilha. O dia estava lindo com muito sol e a temperatura muito agradável! Eles viram o Cristo bem de perto. Eles ficaram maravilhados com a vista da Baía de Guanabara, as montanhas e o Pão de Açúcar. Carla falou:

__ Eu já vim aqui umas sete vezes, mas eu nunca me canso de olhar esta paisagem.

__ Realmente, falou Helena. Nunca vi nada tão grandioso ! É uma maravilha!

Antônio concordou:

__ Vocês têm razão. Para mim o Rio é a oitava maravilha do mundo. O contraste entre as praias e as montanhas, entre as obras do Criador e as obras do homem, fazem do Rio uma cidade especial e única.

Gustavo falou:

__ Você está muito entusiasmado e inspirado também. Valeu a pena vir aqui com vocês e participar de seu entusiasmo.

No domingo, eles foram assistir o jogo de futebol entre o Flamengo e o Fluminense. O estádio ficou lotado. O jogo foi muito difícil! Nenhum time marcou gol. Teve umas jogadas espetaculares! Mas... não teve gol. Foi uma pena.

Eles foram às praias de Copacabana, Ipanema e Barra da Tijuca.

Uma noite eles foram ao Pão de Açúcar. Helena adorou a viagem no bondinho. Ainda era cedo e eles viram o pôr do sol lá do alto. Depois jantaram, tomaram caipirinha e ficaram muito alegres. Teve um show de samba e depois todos começaram a dançar e cantar músicas de carnaval. Eles adoraram. Foi uma noite muito alegre e divertida.

Após duas semanas, eles tiveram que voltar para São Paulo, pois as férias terminaram. Mas... Antônio e Helena tomaram uma decisão:

__Nas próximas férias, vamos voltar ao Rio. As pessoas têm razão quando falam que o Rio é a Cidade Maravilhosa.

Responda às perguntas:

1 - Onde Antônio e Helena ficaram hospedados?

_____

2 - Por que eles foram ao Corcovado duas vezes?

_____

3 - Quantos gols o Flamengo fez?

_____

4 - Como foi o passeio ao Pão de Açúcar?

_____

MODO INDICATIVO	PRETÉRITO IMPERFEITO		
Verbos	**MORAR**	**VENDER**	**DIVIDIR**
Eu	mor-**ava**	vend-**ia**	divid-**ia**
Ele – ela / Você / O senhor / A senhora	mor-**ava**	vend-**ia**	divid-**ia**
Nós	mor-**ávamos**	vend-**íamos**	divid-**íamos**
Eles – elas / Vocês / Os senhores / As senhoras	mor-**avam**	vend-**iam**	divid-**iam**

IMPERFEITO é um fato que aconteceu no passado, **que se repetia muitas vezes,** como um **hábito,** uma **ação duradoura, simultânea** ou **descritiva.** Exemplo:

Eu o cumprimentava todos dias quando morávamos no mesmo prédio.
Eu morava em Recife quando estudava engenharia.
Nós vendíamos muito quando fazíamos liquidações.
Pedro e Angélica dividiam a conta do restaurante quando estudavam na universidade.
Ele viajava muito quando morava no Brasil.
Márcia telefonou quando eu estudava.
Quando eu estudava, eu trabalhava à noite.
Antigamente ele fumava muito.
Naquela época eu estudava de dia e trabalhava à noite.

EXERCÍCIO

Complete com os verbos indicados no imperfeito do indicativo:

1- comprar - Antigamente ela _____muitas jóias.

2- vender - Naquela época eu_____muito.

3- comer - Marta _____muito quando não trabalhava.

4- dançar - Elas_____balé na escola.

5- viajar - vender-Antigamente eu _____muito, porque _____livros em todo o estado.

6- estudar - escrever Quando ele _____ele _____muito.

7- chegar - Antigamente nós _____sempre atrasados.

8- começar - terminar-Naquela época eles _____o trabalho cedo e _____tarde.

9- dar - Há dois anos você _____muitas aulas de música.

10- gostar - Antigamente nós _____de ir ao cinema.

Usamos o imperfeito do verbo QUERER e PODER para pedir favor, demonstrando mais educação e polidez. Por exemplo:

Eu queria um favor seu. Você podia fazer-me um favor ?

Eu queria um copo d'água, por favor.

Você podia dar-me uma informação? Você podia ajudar-me ?

Eu queria falar com o Carlos.

MODO INDICATIVO		**PRETÉRITO IMPERFEITO**			
	SER	PÔR	TER	IR	VIR
Eu	era	punha	tinha	ia	vinha
Ele-ela } Você	era	punha	tinha	ia	vinha
Nós	éramos	púnhamos	tínhamos	íamos	vínhamos
Eles-elas } Vocês	eram	punham	tinham	iam	vinham

Eu era loira quando era criança.

Ele era muito calmo quando morava no campo.

Ele tinha 5 anos quando começou a ler.

Meus netos sempre vinham tomar café comigo depois da aula.

EXERCÍCIO

A - Complete com o verbo indicado, usando o pretérito imperfeito:

1. Ser-ter-Nós _____crianças e_____muitos brinquedos.

2. Ser-ir-Eles _____estudantes e_____ao parque juntos.

3. Ser-ter-Ela _____solteira e_____muitos namorados.

4. Ser-ter-Você_____vendedor e _____muitos clientes.

5. Ir-ser-Elas_____ao teatro porque_____artistas.

6. Ir-ser Dr. José_____muito ao hospital porque_____cirurgião.

7. Vir-ter-Nós_____à escola de trem porque não_____carro.

8. Pôr-vir-Ele_____anúncios e os clientes_____comprar.

9. Pôr ter-Nós_____ dinheiro no banco e _____bom saldo.

10. Pôr-ter-Eu_____o carro na garagem quando_____vaga.

B- Passe as frases para o pretérito imperfeito:

1 - Eu sou estudante. _____.

2 - Vocês põem muito sal na comida._____.

3 - Ele tem muitos discos de Caetano. _____.

4 - Elas vão muito à praia. _____,

5 - Nós temos muito trabalho. _____.

6 - Maria e João vêm a nossa casa. _____.

7 - Ela vem à escola de ônibus _____ _____.

8 - Paulo põe o carro no estacionamento. _____.

9 - Eles são muito conhecidos._____.

C- Escreva as frases substituindo os pronomes:

Ela tinha muitos amigos.

Nós_____

Eles_____

Você_____

Eu_____

Eu punha muito açúcar no café.

Ela_____

Nós_____

Eles_____

Você_____

Ele ia muito ao cinema.

Elas_____

Nós_____

Eu_____

Você_____

Ela vinha ao clube todo dia.

Nós_____

Eu_____

Vocês_____

Ele_____

Ele era muito trabalhador.

Nós_____

Você_____

Eles _____

Eu_____

Ela não podia viajar

Eu _____

Nós _____

Eles _____

Você _____

D- Responda às perguntas:

1- Quando você era criança, você morava numa cidade grande ou pequena?

_____

2- Você estudava muito quando era criança?

_____

3- Você ia à escola perto de sua casa?

_____

4- Como você ia à escola quando era criança?

_____

5- Você tinha muitos brinquedos quando era criança?

_____

6- Você brigava muito com seus irmãos e amigos?

_____

7- Você assistia muitos programas de televisão?

_____

8- Sua mãe lia histórias para você?

_____

9- Você fazia todos os exercícios de casa?

_____

10- Você tinha muitos livros?

_____

11- Você era bom estudante ou era preguiçoso?

_____

O PASSEIO NA FLORESTA DA TIJUCA

No sábado passado não tinha sol. Mariana e Paulo foram passear na Floresta da Tijuca. Primeiro, passaram no posto de gasolina para encher o tanque do carro. Paulo falou para o moço do posto:

____ Gasolina, por favor. Verifique o óleo também.

____ É para calibrar os pneus?

____ Hoje não. Estou com pressa.

____ Aqui está a sua nota.

____ Obrigado. O troco é seu.

Depois, eles passaram numa lanchonete e compraram sanduíches e guaraná. O tráfego estava tranquilo, por isto chegaram rápido na floresta. Numa curva da estrada, Mariana disse:

____ Olha que paisagem linda! Vamos parar aqui e andar um pouco ?

____ Você tem razão. Daqui podemos ver o Rio. Vou estacionar ali na frente. Pronto. Agora podemos apreciar a natureza.

____ Olha como esta árvore é grande. Tudo aqui é tão calmo. Adoro escutar o canto dos passarinhos.

____ Realmente, é tudo muito bonito. Não se escuta barulho dos carros, é tão tranquilo!

____ Vamos sentar ali, observar a paisagem e comer nosso sanduíche?

____ Boa idéia. Estou com muita fome. Já é uma hora !

____ Este sanduíche está uma delícia !

Eles ainda estavam comendo quando começou a chover... Mariana disse:

____ Oh! Meu Deus! Está chovendo! Que pena! Olha o céu parece que vai chover muito. Vamos depressa para o carro.

____ Sim, temos que correr.

Quando chegaram perto do carro, Paulo procurou as chaves no bolso e não as encontrou. Mariana falou:

____ Paulo, abre a porta depressa. O que você está esperando ?

Paulo não respondeu, olhou dentro do carro e viu as chaves lá. Ele falou:

____ Mariana, eu deixei as chaves dentro do carro. E tranquei a porta.

____ Oh! Paulo! E agora o que vamos fazer ?

____ Tenho uma idéia. Acho que o único jeito é quebrar o vidro da porta.

Quando Paulo estava começando a quebrar o vidro, a rádio patrulha chegou e foi uma confusão! Paulo explicou o que aconteceu, mas a polícia não acreditou na história e pediu os documentos para confirmar se o carro era dele.

Paulo procurou no carro, no bolso e não os encontrou. Como eles estavam todos molhados, a polícia decidiu levá-los no carro policial e chamou um rebocador para levar o carro. Quando chegaram à delegacia, Paulo telefonou para o pai dele, pedindo-lhe para trazer os documentos do carro. O pai ficou nervoso, mas foi à delegacia e finalmente tudo terminou bem. Mas, no dia seguinte, Mariana acordou gripada e com febre. Paulo prometeu ter cuidado e andar sempre com os documentos.

MÚSICA: **A BANDA**

Chico Buarque de Holanda

Estava à toa na vida
O meu amor me chamou
Pra ver a banda passar
Cantando coisas de amor
    A minha gente sofrida
    Despediu-se da dor
    Pra ver a banda passar
    Cantando coisas de amor
O homem sério que contava dinheiro, parou
O faroleiro que contava vantagem, parou
A namorada que contava as estrelas, parou
Para ver, ouvir e dar passagem
    A moça triste que vivia calada, sorriu
    A rosa triste que vivia fechada se abriu
    E a meninada toda se assanhou
    Pra ver a banda passar
    Cantando coisas de amor
O velho fraco se esqueceu do cansaço e pensou
Que ainda era moço pra sair no terraço e dançou
A moça feia debruçou na janela
Pensando que a banda tocava pra ela

    A marcha alegre se espalhou na avenida e insistiu
    A lua cheia que vivia escondida surgiu
    Minha cidade toda se enfeitou
    Pra ver a banda passar
    Cantando coisas de amor
Mas para meu desencanto
O que era doce acabou
Tudo tomou seu lugar
Depois que a banda passou
E cada qual no seu canto
E em cada canto uma dor
Depois da banda passar
Cantando coisas de amor

AS FÉRIAS NA FAZENDA

Quando Paulinho e Carlos eram pequenos iam passar as férias na fazenda do avô deles. Eles iam com o pai e o avô. A viagem era um espetáculo! A estrada passava pela serra, oferecendo ao viajante uma paisagem maravilhosa!

Eles adoravam a fazenda! Tinha tantos lugares para passear! Tinha um rio, onde eles nadavam, passeavam de barco e pescavam. Carlinhos tinha muita sorte, sempre pescava muitos peixes. Paulinho pescava poucos, mas eram sempre muito grandes.

Eles gostavam de andar a cavalo e apostar corrida. De manhã, eles levantavam cedo e iam ao curral ajudar a tirar leite das vacas, tratar dos bois, vacas e bezerros. Eles também gostavam de brincar com os patos, galinhas e pintinhos.

À noite, eles conversavam com os empregados e adoravam escutar as histórias de caça e pescaria. Chico era o empregado mais antigo. Ele tocava violão e todos cantavam músicas caipiras.

A viagem de volta para a cidade era sempre triste, porque eles deixavam para trás aquele lugar que adoravam e onde sempre se divertiam tanto.

Responda às perguntas:

1- Onde Paulinho e Carlos passavam as férias?

_____

2- O que eles adoravam fazer no rio?

_____

3- O que eles gostavam de fazer de manhã?

_____

4- Como eram as noites na fazenda?

_____

23ª - Vigésima terceira lição

NA AGÊNCIA DE VIAGENS

__ Bom dia.

__ Bom dia. Eu comprei um "passe aéreo" e gostaria de fazer as reservas para os vôos e hotéis.

__ Muito bem. O senhor já sabe quais os lugares que vai visitar?

__ Sim. Eu quero ir a Salvador, Brasília, Ouro Preto e Foz do Iguaçu. Eu gostaria de ir ao Pantanal também.

__ Muito bem, o senhor fez uma ótima escolha. Quanto tempo o senhor gostaria de ficar em cada cidade?

__ Bem, meu passe aéreo é de 30 dias. Então, posso ficar mais ou menos 5 dias em cada lugar.

__Exatamente. Em alguns lugares, como Foz do Iguaçu, o senhor pode ficar uns 3 dias. Já no Pantanal, o senhor deve ficar mais tempo para aproveitar bem, explorar toda a região. Vamos ver: quando o sr. quer iniciar a viagem?

__ Eu gostaria de sair dia 20, que será sexta-feira.

__ Muito bem. Vamos ver primeiro a sequência das viagens. Penso que será melhor começar por Salvador, depois seguir para o Pantanal, depois ir a Brasília. Para ir a Ouro Preto, o senhor tem que ir a Belo Horizonte e depois tomar o ônibus ou alugar um carro. Depois volta a Belo Horizonte e pode tomar o avião direto para Curitiba ou Foz do Iguaçu.

__ Parece muito bom. A senhora poderia fazer as reservas de hotel também?

__ Claro. Vamos fazer o seguinte. Vou escrever o roteiro com as datas, horários de vôos e preços de diárias de hotel. Depois mostro ao senhor para decidir. Está bem assim?

__ Sim. Muito obrigado. Eu não quero hotel de luxo.

__ Eu lhe mostro tudo e o senhor escolhe.

__ Quando posso voltar?

__ O senhor pode voltar hoje à tarde ou amanhã de manhã.

__ Acho melhor vir amanhã. Muito obrigado e até amanhã.

PERGUNTAS

1- Quais são os lugares que o turista quer visitar?

2- Qual é a duração do "passe aéreo"?

3- Quais são os hotéis que ele escolheu?

4- Como ele pode ir a Ouro Preto?

5- Você já viajou com um "passe aéreo"? Onde?

NO ESCRITÓRIO

Hoje o diretor da companhia chegou mais cedo. Ele está muito preocupado.

Diretor: __ Bom dia.
Secretária: __ Bom dia.
Diretor: __ Alguém ligou de São Paulo?
Secretária: __ Não, ninguém ligou ainda. É muito cedo.
Diretor: __ Chegou alguma carta de Belo Horizonte?
Secretária: __ Não, chegaram algumas de São Paulo e Rio.
Diretor: __ Você telefonou para o Dr. Bernardo?
Secretária: __ Liguei duas vezes, mas ninguém atendeu.
Diretor: __ Você deixou algum recado na secretária eletrônica?
Secretária: __ Não, porque a secretária eletrônica estava desligada.

ALGUÉM	**NINGUÉM**
(usa-se só para pessoa)	**(usa-se só para pessoa)**

__ Alguém aqui é índio?
__ Ninguém aqui é índio.
__ Alguém aqui é africano?
__ Ninguém aqui é africano.
__ Alguém aqui é árabe?
__ Ninguém aqui é árabe.
__ Todos são japoneses.

__ **Alguém** aqui se chama Manuel?
__ Não, **ninguém** se chama Manuel.

__ **Alguém** vai à aula domingo?
__ **Ninguém** vai à aula domingo.
__ E sábado?
__ Sim, **alguns** estudantes vão à aula sábado.

__ Alguém aqui é adulto?
__ Ninguém aqui é adulto.
__ Alguém aqui é velho?
__ Ninguém aqui é velho.
__ Todos são crianças.

—**Alguém** na sala é brasileiro?
— **Ninguém** na sala é brasileiro.

__ **Alguém** trabalha domingo?
__ Sim, **algumas** pessoas trabalham domingo.

__ **Alguém** na sala fala alemão?
__ **Ninguém** fala alemão.

CADA

Cada casa tem um número.
Cada pessoa é diferente.
Cada dia tem 24 horas, **cada** hora tem 60 minutos, **cada** minuto tem 60 segundos.

QUALQUER

Eu compro **qualquer** livro deste autor, não importa o preço.
Estou com muita fome, eu como **qualquer** coisa
Estou com muita sede, eu tomo **qualquer** coisa gelada.
Ele resolve **qualquer** problema.
Qualquer dia eu volto para visitar você.

EXERCÍCIO

A- Complete com alguém ou ninguém:

1-_____ aqui neste grupo é japonês?

_____ neste grupo é japonês.

2-_____ aqui é brasileiro?

_____ neste grupo é brasileiro.

3- _____ neste grupo é chinês?

_____ aqui é chinês.

4- _____ neste grupo é árabe?

_____ aqui é árabe.

5- _____ neste grupo é escocês?

_____ neste grupo é escocês.

Todos são mexicanos.

B- Responda às perguntas usando alguém, ninguém, alguns, algumas, nenhum, nenhuma, etc:

1- Você conhece alguém na Rússia?

_____

2- Você tem alguém conhecido na China?

_____

3- Vocês têm algum colega holandês?

_____

4- Alguém na sala se chama Boris?

_____

5- Vocês têm algum colega famoso?

_____

C- Complete com cada ou qualquer:

1- Eles são todos jogadores. _____ jogador tem um número.

2- Eu adoro música. _____ música me agrada.

3-_____ casa tem janelas e portas.

4- Ele bebe _____ vinho tinto.

5- Eu gosto de _____ cidade pequena.

6- _____ dia tem 24 horas.

7- _____ sugestão é bem-vinda.

8- _____ dia eu amo mais minha esposa.

NA RECEPÇÃO DO HOTEL

__ Meu nome é João Bernardes. Você tem alguma mensagem para mim ?

__ Não senhor.

__ Alguém entregou alguns pacotes para mim?

__ Um momento, vou verificar. Sim, aqui estão 3 pacotes para o senhor.

__ Obrigado. Posso deixar um recado para meu amigo?

__ Pois não. Escreva aqui neste bloco.

RESERVA DE HOTEL

Recepcionista: __ Hotel Ipanema, boa tarde.

Jorge: __ Eu queria um apartamento para casal, de frente para a praia. Quanto é a diária?

Recepcionista :__ A diária é R$140,00 com café da manhã incluído. Qual é a data de chegada?

Jorge: __ Vamos chegar dia 14 de janeiro, mais ou menos às 10 horas.

Recepcionista:__ Quantos dias o senhor vai ficar?

Jorge: __ Vamos ficar 5 dias.

Recepcionista: __ Qual é o seu nome e telefone?

Jorge: __ Meu nome é Ângelo da Silva e meu telefone é 31 332 7869.

Recepcionista: __ Está feita sua reserva, Sr. Ângelo. Boa tarde.

Jorge: __ Muito obrigado.

NO GUICHÊ DE EMBARQUE

Atendente: __ Sua passagem, por favor.

Passageiro: __ Pois não. Aqui está também meu passaporte.

Atendente: __ O senhor quer sentar na seção de fumantes ou não fumantes?

Passageiro: __ Prefiro não fumantes e de preferência ao lado da janela.

Atendente: __ Está bem. Vamos ver... fila 25 cadeira b. Quantas malas o senhor vai despachar?

Passageiro: __ Duas e esta pequena vou levar comigo.

Atendente: __ A bagagem de mão tem que caber em cima no porta mala ou debaixo da cadeira da frente.

Passageiro: __ Ela é pequena e deve caber no porta mala.

Atendente: __ Pode pôr as malas aqui para pesar. Está a conta exata.

Passageiro: __ Ah! Que bom. Não tenho que pagar excesso de peso.

Atendente: __ Aqui estão as etiquetas das malas, o cartão de embarque e o seu passaporte. O embarque é no 2° andar, no portão número 3. Boa viagem.

Passageiro: __ A senhora pode me informar se o avião está no horário?

Atendente: __ Está sim. Não se preocupe. O vôo se origina neste aeroporto. Está tudo normal.

Passageiro: __ Muito obrigado. É bom saber que o avião sai daqui, porque assim não atrasa, não é?

Atendente: __ É mesmo. Boa sorte.

INFORMAÇÃO NO AEROPORTO

__ Por favor, qual é o próximo vôo para São Paulo?

__ Um momento. O próximo vôo será às 10h 30m, mas o avião está atrasado 15 minutos.

__ Quanto custa uma passagem de ida e volta para São Paulo?

__ Custa R$200,00.

__ Eu quero uma passagem para o vôo das 10h 45m.

__ Aqui está.

__ Tenho o dinheiro trocado. Muito obrigado.

__ De nada. Boa viagem.

DURAÇÃO DA VIAGEM DE AVIÃO					
Vôo Internacional			Vôo Doméstico		
	Hora da saída de	Hora da chegada ao Rio		Hora da saída de	Hora da chegada ao Rio
Buenos Aires	9h	11h50m	B. Horizonte	12h15	13h
Lisboa	20h	5h30m	Brasília	7h30	8h55m
Nova Iorque	21h	6h30m	Iguaçu	8h	10h50m
Londres	19h	7h30m	Manaus	12h	15h50m
Paris	20h	7h20m	Recife	18h	20h30m
Roma	19h	6h50m	São Paulo	17h	17h30m

Observe o quadro e responda às perguntas:

1 - Quanto tempo dura o vôo de Nova Iorque ao Rio?

_____

2 - Quanto tempo dura a viagem de Paris ao Rio?

_____

3 - Quanto tempo dura a viagem de Lisboa ao Rio?

_____

1 - Quantas horas dura o vôo de Roma ao Rio?

_____

5 - Quantas horas dura a viagem de Manaus ao Rio?

_____

6 - Quanto tempo se leva de Belo Horizonte ao Rio?

_____

7 - Quanto tempo dura a viagem de Iguaçu ao Rio?

_____

8 - Quantas horas dura a viagem de Brasília ao Rio?

_____

Agenda do Roberto

Segunda - Trabalhei 9 horas
Terça - Trabalhei 10 horas
Quarta - Trabalhei 11 horas
Quinta - Trabalhei 10 horas
Sexta -
Sábado -

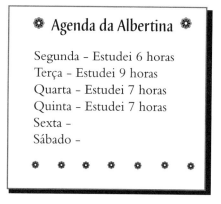

Agenda da Albertina

Segunda - Estudei 6 horas
Terça - Estudei 9 horas
Quarta - Estudei 7 horas
Quinta - Estudei 7 horas
Sexta -
Sábado -

Roberto **tem trabalhado** muito esta semana.
Albertina **tem estudado** muito esta semana.

O **PRETÉRITO PERFEITO COMPOSTO** é usado para expressar um fato que **começou no passado** e **que se repete muitas vezes até o presente** e **não terminou ainda.**

Eu **tenho and-ado** muito este mês.
Marta **tem vend-ido** muitos livros este ano.
Eles **têm invest-ido** muito na Bolsa de Valores este mês.

O pretérito perfeito composto é formado assim:
verbo **TER + PARTICÍPIO PASSADO**

MODO INDICATIVO **PRETÉRITO PERFEITO COMPOSTO**

Eu tenho cantado muito este mês.
Ela tem recebido poucas cartas este ano.
Nós temos dividido o trabalho com os filhos este ano.
Eles têm sentido muitas saudades do pai.

Alguns verbos têm o particípio **irregular:**

abrir	aberto	fazer	feito
cobrir	coberto	pôr	posto
dizer	dito	ver	visto
escrever	escrito	vir	vindo
ler	lido	ir	ido
ganhar	ganho	gastar	gasto
pagar	pago		

NO HOSPITAL

Heloísa está internada no hospital, porque teve um acidente com o carro dela. Ela escreveu para uma amiga.

Belo Horizonte, 10 de maio de 1997

Querida Luíza
Estou lhe escrevendo, porque infelizmente não posso ir a sua festa de aniversário.
Tive um acidente com meu carro e agora estou aqui no hospital. Não aconteceu nada grave, felizmente. Mas o médico pensa que é melhor eu ficar em observação, porque tenho sentido muitas dores no corpo.
Izabela tem vindo visitar-me todos os dias. Temos conversado muito e temos falado muito sobre você e sua festa.
Você tem visto o Marcos? Eu tenho telefonado para ele, mas não tenho tido sorte. Ele nunca está em casa.
Mamãe tem sido muito paciente comigo, pois estou muito nervosa. Não tenho dormido bem, porque aqui tem feito muito calor e você sabe como eu detesto calor. Tenho tentado ler, assistir televisão, mas não tenho conseguido me concentrar. A única coisa que tenho feito é escutar música.
Desejo-lhe muitas felicidades e uma festa maravilhosa.
Um beijo da amiga
Heloísa

___ Mauro, o que você tem feito?

___ Nada interessante, só tenho trabalhado. E você?

___ Eu tenho feito muitas pesquisas para o meu trabalho. Você sabe o que tem acontecido este mês no banco?

___ Não. O que é?

___ Muitas coisas: venderam o banco, mudaram o diretor e naturalmente, mudaram também o meu gerente. Estão falando em mudar os funcionários de agências também.

Realmente têm acontecido muitas mudanças!

EXERCÍCIO

A- Complete com o verbo indicado, no pretérito perfeito composto:

1- **viajar** - Ele_____muito este mês.

2- **escrever** - A secretária_____muitas cartas este mês.

3- **receber** - Eles _____muitos cheques esta semana.

4- **ir** - Nós_____muito à praia este verão.

5- **sentir** - Paula _____muita dor de cabeça esta semana.

6- **ver** - Júlio _____muitos filmes na televisão este mês.

7- **comprar** - Elas _____muitas roupas neste inverno.

8- **fazer** - Este mês _____muito calor aqui no Brasil.

9- **ler** - Eles _____o jornal todos dias.

10- **pôr** - Eu_____muito dinheiro da firma no banco.

11- **dizer** - Elas_____muita coisa sensata, estes dias.

12- **abrir** - O banco _____muitas agências este ano.

13- **abrir** - Eles _____a loja mais cedo, neste verão.

14- **vir** - Os estudantes_____à biblioteca todos os dias .

15- **andar** - Nós _____todos os dias, neste verão.

16- **ganhar** - Eles _____muitos presentes esta semana.

17- **enviar** - O diretor _____propagandas aos clientes.

18- **vir** - Os aviões_____sempre lotados, neste mês.

B- Responda às perguntas:

1- Você tem visto muitos filmes na televisão este mês?

_____

2- Você tem ido à escola diariamente?

_____

3- Você tem feito muitas viagens este ano?

_____

4- Você tem escrito muitas cartas este mês?

_____

5 Você tem recebido muitas mensagens na internet?

_____

6- Seus colegas têm vindo a sua casa?

_____

7-Você tem ido ao cinema este mês?

_____

8- Seus pais têm feito planos para as férias?

_____

9- Você tem escrito muitas composições em português?

_____

10- Você tem feito ginástica ou ioga este mês?

_____

11- O professor tem dito para você estudar mais?

_____

12- Você tem visto seus pais frequentemente?

_____

13- Você tem feito muitas compras este mês?

_____

14- Você tem tido problemas no seu trabalho?

_____

15- Você tem feito muitas festas este ano?

_____

RECADO DA SECRETÁRIA

21-8-98

Dr. Álvaro

O Sr. Antônio telefonou cancelando a entrevista, porque ele teve um acidente. Ele disse que lhe telefonará breve.

O seu médico confirmou a consulta para amanhã.

A esposa do senhor telefonou, mas não deixou recado. Ela disse que ligará mais tarde.

Vou sair mais cedo, conforme lhe falei, pois tenho hora com o dentista.

Maria Augusta

UMA CARTA COMERCIAL

São Paulo, 4 de junho de 1994

Exmo. Sr.
Dr. João Carlos Monteiro
Diretor das Indústrias Monteiro

Saudações.

Recebemos seu pedido n°. 214, referente à encomenda de material de escritório, de acordo com a relação anexa.

Comunicamos-lhe que, infelizmente, não poderemos atender o pedido dentro do prazo solicitado, devido ao grande número de encomendas que temos recebido. Entretanto, tentaremos atendê-lo o mais rápido possível.

Esperando sua compreensão para nossa justificativa, subscrevemo-nos, atenciosamente,

Dr. Fábio Junqueira
Gerente Administrativo

UM CARTÃO DE AGRADECIMENTO

Querida amiga Angélica

Estou morrendo de saudade dos dias maravilhosos que passei aí no Rio com você. Eu a conheço há muito tempo, mas não sabia que você era uma anfitriã perfeita. Adorei o Rio, naturalmente, mas o melhor foi conhecê-lo com uma amiga especial como você. Muito obrigada por tudo.

Espero ter a oportunidade para retribuir-lhe a gentileza.

Recomendações a todos da família.
Um beijo e saudades da amiga

Glória

24ª - Vigésima quarta lição

OS MEIOS DE COMUNICAÇÃO

Quando Gutenberg, Samuel Morse e Graham Bell inventaram as suas máquinas, nunca pensaram na transformação da tecnologia atual.

Hoje a máquina domina o homem, em vez de serví-lo. Se falta energia, o computador não funciona e todo sistema fica parado, todo o trabalho é interrompido.

Mas, com toda tecnologia das novas máquinas, os antigos meios de comunicações ainda continuam cumprindo o seu objetivo.

Anúncios e mensagens diversas são expostos nas ruas, ônibus, trens, lojas e repartições públicas; folhetos são distribuídos nas ruas e lugares públicos.

No Brasil, os motoristas de caminhão usam um meio interessante para expressar seu modo de pensar sobre a vida, o trabalho, a política e o eterno amor. Eles escrevem frases no pára-choque do caminhão, transmitindo sua mensagem. Veja algumas destas frases, que nós chamamos de "filosofia popular":

O amor não diz quando vem nem quando vai.

Devagar e sempre.

Vou porque preciso, volto porque te amo.

Na esquina da vida encontrei minha querida.

Pobre vive de teimoso.

Mulher sem curvas e estrada reta só dão sono.

Vou voando porque meu amor está me esperando.

Vai devagar, amigo. Pinga e pressa matam.

Estou de bem com a vida e cheio de amor pra dar.

Seja paciente, espere sua vez.

Quem vê cara não vê coração.

IMPERATIVO

Usa-se o imperativo para exprimir uma ordem, uma proibição, dar um conselho ou fazer um pedido. Há duas formas de imperativo:

A - **afirmativo:** Fale alto. Complete a frase. Traga o livro. Responda às perguntas.

B - **negativo:** Não fume. Não se esqueça de mim. Não entre. Não pertube.

Ordem: Cale a boca. Saia daqui. Esqueça tudo. Seja obediente. Não atravesse.

Conselho e desejo: Faça tudo o melhor possível. Seja paciente. Tenha cuidado. Seja feliz. Faça boa viagem. Tente relaxar. Não se preocupe.

Pedido: Traga-me uma cerveja. Deixe-me sozinha. Dê-me um copo dágua.

VERBO REGULARES

OLHAR	**ESCREVER**	**PARTIR**
olhe (você)	escreva (você)	parta (você)
olhem (vocês)	escrevam (vocês)	partam (vocês)

__ Cuidado! Olhe o carro!
__ Preste atenção! Olhe o sinal vermelho. Não atravesse com o sinal vermelho.

NA COZINHA

__ Maria José, ligue o forno, por favor. Vou fazer um bolo. Tire 4 ovos da geladeira e a manteiga. Ah! Tire o leite também; não gosto de leite gelado.
__ Já fiz tudo o que a senhora pediu.
__ Está bem. Obrigada. Vá ao supermercado fazer as compras. Não se esqueça de comprar o lombo para o jantar. Ponha na lista.
__ Já pus, D. Tereza.
__ Faça boas compras. Aproveite a liquidação.

DIÁLOGO

__ Paulinho, por favor, vá estudar matemática.
__ Mamãe, este programa é ótimo! Deixe-me ver o final?
__ Desligue a televisão e vá estudar para o teste amanhã. Estude primeiro, faça bom teste e tenha boas férias.
__ Tenha paciência, mamãe. Preciso descansar...
__ Está bem. Fique mais 10 minutos e vá direto estudar. Saiba aproveitar o tempo.

IMPERATIVO -		VERBOS IRREGULARES	
Verbo	dar	dê (você)	dêem (vocês)
	dizer	diga	digam
	estar	esteja	estejam
	fazer	faça	façam
	ir	vá	vão
	ler	leia	leiam
	ouvir	ouça	ouçam
	pedir	peça	peçam
	pôr	ponha	ponham
	saber	saiba	saibam
	sair	saia	saiam
	ser	seja	sejam
	ter	tenha	tenham
	trazer	traga	tragam
	ver	veja	vejam
	vir	venha	venham

Usa-se o IMPERATIVO nos avisos e anúncios comerciais. Veja os avisos e anúncios abaixo.

NÃO PERCA A CABEÇA! JOGUE NA LOTO E RESOLVA OS SEUS PROBLEMAS!

FAÇA AMOR! NÃO FAÇA GUERRA!

Cuidado! Pare! Não ultrapasse! Perigo!

Venha à loja"BOM PREÇO" Confira você mesmo! O menor preço da praça!

ARSÊNICO! NAO TOQUE! VENENO!

PROTEJA NOSSAS FLORESTAS!

DIGA NÃO ÀS DROGAS

APROVEITE A LIQUIDAÇÃO! DESCONTO DE 50%

COMO FAZER UM DELICIOSO SUCO DE ABACAXI

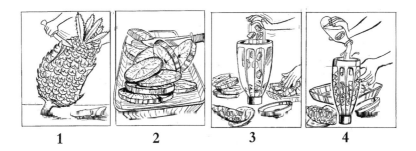

1   **2**   **3**   **4**

1- Descascar o abacaxi.
2- Cortar as fatias em pequenos pedaços.
3- Pôr os pedaços de abacaxi no copo do liquidificador.
4- Pôr um pouco de leite e um pouquinho de açúcar.
5- Ligar o liquidificador.
6- Deixar bater até ficar líquido.
7- Pôr uns cubos de gelo.
8- Bater mais um pouco até dissolver o gelo.
9- Pôr no copo e beber à vontade.

Agora escreva as frases acima usando o imperativo, por exemplo: descasque o abacaxi, corte... etc.

1-_____
2-_____
3-_____
4-_____
5- _____
6- _____
7- _____
8-_____
9- _____

EXERCÍCIO

A-Escreva as frases no imperativo, como no exemplo:

1 - Dizer a verdade - Diga a verdade.

2 - Ter paciência - Tenha paciência.

3 - Comer frutas e vegetais. _____

4 - Não fazer barulho. _____

5 - Ser otimista. _____

6 - Trazer o livro._____

7 - Fechar a porta._____

8 - Fazer o exercício. _____

9 - Ser pontual. _____

10 - Ler as instruções. _____

11 - Ver aquele filme. _____

12 - Vir à festa. _____

13 - Dar atenção às crianças. _____

B-Passe para o imperativo o bilhete de D. Teresa para a empregada:

Bom dia, Maria. Você tem muitas coisas para fazer. Primeiro vai ao supermercado comprar frutas, vegetais e carne. Depois põe tudo na geladeira e vai limpar a casa: passar o aspirador, limpar os móveis e janelas e lavar o banheiro e a cozinha. Por favor, lavar e secar a roupa, se possível.
Quando terminar, fechar a porta e entregar a chave à vizinha.

_____
_____
_____
_____
_____
_____
_____

C- Complete com o verbo no imperativo:

1- escrever - A professora fala: _____ os números até 50.

2- comer - A mãe diz ao filho: _____ todas as frutas.

3- completar - O exercício diz:_____as frases.

4- responder - O pai diz ao filho:_____ às perguntas.

5- assistir- O anúncio na TV diz: _____ nosso próximo programa.

6- dar - O amigo lhe diz: _____ notícias sobre a viagem.

7- comprar- O vendedor diz: _____ nossos produtos e seja feliz.

8- ver - O anúncio do cinema diz: _____ nossos próximos filmes.

9- evitar- O médico diz: _____ o cigarro e todas as drogas.

10- cumprir- O juiz diz: _____ a lei.

11- ver - A colega fala: _____ minhas notas.

12- ler - A professora diz:_____ o diálogo.

13- pedir - O chefe fala: _____ uma pizza para nós.

14- fazer - O chefe fala: _____ uma reserva de hotel no Rio.

15- buscar - O diretor pede: _____ o cliente no aeroporto.

A EVOLUÇÃO DA LÍNGUA PORTUGUESA NO BRASIL

Quando Pedro Álvares Cabral descobriu o Brasil, os aborígenes que habitavam o país falavam a língua tupi-guarani. Até a metade do século XVIII as famílias brasileiras se comunicavam pela língua tupi-guarani.

A ocupação do território brasileiro foi baseada nos casamentos entre os colonizadores e as mulheres indígenas. Elas educavam os filhos e consequentemente o tupi-guarani tornou-se a a língua dos primeiros descendentes dos europeus no Brasil.

O tupi-guarani era como uma língua viva, incorporando novos vocábulos, gírias, expressões idiomáticas originárias do próprio português e do idioma dos africanos. Assim o tupi-guarani, que não tinha os tempos verbais, desenvolveu desinências indicativas do presente, passado e futuro. Uma modificação importante foi a inclusão dos numerais acima de quatro. Os índios só identificavam os números 1,2,3,4 e "muitos". Para dizer que dez jacarés estavam no rio, diziam "minhas mãos". Para o número vinte diziam "minhas mão e meus pés".

O Padre José de Anchieta e seus companheiros da ordem dos jesuítas, que eram missionários no Brasil, escreveram muitas cartas, documentos e até uma gramática chamada "Arte de Gramática da Língua mais falada na costa do Brasil".

Os bandeirantes que se aventuraram pelo interior do país, descobrindo terras, minas, fundando vilas, também se comunicavam em tupi-guarani. É por isto que muitos estados, cidades e rios têm nomes de origem indígena. Paraná significa "mar", Pará é "rio", Tocantins é "bico de tucano". Algumas gírias que são usadas até hoje vieram do tupi-guarani.

A fim de aumentar o seu domínio sobre a colônia, Portugal proibiu o uso e o ensino do tupi-guarani em 1758. Com a expulsão dos jesuítas em 1759, o português se torna definitivamente o idioma do Brasil. Mas até a metade do século XIX, no interior de São Paulo muitas pessoas ainda se comunicavam em tupi-guarani.

A língua foi se evoluindo incorporando palavras do idioma africano relacionadas com o candomblé (Exu, Iansã), influenciando a cozinha (acarajé, vatapá), palavras de uso cotidiano (moleque, caçula, molambo, cafuné) e também termos relativos à escravidão (senzala, mocambo, samba).

Com os avanços tecnológicos mais e mais termos de origem greco-latina foram acrescentados ao português.

O mundo mágico da era do computador está modificando a língua e os usuários estão criando novos verbos como "delitar", "formatar", "digitar".

Completando o desenvolvimento da tecnologia de comunicação surge a "internet" novamente influenciando e criando novos termos e expressões: mundo digital, "e-mail", "site", etc.

Culminando com mais um avanço nas comunicações vem o celular para completar a era fantástica das comunicações tornando o mundo menor, aproximando os homens e facilitando a vida e os negócios.

Uma língua está sempre se evoluindo, acompanhando o desenvolvimento da ciência, da história e da sociedade.

Responda às perguntas:

1- Por que os primeiros descendentes dos europeus no Brasil aprenderam o idioma tupi-guarani?

_____

2-Como era a língua tupi guarani antes da influência do português?

_____

3- Por que o idioma tupi-guarani não continuou sendo a língua dos habitantes do Brasil?

_____

4- Por que muitos estados e rios brasileiros têm nomes indígenas?

_____

5- Quais as palavras de origem africana que são usadas em português?

_____

Observe o cartão de aniversário. O poeta usou o IMPERATIVO para aconselhar e no final para exprimir um desejo.

No seu aniversário
Conte seu jardim pelas flores,
Nunca pelas folhas caídas;
Conte sua vida pelas horas alegres,
Nunca pelas tristezas;
Conte suas noites pelas estrelas,
Nunca pelas sombras escuras;
Conte seus dias pelos sorrisos,
Nunca pelas lágrimas;
E neste dia especial
Conte sua idade pelos amigos,
Nunca pelos anos passados.
Seja feliz hoje, amanhã e sempre.

DIFERENÇAS DE PORTUGUÊS

O Brasil foi colonizado pelos portugueses, por isto o português é a língua oficial. Esta foi-se evoluindo, recebendo influência do idioma dos índios, dos africanos e dos imigrantes, incorporando palavras do tupi-guarani, do francês, do inglês, do alemão, do espanhol e outros. A distância de Portugal e a grande miscigenação do povo brasileiro foi contribuindo para as mudanças na língua.

A televisão brasileira tem exportado muitos programas para outros povos que falam português e assim eles estão compreendendo a linguagem informal e a "gíria" dos brasileiros.

Oficialmente, existe um acordo entre os países, mas na prática, cada um continua se expressando do modo que lhe convém e assim a língua se enriquece cada dia mais e mais.

Como disse a jornalista Elsie Lessa, "não se fazem línguas por decretos ou acordos, antes brotam quente da boca e do coração do povo."

E, aqui como lá, todos se entendem e muito bem.

As principais diferenças são:

1 - presente contínuo:
 Brasil - estou falando...estás
 percebendo...
  Portugal - estou a falar...
  estás a perceber...

2 - colocação dos pronomes:
 Brasil - ele se chama...
 Portugal - ele chama-se...

3 - pronúncia: os portugueses
pronunciam as palavras mais
fortemente e os brasileiros de forma
mais suave. Os portugueses, como os
 cariocas, pronunciam
  o S como X.

4 - significado das palavras. Veja algumas palavras:

Portugal	Brasil	Portugal	Brasil
comboio	trem	metro	metrô
peão	pedestre	miúdos	crianças
piroso	caipira	planear	planejar
auto-carro	ônibus	fato	terno
recheio de casa	mobília	sítio	lugar
retrete	privada	montra	vitrina
autoclisma	descarga	prenda	presente
bicha	fila	talho	açougue

5- Ortografia: Brasil: fato econômico adotado
Portugal: facto económico adoptado
Os brasileiros atendem o telefone e dizem "ALÔ" e em Portugal dizem
"ESTÁ?" e a outra pessoa responde "ESTOU". Depois pergunta polidamente
"Diz-me com quem quer falar?" No Brasil se diz «Quem fala?» ou «Quem está
falando?»

Há diferenças, mas pode-se entender muito bem o que cada um fala!

— Você fala português muito bem! Onde você estudou?
— Eu estudei com uma professora particular.
— Você tem um sotaque diferente!
— Minha professora é carioca. Onde você estudou?
— Eu estudei numa escola particular. Minha professora é portuguesa. O
sotaque dela é bem diferente do brasileiro. Mas a gente entende bem os dois
sotaques.
— É mesmo. Não tem problema.

LINGUAGEM USADA NA COMPUTAÇÃO

As instruções do livro de computador também usam o IMPERATIVO. Veja as
instruções a seguir:

Movendo arquivos

1- Selecione o arquivo que você quer mudar;
2- No menu Editar selecione a opção Recortar;
3- Clique a pasta que vai receber o arquivo;
4- No menu Editar selecione a opção Colar;
5- Vai aparecer uma caixa mostrando o arquivo sendo transferido; se desejar
   parar a operação clique o botão Cancelar;
6- O arquivo aparecerá na pasta.

Observe o computador e as telas com as palavras em português.

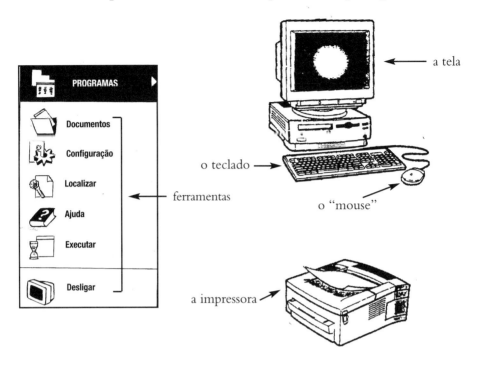

Recuperando arquivos da Lixeira

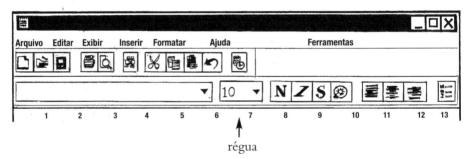

Recuperando arquivos da Lixeira

Lixeira vazia   Lixeira cheia

Suponhamos que você precisa de um arquivo armazenado na lixeira. Se você não tiver esvaziado a Lixeira, você pode recuperá-lo.

Siga as instruções.

1- Dê um clique duplo no ícone Lixeira cheia.
   Vai aparecer a janela Lixeira, com a lista dos arquivos, pastas e ítens excluídos.
2- Selecione os arquivos que deseja recuperar.
3- No menu Arquivo selecione a opção Restaurar.
   Os arquivos vão voltar para as pastas onde estavam antes.

EXERCÍCIO

Passe as seguintes instruções para o imperativo:

1- Clicar o botão iniciar.

_____

3- Salvar o trabalho.

_____

5- Selecionar a opção copiar.

_____

7- Apagar o texto.

_____

9- Copiar o parágrafo.

_____

2- Selecionar um arquivo

_____

4- Editar o documento.

_____

6- Imprimir o texto.

_____

8- Desligar o computador.

_____

10 - Selecionar ferramentas.

_____

__ Alexandre, estou com um problema no meu computador que está me chateando e não consigo resolver.

__ Qual é o problema?

__ Ontem eu queria fazer um quadro para uma tabela e não consegui trabalhar com a régua e fazer as colunas do jeito certo.

__ Isto é mesmo chato. Às vezes eu tenho problema também. Acho que o melhor é você comprar o manual "Windows para Principiantes". Ele é fácil de entender porque as instruções são simples, objetivas e fáceis de seguir.

__ É mesmo. Como não pensei nisto antes. Vou agora mesmo à livraria comprar o manual.

__ Eu vou com você porque preciso comprar umas coisas também.

__ Então vamos.

TELEFONEMA A COBRAR

__ Telefonista, boa tarde.

__ Eu queria fazer uma ligação a cobrar para o Rio.

__ Qual é o número?

__ 267- 4687

__ Quem vai falar?

__ Mariana.

__ Um momento. Fique na linha. ... Pode falar.

LIGAÇÃO ERRADA

Trim... trim... Não foi possível completar sua ligação. Verifique o número ou chame a telefonista para informação.

TELEFONE CELULAR

Bip... bip... O telefone que você chamou está desligado ou fora da área de cobertura.

TELEFONE PÚBLICO

__ Quanto tenho que pagar para usar o telefone público ?
__ Para telefonar no orelhão você tem que comprar uma ficha telefônica.
__ Onde posso comprar uma ficha?
__ Você pode comprar nas bancas de jornal e também nos postos de telefone.
__ Muito obrigado.
__ De nada. Ali na esquina tem uma banca de jornal.
__ Vou lá agora mesmo. Mais uma vez obrigado.

SECRETÁRIA ELETRÔNICA

__ Trim... trim...
__ Você chamou 286 7492. No momento não posso atender. Por favor, deixe seu nome e o número do telefone depois do sinal. Chamarei mais tarde. Obrigada.

O PAPO NA INTERNET

__ Lurdinha, ontem bati o maior papo na internet.
__ Célia, você não me falou que tinha internet!
__ E não tenho. Mas eu fui na casa de meu colega e ele me ensinou a navegar e eu adorei!
__ E com quem você conversou?
__ Bati um papo com um "cara" de Salvador muito legal. Ele é estudante de engenharia e vem trabalhar numa companhia aqui em Curitiba.
__ Que legal! Vocês combinaram de se encontrar?
__ Sim, mas agora tenho um problema, porque só posso falar com ele quando vou à casa de meu colega. É uma situação chata!
__ Agora nós temos internet, você pode ir lá em casa e me ensinar também. O que você acha?
__ Oh! Adorei! Claro que te ensino tudo o que aprendi. Vamos começar?
__ Então vamos logo para casa.

O ALUGUEL DO APARTAMENTO

D. Regina mora num hotel em Copacabana, mas agora vai alugar um apartamento. Hoje ela vai ver um na Rua Princesa Isabel, na esquina com a Avenida Nossa Senhora de Copacabana. O número do apartamento é 203 e fica localizado no segundo andar.

Ela tocou a campainha e uma senhora muito simpática abriu a porta. D. Regina falou:

___ Bom dia. Eu sou Regina de Castro. Vi o anúncio do apartamento no jornal.

___ Pois não. Vamos entrar.

___ Com licença.

___ O apartamento é para você ?

___ Sim, é para mim, por quê ?

___ Bem, estou perguntando porque o apartamento é pequeno. Tem esta sala, dois quartos, o banheiro e a cozinha. Vem, vou lhe mostrar.

Depois de olhar o apartamento D. Regina falou:

___ É, realmente é pequeno. Qual é o preço do aluguel?

___ São R$400,00 (Reais) e o contrato é por um ano.

___ Eu gostei porque ele é claro e não se escuta nenhum barulho. O aluguel não é barato. A senhora pode fazer um desconto ?

___ Não, infelizmente. Tudo está muito caro.

___ Está bem. Eu fico com ele.

___ Você tem referências ?

___ Claro. Eu trabalho no Banco Nacional que fica na esquina. A senhora pode se informar com o gerente. Ele se chama Dr. Roberto Amaral.

___ Ótimo. Vou fazer-lhe uma visita. Depois lhe telefono para nos encontrarmos e assinar o contrato.

___ Aqui está o meu cartão. Espero seu telefonema. Até logo. Ah! Esqueci de perguntar, quanto é a taxa de condomínio?

___ É baixa, R$90,00.

___ Está bem, obrigada.

PERGUNTAS

1 - Onde mora D. Regina ?

_____

2 - Onde ela viu o anúncio do apartamento?

_____

3 - Onde fica localizado o apartamento?

_____

4 - Como é o apartamento?

_____

5 - Por que D. Regina gostou dele ?

_____

6 - Qual é o preço do aluguel ?

_____

7 - Qual é a taxa de condomínio?

_____

A COMPRA DO APARTAMENTO

Sr. Júlio e D. Dalva querem comprar um apartamento. Eles viram um anúncio no jornal e gostaram muito da planta. O apartamento tem três quartos, uma sala grande de dois ambientes, dois banheiros, cozinha, quarto de empregada, área de serviço e varanda. O prédio tem garagem e elevador. Eles telefonaram para o corretor e foram ver o apartamento hoje.

Quando chegaram no prédio, o corretor mostrou primeiro a garagem, depois o apartamento e explicou as condições de pagamento. D. Dalva gostou muito da varanda e da cozinha, pois é grande e tem muitos armários.

Sr. Júlio achou o preço caro, mas o corretor disse que ele pode fazer um financiamento.

Sr. Júlio disse que vai pensar, conversar com o gerente do banco e telefonar depois.

__ Você mora em casa ou apartamento ?
__ Eu moro num apartamento.
__ Ele é seu ou é alugado ?
__ É meu. Eu fiz um financiamento. A prestação é alta, mas vale a pena.
__ Boa idéia.

O EMPRÉSTIMO NA AULA

__ Quantas canetas você tem?
__ Eu tenho duas, por que?
__ Porque eu não tenho nenhuma; você me **empresta** uma?
__ Naturalmente. Aqui está.
__ Obrigada, depois da aula eu **devolvo.**
__ Está bem.

Ele toma o dinheiro emprestado.

Ela empresta o dinheiro.

UM EMPRÉSTIMO NO BANCO

Sr. Júlio foi ao Banco Real pedir informações sobre financiamento.

O gerente estava atendendo um cliente. Quando ele terminou, chamou o Senhor Júlio.

Gerente: ___ Boa tarde. Como vai ?

Sr. Júlio: ___ Bem, obrigado. Preciso umas informações sobre empréstimo.

Gerente: ___ Que tipo de empréstimo o senhor precisa ?

Sr. Júlio: ___ Quero comprar um apartamento e preciso um financiamento. O que devo fazer ?

Gerente: ___ O senhor tem conta neste banco ?

Sr. Júlio: ___ Sim, um momento. Aqui está o extrato de minha conta do mês passado.

Gerente: ___ Ótimo. É uma boa conta. Vou lhe dar uns formulários para o senhor preencher. O senhor precisa trazer as informações sobre o apartamento, sua declaração de imposto de renda e o comprovante de seu salário. Com estes documentos podemos iniciar o processo. Quanto o senhor quer financiar ?

Sr. Júlio: ___ Preciso de R$130.000,00.

Gerente: ___ É muito dinheiro! Mas o senhor tem um saldo médio bom. O senhor pode trazer os documentos e vamos estudar o processo.

Sr. Júlio: ___ Posso fazer mais uma pergunta ?

Gerente: ___ Naturalmente.

Sr. Júlio: ___ Quanto tempo demora para conseguir o empréstimo ?

Gerente: ___ Normalmente leva de 3 a 4 meses, mas pode sair mais rápido.

Sr. Júlio: ___ Muito obrigado.

Gerente: ___ De nada. Boa tarde. Até breve.

Sr. Júlio: ___ Até breve.

NA IMOBILIÁRIA

Corretor: ___ Bom dia.

Cliente: ___ Bom dia. Eu queria comprar um apartamento e preciso de algumas informações.

Corretor: ___ Pois não. O que a senhora deseja saber?

Cliente: ___ Eu quero um apartamento de dois quartos, sala, cozinha, dois banheiros e área de empregada. Eu prefiro no bairro Santo Antônio. Qual é a média do preço?

Corretor: ___ Depende se é prédio novo ou usado, se o pagamento é à vista ou financiado.

Cliente: ___ Eu prefiro prédio novo. Acho que vou financiar uma parte.

Corretor::___ Geralmente apartamento novo neste bairro está numa faixa de R$110.000,00 a R$140.000,00. Para financiar tem que dar uma entrada de 20% do valor do imóvel.

Cliente: ___ Quanto está a taxa de juros?

Corretor: ___ Agora está a 12% ao ano e a prestação tem reajuste toda vez que seu salário aumentar. Para financiar tem que ter uma renda mínima que varia de acordo com o valor do imóvel.

Cliente: ___ Meu marido e eu temos uma renda mensal de R$5.600.00.

Corretor: ___ É uma boa renda. Aqui está uma relação dos imóveis do Bairro Santo Antônio. Se a senhora precisar de mais alguma informação é só perguntar.

Cliente: ___ Muito obrigada. Provavelmente vou ter muitas perguntas. Vou olhar a lista, mas estou mesmo ansiosa para ver os próprios apartamentos.

Corretor: ___ Quando a senhora escolher me avisa. Vou marcar uma hora com o proprietário para lhe mostrar os imóveis.

Cliente: ___ Está ótimo. Vou olhar tudo cuidadosamente e lhe telefono.

VOZ ATIVA	VOZ PASSIVA
Paulo comprou o apartamento.	O apartamento foi comprado por Paulo.
Mariana pintou o quadro.	O quadro foi pintado por Mariana.
Maria cantará a ópera.	A ópera será cantada por Maria.

A voz passiva é formada com o verbo auxiliar **ser** e o **particípio passado** do verbo principal. O verbo ser é conjugado em todos os tempos.

Exemplo: A carta **é** escrita pela secretária.

A carta **foi** escrita pela secretária.

A carta **será** escrita pela secretária.

Passe para a voz passiva:

1 - Carlos compra o carro._____

2 - Célia estuda o projeto. _____

3 - Eles fecham a conta do banco. _____

4 - Nós cantamos a música de Caetano. _____

5 - Rubens pintará o quadro._____

6 - Ela comprará a casa. _____

7 - Luís mandou o livro. _____

8 - A secretária encomendou os papéis. _____

9 - Marta leu o romance._____

10 - Paulo viu o filme ontem. _____

11 - O gerente abriu o cofre. _____

12 - Marcos pôs o dinheiro no banco._____

13 - André fez o desenho. _____

14 - O diretor deu o livro._____

15 - Simone vendeu o carro. _____

16 - O estudante leu o livro. _____

17 - O menino quebrou o vaso. _____

Observe os anúncios de empregos, de vendas, de compras e aluguel. Muitos anúncios usam a voz passiva com o verbo na 3ª pessoa (singular ou plural) e o pronome se. Observe os exemplos:

Procura-se secretária bilíngue.
Aluga-se apartamento em Copacabana por 15 dias.
Vende-se casa na praia.
Precisa-se de babá, para morar no trabalho.
Alugam-se barcos.

Agora veja:

CLASSIFICADOS POÉTICOS
Roseana Murray

Procura-se algum lugar no planeta
onde a vida seja sempre uma festa
onde o homem não mate
nem bicho nem homem
e deixe em paz
as árvores da floresta.

Procura-se algum lugar no planeta
onde a vida seja sempre uma dança
e mesmo as pessoas mais graves
tenham no rosto um olhar de criança.

IMÓVEIS ALUGUEL

Copacabana Leme

1. COPACABANA - Atlântica!!! Sala, 2 quartos, banheiro, cozinha, dependências, com ou sem mobília, com ou sem telefone, fundos. R$ 800/1.100 + taxas. Tel.: 543-2635 Creci 3781

2. COPACABANA — Rua Cinco de Júlio. Excelente sala, 2 quartos, dependências, garagem, 6° andar, frente, ótima localição, reformado, ar-condicionado. Tratar proprietário Tel.: 224-1514 / 9999-2055.

3 Quartos

3. COPACABANA - Rua 05 de Julho 226/801, sala, 3 qtos. cozinha, banheiro, dep empregada, s/ garagem. Chave c/ porteiro. R$ 800,00 Tel.: 533-5173

4. COPACABANA — Andar alto mobiliado 140m² 3 ambientes 3 quartos 2 banheiros sociais dependências completas R$ 800,00 Tratar Tel.: 239-9575 Brito Cordeiro.

5. COPACABANA — 5 de julho, alugo ótimo, sala, 3 qts. armários, ar-condicionados, dependência, garagem, telefone, sinteco. R$ 1.140 Tel.: 242-2518 / 232-6300 / 9916-5001 Creci22925

1 Quarto

6. IPANEMA - Apto qto. e sala, dependências completas, armários, garagem, sossegado. R$ 600,00 Tenho outro menor reformado, sossegado, sem garagem R$ 400,00. Tel.: 547-2256 / 255-2121 Cr 20.280

7. IPANEMA - Imóvel aluga, quadra da Praia de frente. Rua Anibal Mendonça 16 apt° 302 / sala, quarto, banheiro, cozinha c/ armários R$ 700,00 Tel.: 224-8901 chaves c/ Porteiro

8. IPANEMA — Ótimo sala, quarto separado, quarto reversível, cozinha, área serviço, banheiro serviço, reformado, ar-condicionado, 4 por andar. Tratar proprietário Tel.: 224-1514 / 9999-2055

SALAS

9. IPANEMA - Rua Visconde de Pirajá 414 Edifício Quartier Ipanema alugo sala com garagem R$ 1.000 Tel.: 523-9792

10. COPACABANA - ADBAZE Aluga. Ótimo ponto grupo 2 salas, banheiro kitch, 37m² , Av. Copacabana, 709. R$ 400,00 preço negociável. Para ver/Tratar Tel.: 533-7222

11. FLAMENGO - M. Calleri. Praia do Flamengo, 66. Linda vista, sala 30, 45, 60 m² funcionando 24 hs, auditório, garagem rotativa. Só entrar Tel.: 205-5005 Cr 11669 BNI 165

12. IPANEMA - Alugamos sala comercial 100 m² por apenas R$ 2.800 !!! Ótimo local, excelente prédio, ar, vagas. Temos outras. Informações/visitas: Tel.: 511-3316 / 9968-0921 Cr 18902

IMÓVEIS COMPRA E VENDA

13. COPACABANA — Figueredo Magalhães, próximo pracinha Bairro Peixoto Duplex, 2 quartos banheiro cozinha dependências completas R$ 105.000,00 Arnaldo Tel.: 9982-1221 9995-8025. 259-1221 Cr 7038

14. COPACABANA — Totalmente residencial. Aconchegante, silencioso. Sala, dormitórios, dependências completas, garagem escriturada, habitação imediata, localização privilegiada. Oportunidade R$ 140.000 Tel.: 236-1563

15. COPACABANA — Santa Clara, junto bairro Peixoto, reformado, 2 sls , 2 qts (armários), banheiro (Blindex), cozinha, área, dependências, garagem, R$ 123.000,00 API Tel.: 548-2070 CJ 1550.

16. COPACABANA - Vendo lindo apartamento, 2 qtos., sala, dependências completas, andar baixo, perto metrô. Finamente decorado, R$ 105.000 Tel.: 295-8394 /507-9821 Creci 7454

EXERCÍCIO

A- Leia os anúncios e veja qual é o imóvel que atende às necessidades de cada um.

1- Lisa é casada e tem 2 filhos pequenos. O salário do marido dela é R$1.890,00. Ela quer alugar um apartamento em Copacabana, de 3 quartos, dependência de empregada e aluguel de no máximo R$800.00. Escolha o apartamento que tem as características que ela quer.

2- Augusto é solteiro e quer morar sozinho num apartamento de quarto e sala, em Ipanema. O máximo que ele pode pagar de aluguel é R$450.00. O salário dele é R$1.200,00 por mês. Qual é o apartamento que será bom para ele?

3- Sr. Benedito e a esposa são aposentados e querem comprar um apartamento pequeno, de 2 quartos, garagem e perto da praia de Copacabana. Eles querem um apartamento numa faixa de R$100.000,00 a R$150.000,00. Qual é o anúncio que oferece o que eles querem e podem pagar?

4- Sr. Bruno é comerciante em Copacabana. Ele precisa de uma sala pequena para escritório. Ele quer pagar um aluguel de R$450,00 mais ou menos. Qual é o anúncio que oferece o imóvel que ele precisa?

B- Responda às perguntas:

1- Você aluga apartamento? Ou possue um financiado?
_____

2- Quanto você paga de aluguel ou prestação de financiamento?
_____

3- Quanto é a taxa de condomínio de seu prédio?
_____

4- Seu apartamento tem garagem? Ou você aluga uma?
_____

5- Quanto custa o aluguel de uma garagem no seu bairro?
_____

C- Responda às perguntas:

1- Você empresta livros aos amigos?
_____

2- Seus amigos devolvem os seus livros?
_____

3- Seus colegas emprestam dinheiro aos amigos?
_____

5- Você já tomou dinheiro emprestado para comprar carro? Quanto era a prestação mensal?

_____

6- Você empresta seu carro aos amigos?

_____

D- Preencha os cheques de acordo com o valor indicado em reais

| 033 | 389 | 08500 | 010104CC 00 70C | C | NC703,60 |

Pague a quantia de

BANCO MERCANTIL **M**
DO BRASIL S.A. **B**

Data _____

_____
Assinatura

| 033 | 389 | 08500 | 01018422 99 786 | 5 | R$2.405,00 |

Pague a quantia de

BANCO MERCANTIL **M**
DO BRASIL S.A. **B**

Data _____

_____
Assinatura

| 033 | 389 | 08500 | 01018422 99 786 | 5 | R$1.590,00 |

Pague a quantia de

BANCO MERCANTIL **M**
DO BRASIL S.A. **B**

Data _____

_____
Assinatura

| 033 | 389 | 08500 | 01018422 99 786 | 5 | R$5.875,00 |

Pague a quantia de

BANCO MERCANTIL **M**
DO BRASIL S.A. **B**

Data _____

_____
Assinatura

A CIGANA

A cigana olhou longamente para Júlia, depois olhou para a bola de cristal e começou a falar:

___ Você conhece um rapaz desde criança, mas há muito tempo vocês não se encontram. Ele aparecerá breve e lhe fará uma surpresa muito grande.

Júlia perguntou:

___ Como é que ele é?

___ Estou vendo aqui um rapaz alto e de cabelos pretos. Ele está muito sério.

___ E qual é a surpresa?

___ Calma! Vocês se encontrarão num lugar muito diferente e ele lhe dirá o que irá acontecer. Você ficará muito feliz.

___ Eu me casarei com ele?

___ Vai demorar um pouco porque estou vendo um problema, mas... isto será superado.

___ E eu passarei no vestibular?

___ Vou olhar mais um pouco. Este vestibular será muito difícil, mas você passará se estudar muito.

Júlia contou para sua amiga Luciana o que a cigana falou. Luciana não acreditou muito nas previsões da cigana e Júlia ficou chateada e falou:

___ Oh! Meu Deus! Joguei meu dinheiro fora. A cigana me enganou.

Meses depois Júlia estava na sala para a prova de vestibular quando o professor entrou com os testes. Ela quase desmaiou. O professor era o seu amigo de infância Luís, que ela não via há tanto tempo. Aí ela se lembrou da cigana.

Alguns meses depois, eles se casaram. Mas, ela não passou no vestibular de engenharia.

PERGUNTAS

1- O que a cigana falou para Júlia?

2- Como é o rapaz que a cigana viu na bola de cristal?

3- A cigana acertou todas as previsões?

_____

4- Por que Júlia quase desmaiou?

_____

MODO INDICATIVO   FUTURO

Verbos	ESTUDAR	ATENDER	PARTIR
Eu	estudar-**ei**	atender-**ei**	partir-**ei**
Ele - ela Você O senhor A senhora	estudar-**á**	atender-**á**	partir-**á**
Nós	estudar-**emos**	atender-**emos**	partir-**emos**
Eles - elas Vocês Os senhores As senhoras	estudar-**ão**	atender-**ão**	partir-**ão**

EXERCÍCIO

A- Numere a coluna dos verbos de acordo com o número da respectiva pessoa.
Observe o exemplo:

<u>1 Eu</u>   (   ) compraremos
2 Eles   (   ) viajará
3 Nós   (<u> 1 </u>) entrarei
4 Você   (   ) andaremos
5 Ela   (   ) partirão
6 Vocês   (   ) trabalharemos
          (   ) dançarei
          (   ) falarão
          (   ) estudará

B- Passe para o futuro: Ele vende muito.

Eu _____

Ela _____

Nós _____

Vocês _____

PASSADO	PRESENTE	FUTURO
Ontem	Hoje	Amanhã
José trabalhou.	José trabalha.	José trabalhará.

C- Complete as frases com os verbos indicados:

1- Hoje Célia _____(**comprar**) frutas.

2- Ontem ela_____(**comprar**) livros.

3- Amanhã ela_____(**comprar**) roupas.

4- Hoje eu_____(**andar**) no parque.

5- Ontem nós _____(**andar**) na praia.

6- Amanhã nós _____no clube.

7- Hoje vocês _____(**vender**) muitas ações.

8- Ontem vocês _____(**vender**) muitos livros.

9- Amanhã vocês_____(vender) carros.

10- Hoje ele _____(**partir**) para a Europa.

11- Ontem elas _____(**partir**) para a praia.

12- Amanhã vocês _____(**partir**) para o Japão.

13- Hoje eu _____(**comer**) muito vegetal.

14- Ontem eu não _____(**comer**) muito vegetal.

15- Amanhã eu _____(**comer**) muita fruta e vegetal.

MODO INDICATIVO FUTURO
VERBOS IRREGULARES

Verbos	PÔR	FAZER	DIZER	TRAZER
Eu	por-**ei**	far-**ei**	dir-**ei**	trar-**ei**
Ele - ela / Você / O senhor / A senhora	por-**á**	far-**á**	dir-**á**	trar-**á**
Nós	por-**emos**	far-**emos**	dir-**emos**	trar-**emos**
Eles - elas / Vocês / Os senhores / As senhoras	por-**ão**	far-**ão**	dir-**ão**	trar-**ão**

EXERCÍCIO

A - Complete com os verbos indicados, usando o futuro:

1 - dizer - Eles _____ao diretor a verdade.

2 - fazer - Nós _____o possível para terminar o relatório.

3 - trazer - Paula _____ o bolo para a nossa festa.

4 - pôr - José e Carlos_ _____um novo anúncio no jornal.

5 - dizer - O presidente _____a mesma coisa até o fim.

6 - trazer - Eu _____o novo disco de Caetano para você.

7 - fazer - Vocês _____um ótimo teste se estudarem muito.

8 - dizer - Ela _____toda a verdade no tribunal.

9 - pôr - Eu _____o seu nome na lista de espera.

10 - fazer - Você sempre _____sucesso como cantora.

B - Passe as frases para o plural:

1 - Ela dirá o nome seguindo a ordem alfabética.

_____

2 - Aquele menino fará teste para cadete da aeronáutica.

_____

3 - Você dará muito incentivo à filha e a fará feliz.

_____

4 - Ele dirá que não pode trabalhar domingo.

_____

5 - Eu farei uma viagem à Europa no ano que vem.

_____

C - Escreva a frase substituindo os pronomes.

Eu trarei um livro sobre verbos para a próxima aula.

1- Ela _____

2- Nós_____

3- Vocês_____

4- Eles _____

Nós faremos um teste excelente.

1- Ela _____

2- Eu _____

3- Vocês_____

4- Pedro _____

5- José e Alice _____

MODO INDICATIVO

VERBOS **PEDIR E OUVIR**

	PRESENTE		**PRETÉRITO PERFEITO**	
Eu	peço	ouço	pedi	ouvi
Ele-ela } Você	pede	ouve	pediu	ouviu
Nós	pedimos	ouvimos	pedimos	ouvimos
Eles-elas } Vocês	pedem	ouvem	pediram	ouviram

Os verbos MEDIR, IMPEDIR, DESPEDIR se conjugam como o PEDIR.

__ Gláucia, você é muito mais alta do que eu. Quanto você mede?

__ Eu meço 1,80m. (1 metro e 80 centímetros). E você?

__ Ah! Eu meço 1,70m. Você é 10 cm maior do que eu, mas você parece mais alta.

__ Eu sou muito magra e você é mais gordinha.

__ Ontem Gláucia me pediu um favor.

__ O que ela lhe pediu?

__ Ela me pediu para conversar com você, porque está constrangida com o que aconteceu.

__ Ah! Que bom! Eu também queria lhe pedir para conversar com ela. Veja que coincidência.

__ Ótimo. Então você devia lhe telefonar e marcar um encontro.

__ Acho que você tem razão. Vou telefonar para ela amanhã.

__ Muito bem. Conversando as pessoas se entendem.

CONVERSA DE COLEGAS

__ Gustavo, você ouve rádio ?

__ Sim, eu ouço rádio o dia todo, mas só FM, porque eu detesto ouvir comercial toda hora.

__ Eu também detesto comercial ! Que tipo de programa você ouve mais ?

__ Eu ouço só música. Eu não tenho paciência para ouvir noticiário. O que você gosta de ouvir ?

__ Depende, se estou alegre, adoro ouvir um samba bem animado. Se estou triste, gosto de ouvir umas músicas da Simone, Betânia ou Gal Costa. E você ?

__ Eu também sou assim, adoro samba e também essas músicas românticas. Tenho uma coleção de músicas muito boa. Venha à minha casa sábado ouvir músicas e tomar uma cerveja.

__ Combinado. Sábado estarei lá. Que hora é boa para você ?

__ Qualquer hora... 2 horas está bem ?

__ Está ótimo. Vejo você sábado. Até logo.

EXERCÍCIO

A- Use o verbo pedir no presente do indicativo:

1- Nós _____pizza pelo telefone.

2- Ela _____muito dinheiro emprestado.

3- Vocês _____a conta ao garçom.

4- Nós sempre _____sorvete de sobremesa.

5- Eu _____um favor a minha mãe.

6- Eles _____um empréstimo ao gerente.

7- Nós _____um aumento de salário ao chefe.

8- A professora_____muita atenção aos alunos.

9- Ela _____para falar com o diretor.

10- Eles _____o catálogo telefônico.

11- A filha _____presentes ao pai.

B - Complete com o verbo pedir no pretérito perfeito:

1- A professora_____ao aluno para escrever uma carta.

2- Nós _____muitas coisas pelo correio.

3- Nossos amigos _____para estudar conosco.

4- Mário e José_____um dicionário de português.

5- Ela _____um computador de presente.

6- Eu_____um carro ao meu marido.

7- A menina _____uma boneca.

8- Ele_____uma bicicleta ao pai.

9- Nós sempre _____café com adoçante.

10- A companhia _____rapidez no trabalho.

C- Complete com o verbo pedir no p. imperfeito:

1- Antigamente ele_____muitos livros pelo correio.

2- Elas sempre_____dinheiro emprestado.

3- No inverno, Pedro _____à mãe dele para fazer feijoada.

4- Na escola, o diretor _____a todos para não fumar.

5- Antigamente eu _____ajuda a meu irmão.

6- Quando era criança, você_____ brinquedos ao pai.

7- Quando eles não trabalhavam, eles_____dinheiro ao pai.

D- Use o verbo ouvir no presente do indicativo:

1- Eles_____só música popular.

2- Nós_____uma notícia boa.

3- Eu_____o noticiário todas manhãs.

4- Ela _____ música clássica enquanto pinta.

5- Você _____os conselhos de sua mãe ?

6- Eu_____rádio enquanto trabalho.

E - Complete com o verbo ouvir no pretérito imperfeito:

1- Ela _____o noticiário quando a mãe a chamou.

2- Eu _____a música de Caetano quando o telefone tocou.

3- Elas _____as informações quando ele as chamou.

4- Nós_____a voz do vizinho, quando ele falava ao telefone.

F – Complete com o verbo ouvir no pretérito perfeito:

1- Eu não _____ bem, você pode repetir por favor.

2- Eles não _____ muito bem a resposta.

3- Minha avó não _____ bem a explicação do médico.

4- Os índios _____ e entenderam muito bem.

5- As pessoas _____ o discurso pacientemente.

6- Vocês _____ as notícias no rádio.

7- Nós _____ as notícias na televisão.

8- (eu) _____ dizer que você foi promovido a gerente.

9- (eu) _____ falar que eles vão se casar.

10- Nós _____ tudo que você disse, mas não entendemos.

G – Complete com o verbo medir no presente ou pretérito perfeito:

1- Eu _____ 1,75m.

2- Ontem eu _____ a mesa antes de comprar.

3- Eu sempre _____ os ingredientes antes de fazer o bolo.

4- Ela _____ 1,63m.

5- Ontem nós _____ o tecido para fazer as cortinas.

6- Eles _____ o campo de futebol ontem.

7- Ela _____ o bebê cada mês.

8- O médico também _____ o bebê.

9- Ontem ele _____ as paredes para fazer os armários.

10- Quanto você _____ ?

11- Eu _____ m.

12- Quanto _____ o seu pai?

13- Ele _____ m.

14- Quanto _____ sua mãe?

15- Ela _____ m.

FUTURO DO PRETÉRITO (CONDICIONAL)

O **futuro do pretérito** é usado para expressar um fato futuro que depende de uma condição. É também chamado condicional. Exemplo:

Eu daria um carro a meu filho, mas não tenho condições agora.

Ele faria o trabalho hoje, mas não tem tempo.

MODO INDICATIVO	**FUTURO DO PRETÉRITO**		
	COMPRAR	**VENDER**	**ABRIR**
Eu	compr-**aria**	vend-**eria**	abr-**iria**
Ele–ela } Você	compr-**aria**	vend-**eria**	abr-**iria**
Nós	compr-**aríamos**	vend-**eríamos**	abr-**iríamos**
Eles- elas } Vocês	compr-**ariam**	vend-**eriam**	abr-**iriam**

A REUNIÃO DAS INDÚSTRIAS "SERVE BEM"

Dr. Bernardo Monteiro reuniu os gerentes, o chefe do departamento de pessoal e os representantes do sindicato para expor o plano de modernização da empresa. Ele vai pedir um empréstimo ao banco. Depois de conseguir o empréstimo, pretende executar o plano, obedecendo às seguintes etapas:

A - Ampliar as dependências da fábrica;

B - Comprar novos equipamentos e máquinas modernas;

C - Aumentar a produção;

D - Contratar mais empregados;

E - Aumentar os salários gradativamente.

O representante do sindicato gostou do plano e se reuniu com os funcionários para explicar as metas. Ele disse que o diretor faria um empréstimo, ampliaria a fábrica, compraria máquinas mais modernas, aumentaria a produção, contrataria mais empregados e aumentaria os salários gradativamente.

Depois de um ano nada mudou. O presidente do sindicato disse: Eu sabia que ele não cumpriria o que disse.

EXERCÍCIO

A- Passe para o futuro do pretérito :

Eu falo _____

Nós partimos _____

Elas cantam _____

Vocês pensam_____

Ele bebe _____

Você viaja_____

Nós gostamos_____

Eu ando _____

B- Escreva sentenças com os verbos no futuro do pretérito:
Exemplo: prometer/ fazer Ele prometeu que faria o exercício.
dizer/beber Eu disse que beberia o chá.

1 – falar/trabalhar _____

2 – concordar/vender _____

3 – escrever/mandar _____

4 – pensar/ chegar _____

5 – concordar/estudar_____

6 – prometer/ajudar _____

7 – dizer/organizar _____

C- Passe para o futuro do pretérito, como no exemplo:
Ele avisa que chegará amanhã.
Ele avisou que chegaria amanhã.

1 – José promete que estudará muito.

_____

2 – Marta fala que trabalhará todos os sábados.

_____

3 – Meu pai promete que nos dará um carro novo este ano.

_____

4 – Ela fala que pode vender a casa.

_____

5 – Ele diz que virá à festa.

_____

6 - O chefe promete que dará aumento de salário este mês.

_____

7 - Ela fala que fica mais tempo aqui.

_____

8 - Eles falam que moram na praia.

_____

9 - Vocês prometem que trabalharão aos sábados.

_____

10 - Todos querem ganhar na loteria.

_____

11 - Eles podem comprar a casa, mas não querem.

_____

12 - Nós falaremos com o diretor.

_____

13 - Eles dizem que trabalharão no sábado.

_____

14 - Márcia avisa que chegará às 7 horas.

_____

MODO INDICATIVO   **FUTURO DO PRETÉRITO**

VERBOS IRREGULARES

	FAZER	**DIZER**	**TRAZER**
Eu	faria	diria	traria
Ele – ela } Você }	faria	diria	traria
Nós	faríamos	diríamos	traríamos
Eles – elas } Vocês }	fariam	diriam	trariam

27ª - Vigésima sétima lição

UM DIA DE AZAR

O ônibus já partira quando eles chegaram. Naquele dia tudo começara complicado. O telefone não estava funcionando e, com os preparativos para a viagem, ninguém percebeu que ele não tocou o dia todo.

Quando fui ao banco, o computador se estragara e tive que esperar 40 minutos para fazer os pagamentos e transferências.

Quando estava voltando para casa, um carro e um ônibus se bateram e o trânsito estava horrível.

Felizmente, quando cheguei em casa, Carmem, minha esposa, já arrumara tudo e estava me esperando.

Papai prometera nos levar à rodoviária. Quando fui telefonar-lhe, constatei que o aparelho estava mudo, sem nenhum sinal. Fiquei apavorado! Provavelmente papai tentara falar comigo e não conseguira completar a ligação.

Decidi descer com Carmem e as malas e tomar um táxi. Por sorte, um carro estava passando justamente quando chegamos na rua. Finalmente, agora as coisas estavam correndo bem. O trânsito estava tranqüilo.

Nossa tranqüilidade durou pouco. Numa curva, escutamos um barulho diferente. Era o pneu que tinha furado. Demorou meia hora para trocar, o tempo suficiente para chegarmos atrasados à rodoviária e perdermos o ônibus. Neste momento, me lembrei da data: 13 de agosto, dia das bruxas, dia do azar.

PERGUNTAS

1- O que aconteceu no banco?

2- Por que o trânsito estava horrível?

3- Quando ele descobriu que o telefone não estava funcionando?

4- Eles conseguiram tomar um táxi?

5- Por que eles perderam o ônibus?

6- Que dia especial era aquele?

8 horas	9 horas	
_____ I _____	I _____	I ____
mais-que-perfeito	**perfeito**	**presente**
A secretária **chegara**	O diretor **chegou**	

MODO INDICATIVO
PRETÉRITO MAIS-QUE-PERFEITO

Usa-se este tempo para expressar um fato no passado, que aconteceu antes de outro fato já passado também.

Exemplo:

Quando o diretor chegou, a secretária já **chegara**.

A classe já **começara** quando o Jorge entrou.

A reunião já **terminara** quando o diretor telefonou.

O professor já **chegara** quando os alunos entraram na sala.

MODO INDICATIVO
VERBOS REGULARES - PRETÉRITO MAIS-QUE-PERFEITO

	CANTAR	**VENDER**	**PARTIR**
Eu	cant-**ara**	vend-**era**	part-**ira**
Ele – ela Você }	cant-**ara**	vend-**era**	part-**ira**
Nós	cant-**áramos**	vend-**êramos**	part-**íramos**
Eles – elas Vocês }	cant-**aram**	vend-**eram**	part-**iram**

EXERCÍCIO

A-Passe as frases para o pretérito mais-que-perfeito:

1 - Paula chegou. _____

2 - Eles pensaram muito antes de decidir _____

3 - Nós compramos o carro. _____

4 - Ele avisou o amigo. _____

5 - O diretor telefonou cedo. _____

6 - Eu vendi minha casa. _____

7 - Nós estudamos tudo. _____

8 - Norma partiu para o México. _____

9 - Mário e Pedro trabalharam muito. _____

10 - Você partiu o pão. _____

11 - Nós dividimos o trabalho. _____

12 - Eu telefonei para João. _____

B-Complete as frases com o pretérito mais que perfeito:

1 - Marta perguntou se eu _____(comprar) o carro.

2 - O diretor já _____(chegar) quando o telefone tocou.

3 - O ônibus já _____ (partir) quando o teatro terminou.

4 - O menino já _____ (terminar) o dever quando o pai chegou.

5 - Ele estava feliz porque _____(passar) no teste.

6 - Ele _____(planejar) tudo o que aconteceu.

7 - Nós já_____(vender) a casa quando meu pai morreu.

8 - Eles _____(decidir) a viagem, quando o aumento de salário saiu.

9 - Ontem ele recebeu os discos que _____ (encomendar)

10 - Pedro _____(terminar) o jantar, quando o filho chegou.

C-Escreva a frase e substitua o pronome, fazendo as modificações necessárias:

Ela encomendara a fantasia para o carnaval.

1 - Eu_____

2 - Nós_____

3 - Você _____

4 - Pedro e Marta_____

5 - Ele _____

Ele comera muito, por isto estava passando mal.

1 - Nós_____

2 - Você _____

3 - Eles_____

4 - Eu_____

5 - Paulo e José _____

Ele repartira o trabalho antes da reunião.

1 - Vocês _____

2 - O diretor _____

3 - Nós_____

4 - Eu_____

5 - A secretária_____

Ele já partira quando a carta chegou.

1 - Eu_____

2. - Nós _____

3 - Eles _____

4 - O diretor _____

5 - Você _____

❀   ❀   ❀   ❀   ❀   ❀

MODO INDICATIVO - **VERBOS REGULARES**
PRETÉRITO MAIS-QUE-PERFEITO COMPOSTO

	MORAR	**COMER**	**PARTIR**
Eu	tinha morado	tinha comido	tinha partido
Ele – ela / Você	tinha morado	tinha comido	tinha partido
Nós	tínhamos morado	tínhamos comido	tínhamos partido
Eles – elas / Vocês	tinham morado	tinham comido	tinham partido

PRETÉRITO MAIS-QUE-PERFEITO COMPOSTO

Na linguagem falada e informal é mais comum usar o **pretérito mais-que-perfeito composto.**

Ele é formado com o IMPERFEITO do verbo TER ou HAVER e o PARTICÍPIO do verbo principal.

Usa-se o verbo ter mais do que o haver. Exemplo :

Quando o diretor chegou, a secretária **tinha saído**.

O professor já **havia chegado**, quando os alunos entraram.

O ônibus já **tinha partido**, quando chegamos à rodoviária.

Passe as frases para o mais-que-perfeito composto, como no exemplo:

O ônibus partira quando eles chegaram à rodoviária.
O ônibus tinha partido quando eles chegaram à rodoviária.

1 - Tudo começara complicado e terminara errado também.

_____

2 - Carmem arrumara tudo e telefonara para o escritório.

_____

3 - Papai tentara telefonar, mas não conseguira.

_____

4 - Um carro passara justamente quando ela chegara na rua.

_____

5 - O avião partira quando o táxi chegou na entrada.

_____

6 - Ele terminara o trabalho quando o telefone tocou.

_____

7 - Quando Carlos entrou, a aula já terminara.

_____

8 - Maria escrevera a carta, quando o diretor chegou.

_____

9 - Ele pusera o carro na garagem, quando começou chover.

_____

10 - João não passou no teste porque não estudara muito.

_____

A MÁSCARA NEGRA

Quanto riso, oh! Quanta alegria
Mais de mil palhaços no salão
Arlequim está chorando
Pelo amor da colombina
No meio da multidão.

Foi bom te ver outra vez
Está fazendo um ano
Foi no carnaval que passou
Eu sou aquele pierrô
Que te abraçou e te beijou, meu amor

A mesma máscara negra
Que envolve o teu rosto
Eu quero matar a saudade
Vou beijar-te agora
Não me leve a mal
Hoje é carnaval.

O CARNAVAL

O carnaval é a maior festa popular do Brasil. Ele sempre acontece três dias antes da Quaresma, ou seja, domingo, segunda e terça feira. Realmente a festa começa no sábado.

Não se sabe a origem do carnaval. Alguns pensam que ele começou nos costumes dos antigos romanos e está relacionado com os festejos dos romanos antes da Quaresma. Nestes dias, as pessoas comiam muita carne e bebiam muito, porque a Quaresma é o tempo da abstinência e não se pode comer carne, de acordo com as leis da igreja católica. Por esta razão, as festas antes da Quaresma se chamam carnaval, palavra que se originou de <u>carne</u>.

No princípio, as pessoas comiam e bebiam muito. Depois começaram a dançar e brincar de jogar água uns nos outros. E finalmente começaram a usar máscaras e fantasias.

No Brasil, durante o carnaval, as pessoas brincam e dançam nos clubes. Nas grandes cidades, há sempre desfiles de carros alegóricos e concursos de fantasias.

O melhor carnaval é o do Rio de Janeiro. Os grupos de samba, chamados "ESCOLAS DE SAMBA" se preparam o ano todo para a grande festa. Há uma grande competição entre as escolas, que sempre querem se destacar e ganhar o prêmio e título de campeã.

Há certas regras e normas para participar e se candidatar ao título de campeã. Cada escola tem que escolher um tema e, em torno dele, preparar as fantasias, o samba e todos os requisitos para o desfile. Algumas escolas possuem 3.000 e outras até 4.000 participantes.

Os temas geralmente se relacionam com a natureza, a história, homenagem a compositores e artistas e também crítica política.

Nos clubes, há desfiles de fantasias e concursos na categoria de luxo e originalidade.

O carnaval é sempre uma festa de alegria, música, plumas e luxo.

DANÇAS BRASILEIRAS

O SAMBA

O samba é um gênero musical e um tipo de dança brasileira de origem africana. A palavra samba vem de semba, do dialeto africano e significa umbigada, dança de roda na qual as pessoas se tocam pela barriga.

"Pelo Telefone" foi a primeira música registrada como samba e foi composta por um grupo de boêmios. Segundo o poeta baiano Wally Salomão, "o samba é intrigante porque a sua linha melódica é quase sempre melancólica, mas a base rítmica é cheia de vitalidade e alegria de viver".

As letras das músicas combinam o lirismo e humor ao registrar cenas do quotidiano. O samba se evoluiu em samba-canção, no choro e na marchinha que se fixou como um estilo satírico dos acontecimentos da época. Mais tarde apareceu o samba-enredo criado para acompanhar o desfile das escolas de samba.

A CAPOEIRA

A capoeira foi introduzida no Brasil pelos escravos africanos. Ela é uma dança e ao mesmo tempo uma luta, um divertimento e uma arma de defesa pessoal. As pessoas formam um semicírculo e entram na roda dois a dois, para começar a luta. Com golpes e contra golpes, rápidos e ritmados, vão dançando ao som dos cantos, do berimbau, do pandeiro e das palmas dos assistentes.

É uma dança e uma brincadeira. Hoje há Academias de Capoeira na Bahia, no Rio, em São Paulo e também em Nova Iorque e Paris.

O FREVO

O frevo é uma dança típica do estado de Pernambuco, parecida com a capoeira mas sem o estilo de luta. É também parecida com a dança russa porque os passos são rápidos e as pernas se cruzam e ao mesmo tempo a pessoa se levanta e se abaixa. As pessoas seguram uma sombrinha e dançam ao rítmo de uma música alegre e contagiante. A sombrinha dá um grande equilíbrio ao passista.

Durante o carnaval todo o povo pernambucano se empolga e dança nas ruas, nos clubes e se embala ao som da marchinha que diz:

*"Se esta rua, se esta rua fosse minha,
Eu mandava, eu mandava ladrilhar
Com pedrinhas, com pedrinhas de brilhantes
Para o meu, para o meu amor passar."*

28ª - Vigésima oitava lição

O POVO BRASILEIRO

A raça brasileira é uma mistura do branco, preto e índio, formando uma cultura mista, influenciada pelas três raças. Pode-se observar a presença dos três elementos na música, na pintura, na literatura e nos costumes.

Além dos portugueses, os franceses e holandeses tiveram um papel importante na formação cultural do povo brasileiro.

O estilo e cultura foram se firmando com os anos e foram surgindo os grandes artistas. A arte brasileira é valorizada pelo estilo e ritmo africano e indígena, pela alegria das cores tropicais e também pela herança dos colonizadores e imigrantes.

Na pintura destacam-se os primeiros mestres: Manuel da Costa Ataíde e Antônio Francisco Lisboa, O Aleijadinho, no apogeu do período barroco.

No período moderno, o artista mais famoso é Cândido Portinari, cuja obra máxima se encontra no saguão da Assembléia da Organização das Nações Unidas (O.N.U.) em Nova Iorque.

Os dois painéis denominados Guerra e Paz, cada um medindo 14 metros de altura por 10 de largura, expressam a alegria, a tranquilidade da paz e a tristeza e a injustiça da guerra.

Na música clássica os compositores Carlos Gomes e Heitor Villa-Lobos são os nomes mais conhecidos. Na música popular, o samba representa o espírito alegre e carnavalesco do brasileiro. Carmem Miranda foi a cantora que primeiro divulgou o Brasil no exterior, com suas músicas cheias de ritmo e sua famosa fantasia de baiana. Surge mais tarde a bossa nova, com Vinicius de Moraes e Antônio Carlos Jobim. Vieram depois Ivan Lins, Chico Buarque, Caetano Veloso, Miltom Nascimento e muitos outros.

Na arquitetura Oscar Niemeyer, é o mestre dos arquitetos, com suas construções arrojadas, cheias de curvas e retas, num estilo próprio e inigualável.

Na ciência e tecnologia, Alberto Santos Dumont foi o brasileiro que em 1901 inventou a dirigibilidade do balão. No ano de 1906, ele construiu o 14-Bis e ganhou o prêmio Deutsch-Archdeacon ao fazer o primeiro vôo, num avião a motor em Paris. É chamado o "Pai da Aviação."

Na literatura clássica temos Machado de Assis e Euclides da Cunha. Jorge Amado é o escritor contemporâneo mais conhecido internacionalmente, tendo os seus livros traduzidos em mais de 40 idiomas.

Na televisão e cinema destacam-se Sônia Braga e Xuxa. A artista brasileira Fernanda Montenegro ganhou o prêmio Urso de Prata no Festival Internacional de Berlim, pelo seu desempenho no filme Estação Central. Este filme recebeu o Globo de Ouro como melhor filme estrangeiro.

No esporte, o brasileiro mais conhecido é Pelé, jogador de futebol, conhecido como o Rei Pelé. No automobilismo destacam-se os brasileiros Emerson Fittipaldi que conquistou dois prêmios da Fórmula 1, Nelson Piquet que ganhou três e Ayrton Senna que ganhou também três. Emerson Fittipaldi foi campeão também da fórmula Indy. Ayrton Senna morreu num acidente no Grande Prêmio de San Marino, no autódromo de Ímola, na Itália. Ele venceu 41 das 161 corridas de carro que ele disputou estabelecendo o recorde de 65 poles.

PERGUNTAS

1- Quais as raças que formaram o povo brasileiro?

2- Quais os povos europeus que influenciaram na cultura brasileira?

3- O que é o painel "Guerra e Paz"?

4- Quem foi Alberto Santos Dumont?

5- Qual é o esportista brasileiro mais conhecido no mundo?

6- Quai são os brasileiros que se destacaram na Fórmula 1?

O FUTEBOL NO BRASIL

Muitas vezes, quando se ouve a palavra "futebol" faz-se uma associação imediata com o Brasil. Apesar das várias origens dos esportes que antecederam o futebol, a forma como ele é jogado hoje parece ter tido sua origem na Inglaterra.

Há notícias de esportes coletivos envolvendo bolas em movimento entre duas áreas de gol na China, no Japão, no Império Asteca e na Grécia Antiga. Assim há mil e setecentos anos atrás um imperador chinês inventou um tipo de jogo usando uma bola de couro recheada de cortiça e cabelo, que era jogada com os pés. Na Grécia Antiga praticava-se um esporte em que se chutava a bola e jogava com as mãos. Os romanos usaram esta técnica, tornando-a um pouco mais violenta. Finalmente este esporte foi levado para a Inglaterra durante os anos da ocupação romana, entre os anos 43 e 409 DC. O objetivo do jogo era atingir várias áreas de gol, através de dribles e corridas com a bola; por isto este esporte era mais parecido com o rúgbi.

A palavra "futebol" parece ter se originado no século XIX na Inglaterra para designar um esporte jogado com os pés, mas de pé, diferente das modalidades esportivas praticadas a cavalo. Foi no princípio do século XIX que se iniciou na Inglaterra o desenvolvimento do que hoje é reconhecido como futebol moderno. O futebol se distinguiu do rúgbi quando começou a ser jogado sem as mãos. Nas escolas de elite, estudantes adeptos da modalidade do jogo em que apenas driblavam a bola, sem o uso das mãos, fundaram a Associação do Futebol, formada por clubes que queriam competir com regras pré-estabelecidas. Da Inglaterra o futebol foi levado para várias partes do mundo.

O renomado cineasta italiano Pier Paolo Pasolini já dizia que há o futebol prosa e o futebol poesia: os times europeus são prosa: duros, premeditados, sistemáticos e coletivos; já os latino-americanos são poesia: maleáveis, espontâneos, individuais e eróticos. Apesar das diversas origens e da contribuição britânica, os brasileiros gostam de pensar que o futebol moderno, bonito de se ver, jogado com ginga e criatividade foi desenvolvido e aperfeiçoado no Brasil. Afinal de contas Pelé, o rei do futebol e um dos atletas mais respeitados do mundo é brasileiro. O Brasil é o único país que participou de todas as Copas do Mundo, o primeiro e único país a ganhar uma copa realizada fora de seu continente e o único a ser campeão quatro vezes.

Além de seus 1279 gols e títulos e de servir de inspiração para muitos astros do futebol, Pelé conseguiu feitos extraordinários como o armistício de 48 horas entre a Nigéria e a Biafra para os soldados e rebeldes poderem assistir ao seu jogo-exibição. Pelé e Brasil são sinônimos de futebol.

Mas cerca de quarenta anos antes de Pelé estrear nos gramados internacionais, já havia um jogador brasileiro que seria o artilheiro da história do futebol de amadores (não profissional) com 1329 gols: seu nome era Artur Friedenreich. Artur era filho de um imigrante alemão com mãe brasileira negra. Pode-se dizer que Artur foi o fundador do estilo brasileiro, que desafiava todas as regras dos manuais ingleses. Artur foi o fundador daquele estilo definido como poesia por Pasolini. Como bem disse o escritor uruguaio Eduardo Galeano, Artur levou ao solene estádio dos brancos a irreverência dos garotos mulatos que se divertiam nas favelas na disputa por uma bola feita de trapos. Com Artur nasceu um estilo de jogo que dava vazão à fantasia, um estilo que enfatizava o prazer ao invés de resultados". Mas, infelizmente Artur não pôde usar a camisa da seleção nacional quando a Copa Sul-Americana foi disputada no Brasil em 1921, privando o mundo de conhecer seus passos mágicos.

Responda às seguintes perguntas:

1- Quais os povos da antiguidade que jogavam futebol?

2- Onde se originou a palavra futebol?

3- Quem levou o futebol para a Inglaterra?

4- Segundo Pasolini, quais são os tipos de futebol?

5- Qual foi o jogador que fez mais gols do que Pelé?

6- Você já tinha lido um artigo sobre a história do futebol?

7- Você já tinha ouvido falar sobre o jogador brasileiro Artur Friedenreich?

8- Você já jogou futebol?

9- Você já assistiu um jogo da copa do mundo? Qual foi?

10- Qual é o esporte de que você gosta mais?

OS IMIGRANTES

O Brasil é um país formado por muitos imigrantes e entre eles os mais numerosos são os italianos e japoneses. O governo brasileiro incentivou as ondas imigratórias para substituir os escravos na agricultura e depois para aumentar a mão de obra e atender a demanda da industrialização e desenvolvimento econômico. Os suíços foram os primeiros imigrantes que chegaram ao Brasil em 1819 e fundaram Nova Friburgo, no interior do Rio de Janeiro. Mais tarde chegaram os italianos, espanhóis, alemães, poloneses e outros. Em 1908 os japoneses começaram a chegar.

Hoje os japoneses e seus descendentes no Brasil formam a maior concentração de japoneses fora do seu país. Eles se encontram mais na região de São Paulo e Paraná.

São Paulo e Japão são praticamente o oposto um do outro. Por que os japoneses emigraram para uma terra situada no ponto mais distante possível de onde se encontravam, atravessando três oceanos o Pacífico, o Índico e o Atlântico? O Japão naquela época era um país pobre, essencialmente agrícola e marcado pela escassez de terra. Não havia muitas perspectivas de progresso para um jovem japonês filho de trabalhadores rurais. A saída era emigrar. Havia naquela época empresas de emigração que se encarregavam de recrutar pessoas para trabalhar em terras estrangeiras, promovendo-as como paraísos de abundantes riquezas. Como as leis americanas estavam restringindo a entrada de imigrantes originários da Ásia, a alternativa foi oferecida pelos países da América do Sul, principalmente o Peru e Brasil.

No final do século XIX e início do século XX o Brasil se estabelecia no mercado mundial como produtor de café. A escravidão estava oficialmente abolida e o governo promovia uma política de embranquecimento da população através do incentivo da imigração européia. Brasil e Japão fizeram acordos e as companhias de emigração ofereciam aos japoneses a promessa de um futuro promissor.

O primeiro grupo de imigrantes japoneses se aproximou de Santos, em São Paulo, numa noite de junho de 1908. Ouviram o pipocar dos foguetes e viram balões subirem no céu. Pensaram que eram os brasileiros dando-lhes as boas-vindas. Mas era junho e estavam comemorando as festas juninas. Uma vez em terra firme chocaram-se com o inesperado. Estavam tão distante fisicamente da terra natal quanto culturalmente. A maioria proveniente de zona rural, só havia visto japoneses em toda sua vida. A maior parte deles nunca havia visto brancos, negros, mulatos e índios. O feijão, que no Japão se comia doce, era preparado salgado, com muito alho e gordura de porco. O arroz, alimento essencial na dieta japonesa, preparado macio e cozido somente com água, era duro, salgado e frito também com alho e gordura de porco. Que terra e gente estranhas, pensaram muitos enquanto tentavam não se abater pelo desepero, na esperança de um dia voltar ao Japão, ricos e orgulhosos.

A maioria não voltou. Mas como muitos imigrantes em terra estrangeira os japoneses perseveraram. E cada vez é mais comum se ver crianças com nomes como Jorge, Regina, Alice e Mário e sobrenomes como Matsuda, Fujimoto, Ishikawa crescendo em lares onde ainda se come arroz cozido somente com água, acompanhado do feijão salgado, com gosto de alho frito na gordura de porco e onde os mais velhos ainda usam pauzinhos para comer.

A- Responda às seguintes perguntas:

1- Quais os primeiros emigrantes que chegaram no Brasil?

_____

2- Por que o governo brasileiro incentivou a imigração?

_____

3- Como era o Japão na época da imigração para a América do Sul?

_____

4- Por que os japoneses emigraram para a América do Sul?

_____

5- Por que a chegada dos japoneses no Brasil foi muito chocante?

_____

B- Responda às perguntas como no exemplo:
Você já foi à África?
Não, eu ainda não fui.

1- Vocês já subiram o Monte Everest?

_____

2- Eles já tiveram um rolls royce?

_____

3- Nós já podemos comprar um carro?

_____

4- Vocês já foram à Antártida?

_____

5- Eles já acabaram de pagar o apartamento?

_____

6- Você já fez uma viagem de navio?

_____

7- Vocês já souberam o resultado do jogo?

_____

8- Vocês já fizeram um pedido de aumento de salário?

_____

9- Eles já trabalharam num banco brasileiro?

_____

10-Você já terminou os estudos da universidade?

_____

O ESTILO BOSSA NOVA

Nos terminais de alguns aeroportos, nos elevadores e entradas de certos edifícios, em certas lojas, em muitos restaurantes e supermercados, numa boate ou clube de jazz, no consultório de alguns médicos e dentistas, nas rádios FM ou no telefone aguardando conexão é comum ouvir um som gostosinho, leve, deliciosamente brasileiro chamado "bossa nova". Mas o que é bossa nova? A palavra nova você já sabe que é o contrário de velha. Quanto a bossa pode significar em linguagem coloquial habilidade, jeito, lábia, estilo, etc. Concluindo bossa nova era um modo diferente de se fazer MPB (Música Popular Brasileira).

Este movimento musical, a bossa nova, teve origem no Rio de Janeiro, no fim dos anos 50, com cantores e compositores da classe média, como Carlos Lira, Roberto Menescal, Ronaldo Bôscoli, Nara Leão e outros. Surgiu com o LP Canção do Amor Demais (1958) gravado por Elizete Cardoso com acompanhamento do violonista João Gilberto com uma nova forma rítmica e uma batida diferente. No compacto simples gravado nesse mesmo ano com Chega de Saudade (de Tom Jobim e Vinícius de Moraes) João Gilberto consolidou o novo estilo e suas características: maior integração entre melodia, harmonia e ritmo, e letras mais elaboradas com temas liricamente inspirados no quotidiano (como em Corcovado, Garota de Ipanema e A Felicidade), uma maneira de cantar mais intimista, em que a voz se integrava ao conjunto como instrumento.

Uma apresentação no Grupo Universitário Hebraico no Rio de Janeiro, em 1958, inaugura as apresentações públicas da bossa nova. A expressão que já era usada para denominar o novo estilo de música, surge na letra de Desafinado, gravada por João Gilberto com música de Tom Jobim e letra de Newton Mendonça. Em maio de 1960 João Gilberto se apresenta pela primeira vez num "show"com músicos da bossa nova: A Noite do Amor, do Sorriso e da Flor.

A influência do jazz e de compositores famosos eruditos (Debussy, entre outros) foi relevante na aceitação internacional do novo gênero, principalmente nos Estados Unidos. A partir do festival de bossa nova, no Carnegie Hall de Nova Iorque (1962) o movimento alcançou projeção internacional. Na ocasião foram apresentadas as músicas: Samba de uma Nota Só, O Barquinho, Lobo Bobo e outras.

A revolução da bossa nova com todas as suas inovações permanece como conquista na música popular brasileira.

Entre os compositores do estilo bossa nova, os mais conhecidos são sem dúvida Antônio Carlos Jobim e Vinícius de Moraes.

CHEGA DE SAUDADE

Antônio Carlos Jobim
Vinícius de Moraes

Vai minha tristeza
E diz a ela que sem ela não pode ser
Diz-lhe numa prece
Que ela regresse
Porque eu não posso mais sofrer
Chega de saudade
A realidade é que sem ela
Não há paz não beleza
É só tristeza e a melancolia
Que não sai de mim, não sai de mim, não sai
Mas se ela voltar, se ela voltar que coisa linda
Que coisa louca
Pois há menos peixinhos a nadar no mar
Do que os beijinhos
Que eu darei na sua boca
Dentro dos meus braços, os abraços
Hão de ser milhões de abraços
Apertado assim, colado assim, calada assim
Abraços e beijinhos e carinhos sem ter fim
Que é pra acabar com esse negócio
De viver longe de mim
Não quero mais esse negócio
De você viver assim
Vamos deixar desse negócio
De você viver sem mim

hão de ser = vão ser   não há = não tem
apertado = comprimido   coisa linda = coisa maravilhosa
colado = junto, unido   chega de saudade = basta de saudade
deixar desse negócio = terminar essa situação, acabar com esse problema

EXERCÍCIO

A- Dê o antônimo de:

1- tristeza _____   2- paz _____   3- beleza _____

4- menos _____   5- longe _____   6- dentro _____

7- forte _____   8- grande _____   9- feliz _____

B- Escreva em que tempo estão os seguintes verbos:

1- vai _____   2- diz _____

3- vamos_____   4- sai _____

5- darei _____   6- quero _____

7- teve _____   8- dava_____

C- Passe para o plural:

1- eu não posso_____   2- ele diz a ela_____

3- ela não sai _____   4- ele dará abraços_____

5- ela vai voltar _____   6- você vai beijar _____

7- vou deixar _____   8- não quero _____

D- Passe as palavras para o diminutivo:

1- beleza _____   6- amor _____

2- beijo _____   7- bem _____

3- boca _____   8- beleza _____

4- peixe _____   9- coisa _____

5- braço _____   10- negócio _____

DAR UM JEITINHO
Paulo Mendes Campos

Dar um jeito é uma disposição cem por cento nacional, que não se encontra em nenhuma parte do mundo. Dar um um jeito é um talento brasileiro, coisa que uma pessoa de fora não pode entender ou praticar, a não ser depois de viver dez anos entre nós, bebendo cachaça conosco, adorando feijoada e jogando no bicho. É preciso ser bem brasileiro para se ter o ânimo e a graça de dar um jeitinho numa situação sem solução. Em vez de cantar o Hino Nacional, a meu ver, o candidato à naturalização deveria passar por uma única prova: dar um jeitinho numa situação moderadamente enrolada.

Mas chegou a minha vez de dar um jeito nesta crônica: há vários anos andou por aqui uma repórter alemã que tive o prazer de conhecer. Tendo que realizar algumas viagens jornalísticas pelo país, a moça frequentemente expunha problemas de ordem prática aos colegas brasileiros. Reparou logo, espantada, que os nossos jornalistas reagiam sempre do mesmo modo aos galhos que ela apresentava: vamos dar um jeito. E o sujeito pegava o telefone, falava com uma porção de gente e dava um jeito.

Mas, afinal, que era dar um jeito? Na Alemanha não tem disso não; lá a coisa pode ser ou não pode ser.

Tentei explicar-lhe, sem sucesso, a teoria fundamental de dar um jeito, ciência que, se difundida a tempo na Europa, teria evitado umas duas guerras sangrentas. A jovem alemã começou a fazer tantas perguntas esclarecedoras, que resolvi passar à aula prática. Entramos na casa comercial dum amigo meu, comerciante cem por cento, relacionado apenas com seus negócios e fregueses, homem de passar o dia todo e as primeiras horas da noite dentro da loja, pessoa inadequada, portanto, para resolver a questão que criei no momento junto com a jornalista.

Apresentei ele a ela e fui contando a mentira: o pai da moça morava na Alemanha Oriental e tinha fugido para a Alemanha Ocidental; pretendia (queria) retornar à Alemanha Oriental, mas temia ser preso; era preciso evitar que o pai da moça fosse preso. O que se podia fazer?

Meu amigo comerciante ouviu tudo atento, sem o menor sinal de surpresa, metido logo no seu papel de mediador, como se fosse o próprio secretário das Nações Unidas. Qual! O próprio secretário das Nações Unidas não teria escutado a conversa com tanta naturalidade. Sabendo o estranho problema, meu amigo olhou para mim, depois para o teto, tirou uma fumaça no cigarro e disse gravemente: O negócio é meio difícil... é ... esta é meio complicada... Mas, vamos ver se a gente dá um jeito".

Puxou uma caderneta do bolso, percorreu-lhe as páginas, e murmurou com a mais comovente seriedade: "Deixa-me ver antes de tudo quem eu conheço que se dê com o Ministro das Relações Exteriores".

A jornalista alemã ficou boquiaberta.

De O Colunista do Morro
(Adaptação)

Vocabulário:

jeito = solução, modo, habilidade
espantada = assustada, surpresa
porção de gente = muitas pessoas
galhos = problemas, situação difícil
pessoa que se dê com = pessoa conhecida, íntima
boquiaberta = admirada, surpresa

enrolada = complicada, difícil
sujeito = pessoa, cara
pretendia = queria, pensava

Responda às perguntas:

1- Qual é o tema desta crônica?

2- Quanto tempo será necessário para um estrangeiro entender e usar a expressão "dar um jeito"?

3- De acordo com o autor, como as guerras na Europa poderiam ser evitadas?

4- Qual foi o galho que eles criaram para apresentar ao comerciante?

5- Qual foi a reação do comerciante depois de ouvir o problema?

6- Por que a jornalista ficou boquiaberta?

29ª - Vigésima nona lição

HISTÓRIA DO BRASIL - I

COLÔNIA		MONARQUIA			REPÚBLICA		
1500	1720	1822	1841	1888	1889	1964	1989
Alvares Cabral descobre o Brasil	Brasil é elevado a Vice-Reino	D. Pedro I declara a Independência	D. Pedro II é coroado Imperador	Lei Áurea decreta o fim da escravidão	Proclamada a República	Início do governo militar	Realizadas as eleições para presidente depois de 25 anos de governo militar

DESCOBRIMENTO DO BRASIL

O Brasil foi descoberto pelo português Pedro Álvares Cabral, que partiu de Portugal com uma grande esquadra, 13 navios e 1.200 pessoas. No dia 22 de abril de 1500, avistaram o Monte Pascoal. Frei Henrique de Coimbra celebrou a primeira missa em Porto Seguro, no dia 26 de abril do mesmo ano e chamaram o local de Terra de Santa Cruz. Os portugueses fizeram uma grande cruz de madeira com as armas de Portugal e colocaram no local onde foi celebrada a missa, oficializando a posse da terra. Havia nesta região uma grande quantidade de um tipo diferente de árvore, de cor vermelha chamada pau-brasil; por isto mudaram o nome da terra para Brasil. Cabral e sua esquadra estavam procurando o caminho para chegar à Índia, por causa disto chamaram os habitantes da nova terra de índios, porque pensavam que tinham chegado à Índia.

No ano de 1504, o rei de Portugal doou a particulares o direito de exploração do pau-brasil. Mas houve muita concorrência de traficantes, principalmente dos franceses.

COLONIZAÇÃO

Somente em 1530 começou realmente a colonização com a expedição de Martim Afonso de Souza. Ele chegou com 400 homens, trazendo sementes e plantas de cana. Fundou a Vila de São Vicente que foi a primeira do Brasil e fez o reconhecimento de todo o litoral até o rio da Prata. Tentaram a ocupação através das capitanias hereditárias, dividindo a terra em 15 capitanias que foram doadas a portugueses funcionários do reino e comerciantes. Mas o sistema não deu certo. Foi criado o governo geral sendo Tomé de Souza o primeiro governador. Com ele chegaram os jesuítas, liderados por Padre Manoel da Nóbrega e mais artesãos, soldados e 600 homens. Fundou Salvador que foi a primeira cidade e a primeira capital brasileira. Desenvolveram a criação de gado, as plantações de cana de açúcar e os primeiros engenhos. Introduziram a cultura do arroz e árvores frutíferas. Chegaram também os escravos africanos que substituiram o trabalho do escravo vermelho, o índio. Invasões francesas e holandesas ocorreram neste período. Mem de Sá, o terceiro governador geral expulsou os franceses da baía de Guanabara. Seu sobrinho, Estácio de Sá fundou a cidade do Rio de Janeiro.

ENTRADAS E BANDEIRAS

A ocupação do interior aconteceu realmente com as entradas e bandeiras, que eram expedições organizadas no século XVII. Seus objetivos eram o reconhecimento do território nacional, captação de mão de obra indígena, combate às tribos hostis e procura de metais preciosos. As entradas foram financiadas pelo governo português a fim de consolidar o domínio da Coroa e combater os indígenas rebeldes. As bandeiras eram organizadas por particulares, com o objetivo de capturar índios e também encontrar jazidas de pedras e metais preciosos. Os bandeirantes partiam principalmente de São Paulo. Levavam muitas pessoas, índios, mamelucos (filhos de índio e africano) e às vezes mulheres e crianças. Levavam também armas, alimentos e instrumentos para pescar, caçar e plantar. Quando os alimentos acabavam, eles paravam e plantavam mandioca, milho e esperavam até a colheita; às vezes acampavam perto do rio para construir canoas, pescar, etc.

Algumas bandeiras demoravam anos como a de Fernão Dias que durou 7 anos. Os principais bandeirantes foram: Antonio Raposo Tavares, Domingos Jorge Velho, Fernão Dias Pais, conhecido como o "caçador de esmeraldas" e Manuel Borba Gato que descobriu as jazidas de ouro em Sabará. Mais tarde encontraram ricas jazidas de ouro em Ouro Preto, Cuiabá e diamantes em Diamantina. Alguns bandeirantes partiram do litoral, subiram o rio Amazonas e foram até Quito; outros foram até a região onde hoje é o Mato Grosso, Rondônia e Pará. Por onde passavam construiam vilas e cidades como Ouro Preto, Mariana, Sabará. Assim foi a expansão do território nacional que passou muito além da linha de demarcação do Tratado de Tordesilhas.

INDEPENDÊNCIA

Na segunda metade do século XVIII a opressão portuguesa sobre o Brasil se fez mais intensa. As jazidas de ouro já estavam se esgotando e isto diminuia o imposto pago a Portugal. O governo português não se conformava com a situação, considerando que havia fraude por parte dos colonos e decidiu aumentar os impostos.

A Revolução Francesa e a independência dos Estados Unidos reforçaram os argumentos dos brasileiros defensores das idéias liberais e republicanas. Aumentou a condenação ao absolutismo monárquico e ao colonialismo. Cresceu a revolta contra o monopólio comercial português e o excesso de impostos. As revoltas como a Inconfidência Mineira, a Conjuração Baiana e a Revolução Pernambucana de 1817 demonstraram o enfraquecimento do sistema colonial. O movimento da Inconfidência Mineira foi descoberto e seus participantes condenados ao exílio. Tiradentes, o chefe do grupo, foi enforcado no dia 21 de abril de 1792 e sua cabeça foi exposta em praça pública em Ouro Preto, como exemplo para desencorajar qualquer idéia de rebelião contra a corte portuguesa.

Quando Napoleão invadiu Portugal, o rei D. João VI e a família real se refugiaram no Brasil (1808). Iniciou-se um período de grande expansão comercial, cultural e artística. Em 1821, D. João VI teve que retornar a Portugal, mas deixou seu filho D. Pedro como regente.

No dia 7 de setembro de 1822, D. Pedro, revoltado com as ordens de Portugal para que voltasse a Lisboa, declarou que, a partir daquele dia, o Brasil era independente de Portugal. Apesar de pacífica na maior parte do território nacional, a transição foi difícil nos locais onde se concentravam tropas da metrópole ou onde a comunidade portuguesa era mais numerosa.

D. Pedro I foi imperador por 9 anos. Seu filho, D. Pedro II governou durante 49 anos, um período de paz, desenvolvimento e transformações sociais e econômicas (início das primeiras indústrias e da cultura do café).

PERGUNTAS

1- Por que o Brasil recebeu este nome?

2- Qual foi o resultado do sistema de capitanias?

3- Como foi o governo de Tomé de Souza?

4- Como aconteceu a expansão do território brasileiro?

5- Quais os movimentos que antecederam a independência do Brasil?

6- Quem foi Tiradentes?

7- Quais os fatos que aconteceram em 1808?

8- Quando e como foi declarada a independência do Brasil?

9- Como foi o período do governo do Imperador D. Pedro II?

VERBO HAVER

1- O verbo haver é empregado em todas as pessoas quando é o verbo principal ou é usado como auxiliar. Exemplo:

AUXILIAR - Hei de vencer. Isto não há de acontecer outra vez.
PRINCIPAL - no sentido de « comportar-se »
                Ele se houve muito bem na reunião ontem.
                no sentido de « ajustar contas »
                Eles hão de se haver com o chefe, quando tudo terminar.
                no sentido de « julgar, considerar bom »
                O juiz houve por bem absolver o réu.

2- Emprega-se o verbo **haver** como **impessoal, só na 3ª pessoa do singular,** geralmente no sentido de existir e tempo decorrido, passado. Exemplo:

Existir: Há muitas crianças no parque.
              Há violência em toda parte.
              Na primavera, há flores por toda parte.
              Havia muita gente na festa da escola.
              A briga começou sem que houvesse razão.

Tempo decorrido:
              Eu morei no Brasil há 5 anos.
              Eu estudo português há 3 meses.
              Há um mês que ele não vem à escola.
              Eu não o vejo há mais de um mês.

É **impessoal** também no sentido de existir, quando acompanhado dos verbos auxiliares **ir, dever, poder,** etc. Exemplo:
              Deve haver leis sobre este assunto.
              Deve haver um problema entre eles.
              Poderia haver outra causa da doença.
              Não poderia haver razão para tanta preocupação.

Presente: Há muitas pessoas na praia hoje.
Pretérito perfeito: Houve uma alegria geral, quando ele chegou.
Pretérito imperfeito: Havia uma coisa errada naquela história.

EXERCÍCIO

A- Complete com o verbo haver:

1-Ela mora aqui _____ muitos anos.
2-Ontem _____ um acidente perto do meu escritório.
3-Nas praças e jardins _____muitas flores.
4-Ele terminou o trabalho _____muitos dias.

5-Deve _____algum telefone aqui perto.
6-No ano passado _____muitas demonstrações contra o aborto.
7-Não _____ nada que faça desistir desta idéia.
8- _____ muitos índios quando Cabral chegou no Brasil.
9- O diretor chegou _____ duas horas.
10- _____muitos bandeirantes no Brasil, no século XVII.
11- _____ muitos jogos interessantes nas olimpíadas passadas.
12- _____ muita gente na praia hoje.
13- Não _____ muitos alunos na escola hoje.
14-_____ muitas mudanças no Brasil, quando D. João VI mudou para o Rio.
15- Naquele tempo _____ muitas pessoas procurando riquezas no Brasil.

B- Complete com os verbos indicados no pretérito mais-que-perfeito composto:

1- chegar - Cristóvão Colombo já _____
descoberto a América quando Cabral descobriu o Brasil.
2- tentar - Martim A. de Souza já _____
colonizar o Brasil quando começaram o sistema de capitanias.
3- invadir - Os franceses já _____ o Brasil quando
Martim A. de Souza começou a colonização.
4- transferir - D. João VI já _____ a corte
para o Brasil, quando Napoleão invadiu Portugal.
5- voltar – D. João VI já _____ a Portugal, quando
D. Pedro declarou a independência do Brasil.
6- ampliar - Quando os bandeirantes descobriram os metais preciosos, eles já
_____ a fronteira do Brasil até o Peru.

C- Use os verbos indicados no tempo adequado:

1- chegar - Cabral _____ ao Brasil em 1500 e (dar) _____ o
nome de índios aos habitantes.
2- haver - Quando os descobridores chegaram no Brasil _____ muitos
índios na praia que (ficar) _____ assustados com os navios grandes.
3- haver - Antigamente _____ muitas árvores de pau-brasil, por isto
os descobridores (dar) _____ o nome de Brasil `a nova terra.
4- estar - Os brasileiros _____ cansados com a
opressão de Portugal, por isto (querer) _____ se
libertar do domínio português.
5- dar - Os movimentos para a independência não _____ certo e os
revoltosos (ser) _____ castigados e alguns (ser) _____
enforcados e fuzilados.

PAISAGENS BRASILEIRAS

SALVADOR

Salvador é a capital da Bahia e foi também a primeira capital do país. A cidade tem uma topografia diferente, formada de uma parte alta, cujo nome é Cidade Alta e uma longa e estreita planície ao longo do mar, que se chama Cidade Baixa.

As praias são belíssimas, cheias de coqueiros e areia branca, fazendo um grande contraste com o azul do mar.

A cidade possui um dos mais belos conjuntos arquitetônicos e artísticos, guardando como uma relíquia a memória dos tempos coloniais, com a influência européia e principalmente a africana.

O povo baiano conserva as tradições e costumes herdados de seus colonizadores, misturando religião, misticismo e superstição, comemorando todas as festas com diferentes rituais e músicas.

A comida baiana é muito saborosa e apimentada. Os pratos típicos são: vatapá, bobó de camarão, acarajé, muqueca, etc. São famosos os doces cocada e quindim.

A baiana é o tipo característico, com suas lindas saias rodadas, feitas de renda branca, adornada de muitos colares e pulseiras, tendo na cabeça o famoso turbante, tão divulgado por Carmem Miranda. Ela cantou e divulgou muitas músicas, que falam da Bahia. Aqui está uma delas:

NA BAHIA TEM

Na Bahia tem, tem, tem,
Na Bahia tem, oh ! baiana   Bis
Coco de vintém.

Na Bahia tem, vou mandar buscar
Lampião de vidro, oh ! baiana,
Ferro de engomar.

Na Bahia tem, vou mandar buscar,
Máquina de costura, oh ! meu bem,
Fole de assoprar.

OURO PRETO

Ouro Preto, situada no estado de Minas Gerais, é considerada o relicário cultural e histórico do Brasil. Todo o conjunto arquitetônico é totalmente preservado e tombado como patrimônio histórico do país. Foi em Ouro Preto, que se iniciou o primeiro movimento pela independência, o primeiro grito contra a opressão da corte de Portugal.

Os velhos casarões coloniais, com seus lampiões, as ladeiras, as igrejas, os chafarizes e as pontes são as testemunhas mudas do sonho da liberdade. Tudo, tudo na cidade nos faz lembrar a história, o heroismo dos inconfidentes e a glória da luta pela pátria livre.

As igrejas são autênticas jóias do estilo barroco, construídas pelo gênio Aleijadinho, o artista, pintor, escultor e arquiteto, auxiliado por outro gênio das artes, que foi Mestre Ataíde.

88

A igreja de Nossa Senhora do Pilar é um exemplo monumental de arte e riqueza, tendo o seu interior artisticamente ornamentado com detalhes no mais puro barroco. Todo o interior da igreja, altares, púlpitos e laterais são

revestidos de ouro, lembrança da fase da mineração de ouro.

A cidade está localizada no alto da montanha, rodeada de vales e montes, ricos em ouro, ferro e pedras preciosas.

O povo de Ouro Preto é alegre e hospitaleiro. Ainda se pode ver nas noites de luar, grupos de jovens embaixo das sacadas dos casarões, tocando violão e cantando para a namorada, como nos tempos de Marília e Dirceu.

Ouro Preto é uma jóia de ouro cravada nas montanhas de ferro, coroada pelos sonhos da liberdade.

EXERCÍCIO

A- Responda às perguntas:

1- Qual foi a primeira capital do Brasil?
_____

2- Como é a topografia de Salvador?
_____

3- Como é a tradição do povo baiano?
_____

4- Quais as comidas típicas da Bahia?
_____

5- Como é o conjunto arquitetônico de Ouro Preto?
_____

6- Por que Ouro Preto foi importante para a independência do Brasil?
_____

7-Como são as igrejas de Ouro Preto?
_____

8- Como são as noites de luar em Ouro Preto?
_____

B- Complete com o verbo e o tempo adequado:

1- **ser** – Salvador _____ a primeira capital do Brasil.

2- **chegar** - Os africanos _____ em Salvador e depois (**ser**) _____ vendidos e (ser) _____ levados para outros estados.

3- **ser** - A capoeira _____ uma dança militar, que os africanos (**trazer**) _____ para o Brasil e hoje muita gente (**dançar**) _____ para se divertir e (**aprender**) _____ para se defender também.

4- **receber** - O povo baiano _____ muita influência dos escravos africanos e (**assimilar**) _____ seus costumes, religião e hoje (**praticar**) _____ sua religião; muitos tipos de comida (**ser**) _____ influenciados pelo estilo africano.

5- **ser** - Ouro Preto _____ considerada como o berço da independência porque (**ser**) _____ lá que (**começar**) _____ o movimento para a separação e onde (**ficar**) _____ o corpo de Tiradentes que (**ser**) _____ chamado o Mártir da Independência.

6- **haver** - Até hoje _____ em Ouro Preto uma tradição que (**começar**) _____ nos tempos coloniais e (**ser**) _____ mantida pelos jovens que (**fazer**) _____ serenatas para as namoradas.

7- **ter** - Como antigamente _____ muito ouro em Ouro Preto (**construir**) _____ muitas igrejas que (**ser**) _____ decoradas no estilo barroco e (**usar**) _____ ouro para revestir o interior da igreja.

8- **ir** - Naquela época da mineração, muita gente _____ para O. Preto, (**chegar**) _____ muitos artistas, (**surgir**) _____ muitos escritores, (**contratar**) _____ joalheiros e ourives e (**aparecer**) _____ contrabandistas.

PREPOSIÇÕES

A: indica direção, modo, tempo
Gosto de andar a pé.
O sapato é feito à mão.
Vou a São Paulo.
Ele se dirigiu a ela diretamente.
Não chegaram a tempo de tomar o avião.
Comprei os livros a R$15,00. (cada)

Para: indica direção, finalidade, limite.
Está tudo pronto para a viagem.
Eles foram para o Ceará.
Ela não sabe para onde vai.
Tenho um plano especial para o fim de semana.

Saiu para comprar leite.
Lutou para ser campeão.
Pegou o formulário para preencher.
Telefonou para o diretor da firma.
Ela trabalha para pagar a escola.
Ela anda para cá e para lá.

De: causa, posse, origem.

Este carro é de Paula.
O livro e de matematica.
A mesa é de madeira.
Ele é de Brasília.
Ela pulava de alegria.
Eles gostam de ler.
O sucesso depende de você.
Você precisa de ajuda ?

Em: indica localização, tempo, etc.

Ele vai viajar em abril.
Ela se casou em 1984.
Ele viaja de 2 em 2 meses.
Carla entrou em casa às 10 em ponto.
Tudo aconteceu em 3 horas.
Ele deve chegar em 10 minutos.
Ele está em casa.
Ela está em Belo Horizonte

Até: indica limite e tempo.

Eu esperei meu filho até a meia-noite, quando ele chegou.
Martim Afonso de Souza percorreu litoral brasileiro até o Rio da Prata.
Ele trabalhou até os 70 anos.
A professora explicou a matéria até o aluno entender.

Contra: indica oposição.

Eu sou contra a violência. Ela é contra a pena de morte.
Elas são contra o aborto.

Desde: indica limite de tempo e espaço.

Ele trabalha desde a idade de 14 anos.
Eu não o vejo desde o ano passado.
Ele viajou desde o norte até o sul do país.

Sobre: indica localização superior e assunto.

O vinho e as taças estão sobre a mesa.
Ele falou o tempo todo sobre conputador.

Sob: indica posição inferior
O cachorro está sob a mesa.
O caipira trabalha sob o sol e a chuva.

LOCUÇÕES PREPOSITIVAS

Apesar de: Ela foi andar na praia apesar da chuva.
Apesar de todos os problemas, a festa foi um sucesso.

Em vez de: D. Mariza come mel em vez de açúcar.
Por que você não compra um apartamento em vez de casa?

Por causa de: Ele não foi trabalhar por causa do acidente no carro.

Através de: Os raios de sol através da janela iluminavam a sala.

De acordo com: De acordo com a lei é proibido fumar nos ônibus.

A fim de: Eles estão fazendo uma campanha a fim de angariar dinheiro
para as vítimas da enchente.

EXERCÍCIO

A- Complete com: a – à – de – para – em – com

Ele sempre toma café .... açúcar e leite.
Carlos chegou ontem .... Portugal.
Vocês bebem coca cola .... gelo ?
Eles trabalham .... pagar as dívidas.
Ele anda .... pé todos os dias.
A cadeira é .... couro.
Nós vamos.................. piscina, depois .... igreja e voltamos .... casa.
Elas vão tirar férias .... dezembro.
Eles falaram .... o pai sobre a viagem.
Patrícia vai ao teatro .... Ana.

B- Complete com: – contra – por – sem – a favor

Pedro trabalha .... parar.
Nós somos ....a guerra e .... da paz.
Ela passa .... aqui à noite.
Eu estou .... vontade de trabalhar hoje.
Eles são .... a violência e o racismo.

Ele luta .... seu ideal com toda força e entusiasmo.
Ela é uma pessoa .... educação.
Nós somos .... da democracia e do amor.
Eles trabalham .... vontade.
Ela me ajudou .... toda boa vontade.

C- Complete como no exemplo:

Você toma café com açúcar ? Não, **sem** açúcar.

Você é a favor do aborto ? Não, sou ....
Ele está com vontade de viajar ? Não, ele está ....vontade.
Vocês vão jantar antes do teatro ? Não, nós vamos jantar.........................
Ele quer uísque com gelo ? Não, ... gelo.
Ela vem sem o marido ? Não, ela vem .... o marido.
Você é a favor da pena de morte ? Não, sou ....
Eles vão ao Brasil antes do carnaval ? Não, eles vão ....
Eles estão com dinheiro ? Não, eles estão .... dinheiro.
Você é a favor do governo ? Não, sou ....
Você vai ao teatro com sua mãe ? Não, ... ela.

D- Complete com a preposição adequada:

Comprou 3 livros.........................R$12,00.
Juliana gosta muito ....dançar.
O ônibus chega ....6 horas.
Esperei você ....meio dia.
Ele estuda............................parar um minuto.
O senador votou...........................o projeto.
Elas são.................................do aborto.
Marta ficou...............................casa no fim de semana.
Eles viajaram.................................a praia.
Os livros estão ....a mesa.
O gato está......................... ....sofá.
Ele votou.................................com a sua consciência.

Piadas para você rir ... rir ... e rir...

Professora: _ Joãozinho, quem descobriu o Brasil?
Joãozinho: _Isto é fácil, foi Cabral. Eu queria saber quem foi que cobriu?!

_ Será que quando descobriram o Brasil ele sentiu frio?

Professora: _Mariazinha, o que você vai ser quando crescer?
Mariazinha: _Vou ser grande, uai!

Veja só como é a vida
O pobre e o rico são duas pessoas.
O soldado protege os dois.
O operário trabalha pelos três.
O cidadão paga pelos quatro.
O preguiçoso come pelos cinco.

30ª - Trigésima lição

FOLCLORE - BUMBA-MEU-BOI

Folclore é a ciência do povo que pesquisa as suas manifestações através da sua religião, músicas, danças e crendices.

O Bumba-meu-boi nasceu provavelmente no estado do Maranhão e é tradicional nos estados do nordeste. É um pequeno drama. O dono do boi, que é um homem branco, vê um homem negro roubar o animal. Sua mulher está grávida e está com desejo de comer língua de boi, por isto matam o boi. É preciso ressuscitá-lo. Esta é a função do pajé.

Os personagens que participam do Bumba-meu-boi são as pessoas, os animais e os músicos. Os personagens principais são o Bumba-meu-boi, o pajé e o vaqueiro dono do boi. O Bumba-meu-boi é uma vaca quase no tamanho natural cuja cabeça é feita de "papier marche" e o corpo é coberto por um tecido pintado de várias cores.

Uma pessoa põe a cabeça dentro da máscara e sai andando, dançando representando o boi ressuscitado.

O vaqueiro e os outros participantes usam roupas de índios, saias, calças e tocam pandeiro, chocalho e cantam. O vaqueiro usa calça branca mostrando a influência do branco. O saiote e o chocalho mostram a influência do escravo e as penas e a seta tupi demonstram a participação do índio.

Os vaqueiros improvisam versos e os assistentes participam cantando também.

PERGUNTAS

1- Por que o homem negro roubou o boi?

2- Qual é a função do pajé?

293

3- O que representa a calça branca do vaqueiro?

4- Quais os elementos que representam o escravo?

PAISAGENS BRASILEIRAS - FORTALEZA

Fortaleza é a capital do estado do Ceará, o qual faz parte da região nordeste. A cidade possui uma localização privilegiada com um clima muito agradável, praias maravilhosas, de areias brancas e águas cristalinas. O sol brilha quase todo o ano. A cidade foi fundada pelos holandeses e, mais tarde, dominada pelos portugueses.

São famosas as rendas do Ceará, tecidas por criativos artesãos, os quais transformam simples materiais da região, numa delicada obra de arte. A mulher rendeira é um dos tipos característicos da região.

O jangadeiro é outro tipo característico, cuja atividade é a pescaria. Ele é o pescador corajoso, que usa a jangada para fazer o seu trabalho. A jangada é uma embarcação muito simples, cuja base é feita de troncos de árvore e possui uma vela que é movida pelo vento.

Nesta região há muitos peixes, camarões e lagostas. Há um tipo diferente de lagosta, cujo sabor é muito apreciado.

Os jangadeiros cantam muito a música:

MINHA JANGADA
Dorival Caymmi

Minha jangada vai sair pro mar,
Vou trabalhar, meu bem querer,
Se Deus quiser, quando eu voltar do mar
Um peixe bom eu vou trazer,
Meus companheiros também vão voltar
E a Deus do céu vamos agradecer.

PRONOMES RELATIVOS

INVARIÁVEIS:

Que - refere-se a **pessoas e coisas.**
Exemplo: A renda **que** ela tece é delicadíssima.
O trabalho que o jangadeiro faz é muito arriscado.

Quem - refere-se **somente a pessoas** e vem seguido de preposição: **de - com - para - por**
Exemplo: A pessoa **de quem** lhe falei, está aqui.
O artesão, sobre **quem** o jornal fez muitos elogios, recebeu um prêmio ontem.

Onde - refere-se a **lugar.**
Exemplo: O Ceará, **onde** o jangadeiro mora, é um estado do nordeste.

VARIÁVEIS:

O qual - os quais - a qual - as quais: refere-se a **pessoas e coisas.**
Exemplos:O Ceará é uma terra muito bonita, sobre **a qual** muitos escritores escreveram.
As rendas são tecidas pelos artesãos, **as quais** são vendidas em todo Brasil.
O problema maior **pelo qual** o governador do Ceará luta é a seca.

Cujo (s) - Cuja (s) refere-se a **pessoas e coisas** e indica **posse.**
Exemplos:O jangadeiro é um tipo característico, **cuja** atividade é a pesca.
As jangadas, **cujas** bases são feitas de troncos de madeira, levam os jangadeiros para o mar.

EXERCÍCIO

A-Complete as frases usando que, quem, onde.

1-O jovem de_____ comprei o carro é do nordeste.

2-O jangadeiro _____ saiu ontem só voltou hoje à tarde.

3-A casa _____ moro é muito pequena.

4-O livro _____ lhe dei fala sobre a vida do nordestino.

5-O vendedor com _____ me encontrei vendeu muitos livros este mês.

B- Complete as frases com o qual - a qual - cujo - cuja e seu plural:

1- Os artistas _____ nomes foram escolhidos, farão a exposição no próximo ano.

2- As casas, _____ vimos ontem, foram vendidas.

3- O funcionário, sobre _____falamos ontem, pediu demissão.

4- Minha prima, _____ você conhece, chegará amanhã.

5- A lei, _____ artigos não entendemos bem, foi reprovada.

6- O Carlos, _____ lhe apresentei ontem, quer falar com você.

7- Já pus no correio as cartas, _____ você escreveu hoje de manhã.

8- Ele é um herói, _____ nome será inesquecível.

9- O menino, _____ pai morreu, está na escola.

10- A casa, _____ foi leiloada é de meu tio.

11- Os alunos, _____ notas estão abaixo de 6, serão reprovados.

12- O filme, _____ nós assistimos ontem, ganhou o prêmio.

13- O escritor, _____livros eu adoro, morreu.

14- O artigo, _____ fala sobre educação, saiu no jornal.

15- O quadro, _____ você gostou, foi vendido.

O SACI-PERERÊ

O Saci-pererê é uma figura do folclore brasileiro muito popular. Ele é um pretinho que tem uma perna só, usa um gorro vermelho e fuma cachimbo. O gorro dele é encantado, porque faz o Saci invisível. É inofensivo. Ele se diverte assustando os animais no pasto, dando nó no rabo dos cavalos, assusta as crianças e faz muitas confusões.

O Saci também atrapalha a vida dos homens. Ele esconde coisas, põe pedras no caminho para o viajante tropeçar e muitas outras coisas. À noite, quando as pessoas estão dormindo ele entra no quarto e tira as roupas da cama. Na cozinha, ele põe sal no café, queima a comida na panela e faz o leite derramar.

Dizem que o Saci sempre aparece quando tem vento muito forte com um rodamoinho de poeira e folhas secas.

Se uma pessoa conseguir tirar o gorro do Saci pode pedir a ele qualquer coisa que desejar.

MODO INDICATIVO		VERBO **SAIR**	
	PRESENTE	PRETÉRITO PERFEITO	PRETÉRITO IMPERFEITO
Eu	saio	sai	saía
Ele - ela } Você	sai	saiu	saía
Nós	saímos	saímos	saíamos
Eles - elas } Vocês	saem	saíram	saíam

Conjuga-se igual: **cair, trair, distrair, extrair, atrair, subtrair,** etc.

EXERCÍCIO

A- Complete as frases com o verbo indicado, no presente do indicativo:

1- **sair** - Eles _____ juntos para tomar o ônibus.

2- **cair** - Meu filho _____ muito, quando joga bola.

3- **atrair** - O ímã _____ os metais.

4- **distrair** - Nós nos_____ muito com as histórias deles.

5- **extrair** - O homem _____ muitos minerais da terra.

6- **extrair** - O seringueiro _____ a borracha da seringueira.

7- **sair** - Elas sempre se _____ _____bem nas entrevistas.

B- Use o pretérito perfeito:

1- **distrair** - Elas se _____ muito na festa, ontem.

2- **cair** - A bolsa de valores _____ 3 pontos ontem.

3- **extrair** - José _____ um dente semana passada.

4- **atrair** - Λ alta dos juros _____ muitos investidores.

5- **cair** - Maurício _____ ontem e quebrou o braço.

6- **sobressair** - Nós nos_____ muito quando cantamos ontem.

7- **distrair** - O bebê se _____com as bolas coloridas.

8- **atrair** - Minha esposa me _____ desde o primeiro encontro.

C- Use o pretérito imperfeito:

1- **cair** - Quando era criança, eu _____ muito.

2- **sair** - As crianças _____ da escola correndo.

3- **sair** - Ela _____ sempre com o pai dela.

4- **distrair** - Eu me _____ muito com os pássaros, quando era   criança.

5- **atrair** - Eles _____ atenção de todos.

6- **trair** - Ela _____ a confiança da amiga.

7- **extrair** - Eles _____ muito petróleo naquela área.

8- **subtrair** - Eu _____ as gorjetas da conta.

9- **distrair** - O avô se _____ muito com os netos.

D- Passe as frases para o plural:

1- Ele já tinha saído quando seu colega chegou.

_____

2- O menino já tinha caído quando a mãe chegou na sala.

_____

3- Você já tinha partido para o Brasil quando eu recebi a carta.

_____

4- Eu já tinha me distraído muito com o filme.

_____

5- O professor já tinha saído quando o aluno entrou.

_____

F- Use o presente, pretérito perfeito ou imperfeito:

1- **ter** - Quando eu _____ 9 anos, eu (**morar**) _____ numa cidade pequena e (**ir**) _____ à escola a pé, porque ela (**ficar**) _____ perto da minha casa.

2- **trabalhar** - Ontem eu não _____ porque (**ter**) _____ que levar minha mãe ao hospital, porque ela (**cair**) _____ e (**quebrar**) _____o pé.

3- **fuma**r - Antigamente eu _____ muito porque (**estar**) _____ na universidade e (**ficar**) _____ muito nervoso com os testes.

4- **chegar** - Ontem eu _____ em casa às 7 horas, porque eu (**ter**) _____que terminar um trabalho e (**demorar**) _____ muito mais do que eu (**pensar**) _____

5- **ir** - Quando nós _____ ao Brasil no mês passado, (**fazer**) _____ muito calor e nós (**ir**) _____ à praia de manhã e depois (**voltar**) _____ à tardinha.

6- **sair** - Antigamente eu _____ com meus colegas quando as aulas (**terminar**) _____ .

7- **distrair** - Sábado passado eu me _____muito porque (**ir**) _____ao cinema e depois (**ir**) _____dançar com meus amigos.

8- **sair** - Geralmente nós _____ na sexta-feira, (**fazer**) _____compras no sábado e (**descansar**) _____ no domingo.

9- **cair** - Ontem José _____ e (**ter**) _____que ir ao médico porque (**quebrar**) _____ o pé e (**sentir**) _____ muita dor.

10- **extrair** - Os seringueiros_____o líquido da seringueira e depois (**fazer**)_____ a borracha.

300

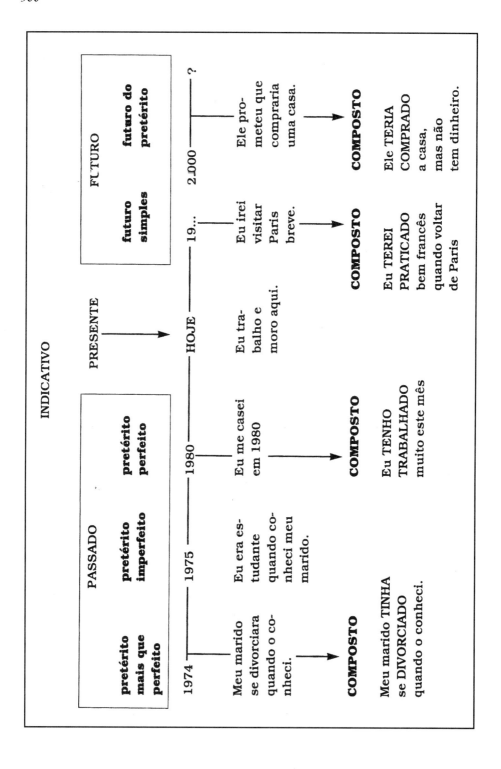

NÃO EXAGERE, LÚCIA

Mariazinha Congílio

Lúcia tem a mania de aumentar desproporcionalmente os fatos. Fico sempre sem saber como a coisa é. No mês passado, não tendo podido comparecer a um jantar, perguntei-lhe posteriormente:

___ Como foi a festa?

___ Nem queira saber! Foi maravilhosa. A mesa estava que era um estouro. O cardápio, espetacular! Todo mundo adorou milhões... Foi notável. Cada vestido bacanérrimo, menina! O pianista, notabilíssimo! O serviço, impressionante! Tudo decorreu de forma soberba, divina! O jantar foi bárbaro mesmo! Fabuloso!

___ Quantas pessoas havia?

___ Uma infinidade!

___ A que horas terminou?

___ Nem sei. Não teve fim! Foi tudo extraordinário...

___ Diga os nomes de algumas pessoas que estavam lá.

___ Milhões de pessoas estavam lá!...

Nunca Lúcia nos fornece dados concretos. Se fosse cronista social, os adjetivos e os termos de gíria fariam a seção.

Quando conta sobre seus namorados é de assustar.

___ Minha filha, ele é o suco. Disse que me ama doidamente, apaixonadamente, eternamente...

Se a gente se lembra de perguntar :

___ Qual é a profissão dele?

___ Ah! Isso não sei. Mas tem um carro que é o máximo! Vou lhe dizer: perto dele, até o Tony Curtis fica sem graça! E o charme? Poderia dar lições ao Laurence Olivier! Tem uma personalidade mais marcante que o Príncipe Philip da Inglaterra. Minha filha, ele é o fim da picada...

Com algumas variações são assim todos os seus namorados.

O que a identifica às demais pessoas é que, apesar de todos os superlativos, é completamente alheia às coisas mais triviais. E, se há coisa que nos descanse o espírito, é conversar com Lúcia.

Sobre os foguetes espaciais, ela os considera balões muito grandes. Possui por tudo a simplicidade. Se ouve uma piada, concede-lhe todo o riso de que pode dispor no momento; se está cansada, senta-se, seja onde for; se está alegre, canta como os pássaros livres; chora, se está triste; grita, se está brava; foge, se tem medo e quando tem fome come o que lhe derem. É instintiva e a gente acaba gostando de estar com ela.

Entretanto, com seu modo de contar as coisas nunca se sabe a gravidade do acontecimento que ela propala. Certa vez chegou e falou-me esbaforida :

___ Você precisa ver que coisa horrorosa me aconteceu hoje: uma tragédia! Não sei porque havia de suceder coisas assim justamente a mim.

___ O que foi? Algum desastre?

___ Que desatre, coisa nenhuma! Ah! Meu Deus do céu!

___ Alguém doente na família?

___ Estão todos do mesmo jeito.

"Mesmo jeito" quer dizer todos com a mesma doença. Se a família de Lúcia continuava a mesma, não havia com que se preocupar.

Bem, O que foi mesmo que aconteceu então?

___ Um horror! Perdi a minha hora de prender o cabelo! E você sabe como o Vítor é...

___ Sei sim.

Baseada nesse exagero não me assusto facilmente, mas aconselhei-a que não fizesse escândalo à toa. Falei mais.

Pedi-lhe por favor, que quando fosse contar alguma coisa não fizesse tragédia, nem armasse temporal num copo d'água. Pensei que fosse ficar tudo certo. Ontem porém ela chegou e disse:

___ Ah! Se soubesse o que aconteceu!...

Pensei em lata de lixo derrubada ou calçada suja. Só para lhe dar o gostinho foi que perguntei :

___ O que foi?

E ela, espantosamente calma :

___ Um homem matou outro em frente à casa de meu vizinho e enquanto fomos ver, sabe o que aconteceu? Pegou fogo em nossa casa. Quase queimou tudo.

Assim também não, Lúcia. Dê mais ênfase!

-De "Moço de Recado"
(adaptação)

PERGUNTAS

1- Como foi o jantar?

2- Qual é a profissão do namorado de Lúcia?

3- Por que Lúcia contou as tragédias "calmamente"?

4- É agradável conversar com Lúcia?

SUPERLATIVO

Usamos o **SUPERLATIVO SINTÉTICO** para expressar a **intensidade dos seres e objeto**s. Por exemplo:

Célia é muito linda.	Célia é **lindíssima.**
Este pintor é muito moderno.	Este pintor é **moderníssimo.**
Este prédio é muito alto.	Este prédio é **altíssimo.**
Este artista é famoso.	Este artista é **famosíssimo.**
O cantor é notável.	O cantor é **notabilíssimo.**
Ela é amável.	Ela é **amabilíssima.**
O diretor é rico.	O diretor é **riquíssimo.**

SUPERLATIVO IRREGULAR:

magro - **magérrimo**	pobre - **paupérrimo**
fácil - **facílimo**	difícil - **dificílimo**
agradável - **agradabilíssimo**	amável - **amabilíssimo**
amigo - **amicíssimo**	antigo - **antiqüíssimo**
feliz - **felicíssimo**	fraco - **fraquíssimo**

EXERCÍCIO

A – Passe as palavras grifadas para o superlativo:

1 - Luísa está <u>triste</u>. _____

2 - O carro é <u>novo</u>. _____

3 - Eles são <u>ocupados</u>. _____

4 - O apartamento é <u>caro</u>. _____

5 - O quadro é <u>belo</u>. _____

6 - Ele é <u>inteligente</u>. _____

7 - O hotel é <u>barato</u>. _____

8 - O prédio é <u>alto</u>. _____

9 - Ele está <u>gordo</u>. _____

10 - Pedro é <u>forte</u>. _____

11 - Brasília é uma cidade <u>moderna</u>. _____

B – Complete com o superlativo:

1 - Aqueles dois irmãos são _____ (amigos)

2 - Ouro Preto é uma cidade _____ (antiga)

3 - O clima das montanhas é _____ (agradável)

4 - Os noivos estão _____ (feliz)

5 - Aqueles homens são _____ (pobres)

6 - Pedro está doente, ele está _____(magro)

7 - Gosto daquele quadro porque ele é _____ (antigo)

e seu autor é _____(famoso)

8 - As modelos geralmente são _____(magra)

9 - Os funcionários estão _____(feliz) com o novo salário.

Observe a linguagem de Lúcia. Ela fala muita "gíria", isto é expressões idiomáticas criadas pelo povo. Por exemplo, ela fala:

bacanérrimo, em vez de maravilhoso, notável, chique, elegante

bárbaro, em vez de excelente, ótimo

suco, em vez de formidável, maravilhoso

máximo, em vez de ótimo, fabuloso

Observe os dois diálogos e veja a diferença de linguagem das pessoas que falam, uma bastante formal e a outra informal, é a linguagem popular, criada e falada nas ruas.

PORTUGUÊS FORMAL

__ Não pude ir à festa.
Como foi?

__ Foi ótima! Muita gente,
boa comida e bebida, umas
garotas incríveis e uma música
excelente! Tudo correu
maravilhosamente bem.
      __ E eu perdi tudo! Que pena!

Outro diálogo:
__O seu amigo é uma pessoa
estranha. Domingo passado ele
veio com uma garota muito
elegante, bem educada, classe
A. Ontem, ele trouxe uma
garota bonita, mas mal vestida
com um cabelo horrível.
—Tudo bem. Ele não
é mais meu amigo.

PORTUGUÊS INFORMAL (GÍRIA)

__ Deu zebra e eu perdi a
cervejada. E aí...?

__ Foi um barato! Cheio de gente,
comes e bebes tava uma
loucura e as gatinhas de outro mundo.
A banda foi um estouro! Tudo foi a
mil por hora.
      __ Que droga! Eu dancei nessa!

__ O seu amigo é um cara maluco.
Um dia desses, ele chegou
com uma menina hiper produzida,
gente fina! Ontem ele pintou aqui
com uma gata daquelas do subúrbio,
com o cabelo todo ouriçado,
tipo barra pesada.
—Tudo bem. Ele não tá com nada.
A gente nem se fala mais.

EXPRESSÕES E HUMOR
Valter Soares

Ficou tão emocionado com o sucesso da cirurgia que deu um **nó na garganta** e morreu asfixiado.

A **menina dos olhos** da velha se afogou nas cataratas.

É preciso **ter muito peito** para mandar reduzir os peitos.

Quem **vê cara, não vê coração**... ou então deve procurar uma mais barata.

O homem sem dentes defendia seus direitos com **unhas e gengivas**.

Aquele desdentado tinha muitos defeitos, mas, pelo menos, não **roía as unhas**.

Alternativa para transplante de coração: **fazer das tripas o coração**.

É preciso **ter muito saco** para aguentar um **puxa saco**.

O orador profissional não era pago à vista, porque só tinha **conversa fiada**.

Falou tanta besteira que acabou de **papo furado**.

Será que assistente de canhoto é seu **braço esquerdo**?

PRECISO APRENDER A SÓ SER
Gilberto Gil

Sabe gente
É tanta coisa pra gente saber
O que cantar como andar
Onde ir
O que dizer o que calar
A quem querer
Sabe gente
É tanta coisa
Que eu fico sem jeito
Sou eu sozinho
E esse nó no peito
Já desfeito em lágrimas
Que eu luto pra esconder
Sabe gente
Eu sei que no fundo
O problema é só da gente
É só do coração dizer não
Quando a mente tenta nos levar
Pra casa do sofrer
E quando escutar um samba-canção
Assim como
Eu preciso aprender a ser só
Reagir
E ouvir o coração responder
Eu preciso aprender a só ser.

Observe a expressão "a ser só" que significa viver só, sem companhia.
..."a só ser" significa apenas viver, "ser" apenas.
Observe o uso do infinitivo: eu preciso aprender
                                                eu luto pra esconder

INFINITIVO IMPESSOAL

É usado quando **não tem sujeito** e exprime um fato de modo geral.
Exemplo:

Trabalhar é importante
É preciso ter paciência
Ouvi dizer que ele está muito doente.

Amar é viver.
Cantar faz bem ao corpo e a alma.
Escutei falar sobre divórcio.

INFINITIVO PESSOAL

1 - Quando o sujeito é expresso claramente.

Exemplo: O professor pediu para estudarmos muito.

O gerente deu as chaves para eu guardar.

O diretor pediu para ela comprar os livros.

2 - Quando está **precedido** da preposição **DE** e serve de complemento dos adjetivos: difícil, fácil, impossível, possível, bom e outros.

Exemplo: Este grupo é fácil de controlar.

Aquela lei é difícil de entender.

O exercício é fácil de fazer.

A letra é muito pequena, impossível de ler.

3 - Quando **precedido** das preposições **A e PARA**.

Exemplo: As meninas começaram a cantar.

Ela ficou parada a olhar o trem partir.

Ele ficou com os olhos a faiscarem de raiva.

Ela comprou flores para enfeitar a sala.

O chefe pediu para ele esperar um momento.

Eles pediram licença para passar.

Eles foram ao restaurante para comemorar a data.

Forma-se o **infinitivo pessoal** a partir do infinitivo impessoal, acrescentando-se **"mos"** à **1ª pessoa do plural** e **"em"** à **3ª pessoa do plural.** Exemplo:
O diretor pediu para eu estudar

ele, ela estudar
você estudar
nós estudar**mos**
eles, elas estudar**em**
vocês estudar**em**

O pai falou para eu ser obediente

ele, ela ser obediente
você ser obediente
nós ser**mos** obedientes
eles , elas ser**em** obedientes

EXERCÍCIO

A- Complete as frases com o infinitivo, de acordo com a pessoa:

1 - Como é bom eu TER paciência.

2 - Como é bom ele_____paciência.

3 - Como é bom vocês _____ paciência

4 - Como é bom nós _____ família grande.

5 - Como é bom você _____ amigos.

6 - Como é bom elas _____um bom trabalho.

7 - Como é bom nós _____saúde.

8 - Como é bom eu _____bom salário.

9 - Como é bom ela _____vencido a competição.

10 - Como é bom nós _____ganho o jogo.

B- Complete com o verbo indicado no infinitivo:

1 - **sair** - Pedi-lhe para _____ da sala.

2 - **encontrar** - Marquei para nos _____na praia, amanhã.

3 - **comprar** - Eles querem _____uma casa.

4 - **vender** - É melhor eles _____o apartamento.

5 - **fazer** - Estes exercícios são fáceis de _____ .

6 - **enfeitar** - Compraram muitos balões para _____ a sala.

7 - **terminar** - Pedi para eles _____ o trabalho.

8 - **andar** - Elas gostam de _____ a pé.

9 - **compreender** - Este artigo da lei é difícil de _____ .

10 - **aceitar** - É impossível eles _____o resultado do teste.

11 - **prestar** - O chefe pediu para todos _____muita atenção.

12 - **lutar** - Desistiram de _____pelos seus direitos.

13 - **olhar** - Ficaram sentadas no banco a _____ os pássaros.

14 - **esperar** - Estão a _____ pelo resultado da eleição.

C- Passe as frases para o plural:

1- Ela pediu para ele comprar o livro amanhã.

_____

2- Ela fez muita caipirinha para servir na festa.

_____

3- A mãe falou para ela fechar a janela do quarto.

_____

4- O professor mandou escrever uma carta de agradecimento.

_____

5- O tesoureiro deu o dinheiro para eu guardar.

_____

6- É melhor você falar com o chefe antes de decidir a data.

_____

7- Ele falou para você não fazer muito exercício.

_____

8- É melhor você deixar para resolver amanhã.

_____

9- Mandei ele terminar o trabalho.

_____

10- Pedi a ela para mandar as fotografias.

_____

11- O diretor entregou a proposta para ele aprovar.

_____

12- O pai disse para ele não viajar à noite.

_____

D- Escrever as frases fazendo as mudanças necessárias:

1- Para eu ter sucesso no trabalho devo lutar muito.

Para nós _____

Para você _____

Para eles _____

Para vocês _____

2- Eu tenho que trabalhar muito para ser promovido.

Ele _____

Nós_____

Elas _____

Vocês_____

3- É importante ir às reuniões da equipe.

É importante eu _____

É importante vocês _____

É importante ela _____

É importante nós _____

4- Você deve comer bem para ter saúde.

Nós _____

Ela _____

Eu _____

Eles _____

BRASÍLIA

Brasília é a capital do Brasil e está localizada no centro do país, facilitando a comunicação entre os estados e o governo federal. A sua construção foi iniciada em 1957 e inaugurada no dia 21 de abril de 1960, sendo presidente Dr. Juscelino Kubistcheck de Oliveira. Os arquitetos Oscar Niemeyer e Lúcio Costa planejaram a construção da cidade, sendo o projeto famoso pela sua originalidade e modernas técnicas de urbanismo, orgulho da engenharia brasileira. Por esta razão a UNESCO incluiu Brasília na lista dos Monumentos Culturais do Mundo, tendo a cidade todas as garantias de conservação do projeto original, pois é considerada patrimônio da humanidade.

A planta da cidade, que é chamada plano-piloto, tem o formato de um avião. Na parte da cabine está a Praça dos Três Poderes: Palácio da Justiça, Palácio do Planalto (que é a sede do governo) e o Congresso Nacional. Depois vem a Esplanada dos Ministérios e Catedral. As asas são formadas pelo setor residencial e comercial. A parte que fica entre as duas asas é constituída pelo setor bancário, hoteleiro, das embaixadas, clubes esportivos, lazer e universitário. Cada bloco residencial tem um setor comercial, escolas e parques.

O trânsito é tranquilo, porque não há cruzamento, somente passagens subterrâneas. Os prédios mais famosos, cujo estilo é uma obra de arte e engenharia, são: Palácio Itamarati, que é o Ministério da Relações Exteriores, o Palácio Alvorada, o Congresso Nacional e a Catedral. Esta última é um monumento, representando as mãos em oração, dirigidas para o céu.

Brasília está localizada num planalto, de horizonte claro e sem poluição. Ela é chamada Capital da Esperança, porque com ela se iniciou uma nova fase para os brasileiros, expandindo e povoando a região central, facilitando o acesso e o transporte, redescobrindo o Amazonas e o Pantanal.

PERGUNTAS

1- Qual foi o presidente do Brasil que construiu Brasília?

2- Por que Brasília está incluída entre os Monumentos Culturais do Mundo?

3- Como é a planta da cidade?

4- Por que Brasília é chamada Capital da Esperança?

ATENÇÃO!

Observe os verbos e veja os seus diferentes ignificados:

DEVER
Ele deve muito dinheiro ao banco.
O filho deve respeitar os pais.
O trem já deve estar chegando.
Você deve estar muito cansado depois desta viagem.
Você deve prestar mais atenção aos sinais de trânsito.
Esta carta deve ser de minha mãe.
Isto deve ser o contrato do banco.

ACABAR   Ele acabou de telefonar para você.
Nós acabamos de chegar e você chamou.
Ela acabou de fazer o serviço, quando o diretor chegou.
Ele acabou o namoro com a Lúcia.
Ela acabou se dando mal com o chefe.
Tudo acabou bem.

LEVAR   Não me leve a mal, é só brincadeira.
Eu gosto dele, mas ele não me leva a sério.
Elas levam tudo na brincadeira.
Ontem levei um choque com o ferro elétrico.
A menina levou um susto com o cachorro pulando atrás dela.
Eles levaram uma semana para fazer o trabalho da escola.
Ela leva 10 minutos de carro para ir de casa à escola.

DEIXAR   Eu deixei de falar com ele depois do acidente.
Ela deixou de fumar há 1 ano.
Ele deixou de usar óculos há muito tempo.
Você deixou de procurar trabalho?

SAIR   Ela se saiu muito bem na entrevista ontem.
Você se saiu muito bem no programa de televisão.
Ele se saiu mal na entrevista e não foi contratado.
Ela sempre se sai bem quando tem um problema.

MORRER   Ela morreu de rir quando leu o artigo do jornal.
O diretor está morrendo de raiva hoje.
Eu morro de trabalhar e ganho tão pouco!
Hoje ele vai morrer de comer.
Todos morreram de rir quando ele caiu.
Estou morrendo de fome.
Estou morrendo de sede.
Estou morrendo de cansaço.
Estou morrendo de sono.

EXERCÍCIO

A- Complete com o verbo adequado de acordo com o sentido da frase:

1- Ele _____ de perguntar pelo fax do Dr. João.

2- No final, tudo _____ muito bem.

3- Eles _____ de trabalhar e ganham um salário miserável.

4- Você se _____ muito bem na entrevista.

5- Há um ano que eles _____ de fumar e de beber.

6- Nós _____ de rir quando assistimos aquela peça de teatro.

7- Elas são felizes porque _____ tudo na brincadeira.

8- Ela _____ de falar comigo depois do divórcio.

9- Espere um pouco, ela _____ de chegar

10- Eles não _____ o trabalho por isto não puderam viajar.

11- O aluno _____ prestar muita atenção quando o professor fala.

12- Ela _____ de rir quando leu a crônica de Fernando Sabino.

13- Ele já _____ ter recebido meu e-mail, mas não respondeu ainda.

14- Vou me deitar porque estou _____ de sono.

15- Lúcia _____ chegar este fim de semana.

B- Passe para o plural:

1- Ela escutou tudo, mas não levou a sério o pedido de casamento.

_____

2- Eu estou morrendo de raiva porque vou ter que trabalhar no feriado.

_____

3- Quando a diretora telefonou, o funcionário tinha acabado de chegar.

_____

4- Ele sempre se sai muito bem nas entrevistas na televisão.

_____

5- Eu levei um mês para terminar o projeto de reforma da casa.

_____

6- Você deixou de fazer ginástica e engordou muito.

_____

7- Ela levou o maior susto quando recebeu a conta do advogado.

_____

8- Eu acabei a universidade e consegui um emprego imediatamente.

_____

9- O verdadeiro político deve pensar no bem comum.

_____

10- Ele leva a vida na maré mansa.

_____

11- Eu morri de rir quando vi a cara dele.

_____

SÃO PAULO

São Paulo é a capital do estado de São Paulo. Em 1554 o jesuíta Padre Manuel da Nóbrega fundou uma escola e uma aldeia para os índios, iniciando assim as bases da cidade. Com uma população superior a nove milhões de habitantes, ela é a maior cidade do país e uma das cinco maiores do mundo. É também o principal centro comercial e financeiro do país, possuindo o maior parque industrial da América do Sul.

São Paulo é também um grande centro cultural e artístico, possuindo muitos teatros, museus, galerias e parques. O MASP- Museu de Arte de S. Paulo, possui um acervo com obras dos mais renomados artistas brasileiros e estrangeiros, desde o período do renascimento até a fase contemporânea.

O grande impulso da economia provocado pela expansão da cultura do café atraiu muitas pessoas do país e do estrangeiro, fazendo a população triplicar em 20 anos.

Com uma população de origem tão diversificada, São Paulo é um centro em que se encontram costumes e culturas de quase todas as partes do mundo. O setor de restaurantes oferece os mais variados tipos de comida de diversas nacionalidades, como: francesa, chinesa, japonesa, coreana, indiana, alemã, austríaca, escandinava, húngara, russa, grega, árabe, judaica, etc.

O clima é agradável e quase sempre cai uma chuva fininha, chamada garoa.

Responda às seguintes perguntas:

1 - Como foi fundada a cidade de São Paulo ?

2 - Onde está situado o maior parque industrial do país ?

_____

3 - O que provocou a expansão da cultura do café ?

_____

4 - Como é a população de São Paulo ?

_____

5 - O que é o MASP ?

_____

6 - Como são os restaurantes desta cidade ?

_____

7 - Como é o clima de São Paulo ?

_____

A REGIÃO SUL

O sul é a região privilegiada, com um solo fértil, onde tudo que se planta cresce e produz abundantemente. Os estados da região sul são: Paraná, Santa Catarina e Rio Grande do Sul. Talvez pelo tipo de clima, a região atraiu muitos imigrantes europeus como os alemães, italianos, poloneses, japoneses, sírio-libaneses, chineses, etc. Os imigrantes influenciaram muito na formação do povo sulino, principalmente na arquitetura, nas artes, nos costumes e tradições.

Esta é a única parte do Brasil em que as estações climáticas são distintas, podendo se observar as mudanças de uma para outra. Na cidade de São Joaquim, situada a 1360 metros de altitude, todo ano cai uma neve muito fina, mas o bastante para cobrir tudo de branco, fazendo os sulinos felizes e atraindo muitos turistas.

O Paraná tem como capital a cidade de Curitiba, que é um exemplo do urbanismo e tecnologia moderna compatível com o meio ambiente, ajudando-se mutuamente para o bem estar do homem.

A maior dádiva da natureza são as maravilhosas cataratas do Iguaçu, localizadas na fronteira do Brasil com a Argentina e o Paraguai. O encontro das águas do Rio Iguaçu com o Rio Paraná é um espetáculo empolgante de mais de 100 cascatas, sendo uma das mais belas do mundo, com suas águas despencando na Garganta do Diabo, exatamente no meio do rio, caindo sobre rochas, rolando em borbotões, se transformando numa nuvem onde pode se ver o arco-íris. Perto está a hidroelétrica de Itaipu, uma obra gigantesca do homem, com a capacidade de 12.600 M W e a sua represa, que tem 29 bilhões de metros cúbicos de água, figurando entre as maiores do mundo.

Santa Catarina tem como capital Florianópolis, sendo a região onde os imigrantes alemães se concentraram e fundaram cidades como Blumenau e Joinville, onde a arquitetura faz você pensar que está na Europa. A famosa festa Oktoberfest mantém a tradição dos bailes alemães, que duram três dias e três noites.

O Rio Grande do Sul é o estado dos pampas, do churrasco, do chimarrão e do vinho. O gaúcho é o homem forte e corajoso, que lutou e defendeu a fronteira e fala disso com muito orgulho, cultivando as tradições, mantendo vivo o amor à terra.

Gramado, Canela e Caxias do Sul são pequenas cidades situadas numa região coberta de flores e vinhedos, com as famosas adegas de vinhos, que são os melhores do Brasil. Entre as tradições gaúchas, estão as lendas, as músicas e as muitas histórias sobre a coragem e o orgulho do povo gaúcho, que é também chamado « índio » e « tché ».

Uma das jóias do folclore gaúcho é a música :

Prenda Minha

Vou me embora, vou me embora
Prenda Minha,
Tenho muito que fazer,   Bis
Tenho que levar meu gado,
Prenda Minha
Para o Rancho do Bem-querer.
Noite escura, noite escura, Prenda Minha,
Toda noite me atentou.
Quando foi de madrugada Prenda Minha,
Foi-se embora e me deixou.
Quando foi de madrugada, Prenda Minha,
Foi-se embora e não voltou.

VERBOS E PREPOSIÇÕES

Alguns verbos sempre vêm acompanhados de preposição. Observe:

De: Ele **gosta de** música.
Ela **precisa de** um carro.
Nós **paramos de** fumar.
Marta se **esquece de** tudo.
A mãe **cansou-se de** ajudá-lo.
Ela **morreu de** rir.

Meus pais **dependem de** mim.
Não **desisto de** aprender português.
José **acabou de** chegar.
Eles **deixaram de** jogar tênis.
Lembro-me de tudo agora.
Ele **morreu de** ataque cardíaco.

Com: O pai se **preocupa com** o filho.
Ontem eu **sonhei com** sua festa.
Ele **falou com** o diretor hoje.
Contento -me com pouca coisa.

Ela sempre **sai com** o cachorro.
Ele **acabou com** todo o dinheiro.
Maria sempre **discute com** a mãe.
Lutei com todas minhas forças.

A: Ele não **obedece à** lei.
Ela **assistiu a** ópera.
Ele **ensinou-me a** dirigir carro.
Ela **agradou a** toda família.

Você **continua a** pintar ?
Ela sempre **ajuda a** todos .
Ele **aprendeu a** tocar violão comigo.
Ele **começou a** andar este mês.

Em: Ele **confia em** Deus.
Sempre **penso em** você.

Eu não **acredito em** superstição.
Nós **insistimos em** ajudá-lo.

Por: Nós **lutamos por** sua idéia.
Eu **ansiava por** sua chegada.
Você se **interessa por** tudo.

Ele **briga por** qualquer coisa.
Ele **perguntou por** você hoje.
Ele não perguntou por mim.

Pelo: Eles **lutam pela** democracia.
Pela: Ela **mandou** a notícia **pela** "internet".

O jesuíta **pediu pelos** índios doentes.
A filha **chamou pelo** pai.

Observe que alguns verbos são usados com mais de uma preposição.

ATENÇÃO!

O SISTEMA POLÍTICO BRASILEIRO

Desde o tempo do Brasil-Colônia já havia uma organização política composta das Juntas Gerais que funcionavam com um conselho de Estado e as Juntas da Fazenda encarregadas da administração econômica e fiscal.

Atualmente o município é governado pelo prefeito e pela câmara dos vereadores. O estado é administrado pelo governador e seus auxiliares, os secretários de estado. Eles formam o poder executivo. O poder legislativo é representado pela câmara dos deputados (deputados estaduais). Os juízes de direito e os promotores representam o poder judiciário.   O país é governado pelo presidente da República auxiliado pelos ministros. O Congresso é composto pela Câmara dos Deputados e o Senado Federal. O poder judiciário é representado pelos juízes do Supremo Tribunal Federal e Superior Tribunal de Justiça e juízes dos Tribunais especiais (a Justiça do Trabalho, a Justiça Eleitoral e a Justiça Militar).

O poder legislativo faz as leis, o poder executivo as aprova ou veta, publica e executa.   O poder judiciário julga o cumprimento das leis.

O Brasil é uma República Federativa, composta por 26 Estados e um Distrito Federal, Brasília que é a capital do país. Cada Estado tem o seu governador e as cidades são governadas pelos prefeitos. Todos são eleitos pelo voto direto do povo.

Os juízes são escolhidos por concurso público que inclui um teste psicológico para verificar se o candidato possui as condições emocionais necessárias para exercer o cargo de juiz. Chama-se Comarca a área de abrangência (jurisdição) de um juiz.

Os Estados são divididos em municípios que têm a cidade e a zona rural. Quando há uma vila maior esta passa a ser um distrito.

As cidades brasileiras foram crescendo naturalmente, sem um planejamento antecipado. Somente Brasília (D.F), Belo Horizonte (M.G) e Goiânia (Goiás) foram planejadas antes de iniciar a construção. Por isto não se usa as orientações norte, sul, leste e oeste como em outros países.

A zona rural, também chamada de campo ou roça, é dividida em chácaras, sítios e fazendas.

As cidades ficam longe umas das outras e estão separadas por fazendas, campos e matas.

EXERCÍCIO

A- Complete com a preposição adequada:

1- Nós não confiamos _____ políticos.

2- Eles lutam _____ liberdade, _____ todo entusiasmo.

3- Ela vai _____ praia _____ o namorado.

4- Eles assistiram _____ jogo de futebol _____ os colegas.

5- Nós continuamos _____ estudar e acabamos _____ receber o diploma.

6- Ele sempre ajudou _____ todos, mas agora parou _____ fazê-lo.

7- Eles deixaram _____ cumprir a lei e agora discutem _____ o advogado _____ resolver o problema.

8- Eles se interessam _____ tudo relacionado _____ computador.

9- Ela sempre dependeu _____ pai, mas agora ele desistiu _____ ajudá-la, porque ela não se interessa _____ coisa alguma.

10- Nós sempre contamos _____ você e agora temos _____ acabar este trabalho antes _____ começar o mês.

11- Ela lutou _____ candidato democrático, insistiu _____ defendê-lo e acabou _____ tudo que possuía.

B- Faça 3 comparações entre o sistema político do Brasil e de seu país.
Por exemplo: Meu país tem mais estados do que o Brasil.

1-_____
2- _____
3-_____

C- Compare a vida na cidade e a vida na roça, no campo.

1-_____
2- _____
3-_____
4- _____

D- Complete as frases comparando e usando as palavras indicadas:

1- moderna –Brasília é _____ Salvador.

2- grande - São Paulo é _____ Brasília.

3- boa - A terra da região sul é _____nordeste.

4- grande - São Paulo é _____ o Rio de Janeiro.

5- bom - O trânsito de Brasília é _____ São Paulo.

6- pequeno- Porto Alegre é _____ São Paulo.

7- antigo - O Rio de Janeiro é _____ Brasília.

8- boa - Curitiba é _____ para viver _____ São Paulo.

9- grande - A hidroelétrica de Itaipu é _____ Tucuruí, no Amazonas.

10- frio- O clima da região sul é _____ região norte.

33ª - Trigésima terceira lição

AS FESTAS JUNINAS

No Brasil, o mês de junho é um mês de muitas festas, as festas juninas. Elas celebram os três santos: Santo Antônio, no dia 13, São João no dia 24 e São Pedro no dia 29. Santo Antônio é o protetor dos casais e ajuda as pessoas solteiras que querem casar. É por isto que o dia dos namorados é dia 12 de junho, véspera de Santo Antônio.

As festas são feitas ao ar livre e o local é enfeitado com bandeirinhas coloridas, fazem uma fogueira no centro, soltam foguetes e balões.

Há muita música caipira, tocada com acordeom e violão. As pessoas dançam a quadrilha e às vezes representam uma cena de um casamento da roça (caipira). Todos vestem roupas caipiras e usam chapéu de palha.

Para ajudar a esquentar todos tomam uma bebida típica chamada quentão que é preparada com cachaça, açúcar e canela e é servida muito quente.

Serve-se comida típica como cocada, batata doce, pipoca e milho assado na própria fogueira.

Veja uma das músicas tradicionais das festas juninas:

I

Com a filha de João
Antônio ia se casar
Mas Pedro fugiu com a noiva
Na hora de ir pro altar

II

A fogueira está queimando
O balão está subindo
Antônio estava chorando
E Pedro estava fugindo

III

E no fim desta história
Ao apagar-se a fogueira
João consolava Antônio
Que caiu na bebedeira

PERGUNTAS

1- Por que as festas se chamam juninas?

2- Como é o local onde se realizam as festas?

3- Quais os instrumentos musicais que tocam nas festas?

4- Como as pessoas se vestem?

5- Como é a bebida típica das festas juninas?

6- O que as pessoas comem?

EXERCÍCIO

A- Passe para o plural:

1- O casal solta o balão que tem uma cor bonita.

2- O músico toca violão e a moça e o moço dançam a quadrilha.

3- O dono da casa, o filho e o primo enfeitam o local com bandeirinhas.

4- O padre dá a bênção para o noivo.

5- A menina dança a quadrilha, canta música caipira e come pipoca.

B- Complete com o verbo indicado no presente:

1- Atualmente as festas juninas (**ser**) _____ comemoradas mais nas cidades do interior, onde o povo ainda (**tentar**) _____ manter viva as tradições. Nas escolas (**haver**) _____ muitas festas folclóricas . Os alunos (**aprender**) _____ a origem e (**pesquisar**) _____ fatos e informações. Depois eles (**fazer**) _____ os preparativos, (**planejar**) _____ a decoração, (**fazer**) _____ os enfeites, (**comprar**) _____ as roupas de acordo com o tema da festa. As crianças (**ensaiar**) _____ as danças, (**aprender**) _____ a tocar as músicas e (**decorar**) _____ a letra das canções.

C- Agora escreva o texto acima usando o imperfeito do indicativo:

Antigamente _____

_____

_____

_____

_____

_____

_____

_____

_____

_____

SUBJUNTIVO

Emprega-se o subjuntivo para expressar uma **ação não realizada e dependente de outra.** O subjuntivo é o modo da incerteza, da dúvida, do desejo e da hipótese.

PRESENTE: Vou morar no Brasil. É preciso que eu **fale, leia e escreva** bem português.

IMPERFEITO: O diretor da firma queria que eu **falasse, lesse e escrevesse** bem português, antes de ir ao Brasil.

FUTURO: Será bom se eu **falar, ler e escrever** português bem, antes de ir ao Brasil.

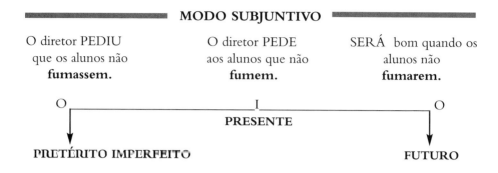

MODO SUBJUNTIVO

| O diretor PEDIU que os alunos não **fumassem.** | O diretor PEDE aos alunos que não **fumem.** | SERÁ bom quando os alunos não **fumarem.** |

O ─────────── I ─────────── O
PRESENTE

PRETÉRITO IMPERFEITO   FUTURO

MODO SUBJUNTIVO

PRESENTE

VERBOS REGULARES

		CANTAR	COMER	PARTIR
Que	eu	cant-**e**	com-**a**	part-**a**
Que	ele-ela você }	cant-**e**	com-**a**	part-**a**
Que	nós	cant-**emos**	com-**amos**	part-**amos**
Que	eles-elas vocês }	cant-**em**	com-**am**	part-**am**

O **SUBJUNTIVO** expressa :

Dúvida: Talvez ela chegue tarde no trabalho.
Não acredito que ele termine o trabalho hoje.
É provável que ela viaje amanhã.
Não penso que eles possam ir a Portugal.
Duvido que ele fale a verdade.

Desejo: Espero que ele compre um carro novo.
Quero que você faça o que prometeu.
Tomara que eles tenham muito sucesso.
Desejo que você vença o concurso.

Ordem: Proibo que você fume no quarto.
A lei manda que todos paguem imposto.
O diretor manda que todos trabalhem à noite.
O pai exige que o filho trabalhe e estude.

Sentimento: Lamento que vocês não possam viajar conosco.

Que pena que você não esteja comigo hoje.

Estou feliz de saber que você tenha tanto sucesso.

Receio que o seu trabalho não seja aprovado.

Temo que ela fique doente com esta dieta.

Tenho medo que ela não passe no teste.

Sinto muito que você não possa vir à festa.

OBSERVE: A conjugação do **presente do subjuntivo** é <u>igual</u> ao **imperativo.**

Imperativo (ordem)

Por favor, **fale** devagar.

Escreva as frases com atenção.

Faça os exercícios diariamente.

Subjuntivo (conselho, desejo)

Espero que você **fale** devagar.

É necessário que você **escreva** as frases com atenção.

É importante que você **faça** os exercícios diariamente.

O MENINO AZUL
Cecília Meireles

O menino quer um burrinho
para passear.
Um burrinho manso,
que não corra nem pule,
mas, que saiba conversar.

O menino quer um burrinho
que saiba dizer
o nome dos rios,
das montanhas, das flores,
___ de tudo que aparecer.
O menino quer um burrinho
que saiba inventar
histórias bonitas
com pessoas e bichos
e com barquinhos no mar.

E os dois sairão pelo mundo,
que é como um jardim
apenas mais largo
e talvez mais comprido
e que não tenha fim.
(Quem souber de um burrinho desses,
pode escrever
para a Rua das Casas,
Número das Portas,
ao Menino Azul que não sabe ler.)

EXERCÍCIO

A- Complete com o verbo indicado, usando o presente do subjuntivo.

1-falar - O menino quer um amigo que _____ muito.

2-contar - Ele quer um amigo que _____ histórias bonitas.

3-beber - O médico quer que nós _____ muito suco de frutas.

4-repartir - Ele quer que eu _____ todo o lucro com ele.

5-mudar - É possível que você _____ de trabalho.

6-estudar - É preciso que eles _____muito para falar bem português.

7-vender - É necessário que eu._____ muito para ganhar muito dinheiro.

8- lembrar - Duvido que eles se _____ daquela data importante.

B- Escreva as frases no presente do subjuntivo, como no exemplo:
Cumprir a promessa - É possível que ele cumpra a promessa.

1-comprar um carro - Talvez _____

2-vender a casa _ Receio _____

3-chegar tarde - Lamento _____

4-ganhar um bom salário- Tomara _____

5-esquecer o acidente - Espero _____

6-falar fluentemente chinês - Desejo _____

C- Complete como no exemplo: estudar- É preciso que ele estude muito.

1- viajar- É provável que nós _____ hoje à noite.

2- comprar- É possível que eu _____uma casa muito breve.

3- falar - O pai quer que o filho _____ português muito bem.

4- estudar - A mãe deseja que a filha _____ medicina.

5- receber -É preciso que eles _____ um bom salário.

6- escrever - É necessário que eu _____ a carta hoje.

7- compreender - Receio que eles não _____ bem a lei.

8- aprender - Espero que eles _____ japonês rápido.

9- obedecer - É preciso que todos _____ a lei.

10 cumprir - O diretor espera que todos _____ seu dever.

11- assistir - É possível que eles _____ a todos os jogos.

12- repetir - É necessário que você _____ tudo três vezes para aprender bem.

13- permitir- Espero que o diretor _____ novos contratos.

D- Complete as frases usando o presente do subjuntivo:

1- O aluno tem que estudar os verbos.

   É preciso que ele _____ os vocabulários novos também.

2- Eu sempre como muitas frutas.

   É necessário que eu _____ legumes e verduras também.

3- Nós sempre tentamos falar só português na aula.

   É importante que nós _____ pensar só em português também.

4- Vocês nunca escrevem em português.

   É imprescindível que vocês _____ muito em português.

5- Vocês assistem poucos filmes em português.

   É bom que vocês _____ filmes em português.

6- Nós sempre dividimos as despesas da casa.

   É necessário que nós _____ todas as despesas.

7- Eu sempre busco meus filhos na escola.

   É preciso que nós _____ os filhos na escola.

8- Os trens sempre partem na hora exata.

   É imprescindível que os trens _____ na hora exata.

9- Os pais sempre aconselham os filhos.

   É importante que os pais _____ os filhos.

10- Você sempre esquece os nomes das pessoas.

    É importante que você não _____ os nomes das pessoas.

O RATINHO, O GATO E O GALO

Monteiro Lobato

Certa manhã, um ratinho saiu do buraco pela primeira vez. Queria conhecer o mundo e travar relações com tanta coisa bonita de que falavam seus amigos.

Admirou a luz do sol, o verde das árvores, a correnteza dos rios, a habitação dos homens. E acabou penetrando no quintal duma casa da roça.

__ Sim senhor ! É interessante isto !

Examinou tudo minuciosamente. Em seguida notou no terreiro um certo animal de belo pelo que dormia sossegado ao sol. Aproximou-se dele e olhou-o sem receio nenhum.

Nisto aparece um galo, que bate as asas e canta.

O ratinho por um triz que não morreu de susto. Correu como um raio para a toca. Lá contou à mamãe as aventuras do passeio.

__ Observei muita coisa interessante __ disse ele __ mas nada me impressionou tanto como dois animais que vi no terreiro. Um, de pelo macio e ar bondoso, seduziu-me logo. Devia ser um desses bons amigos da nossa gente, e lamentei que estivesse a dormir, impedindo-me assim de cumprimentá-lo. O outro... Ai, que ainda me bate o coração ! O outro era um bicho feroz, de penas amarelas, bico pontudo, crista vermelha e aspecto ameaçador. Bateu as asas barulhentamente, abriu o bico e soltou um có-ri-có-có tamanho que quase caí de costas. Fugi. Fugi com quantas pernas tinha, percebendo que devia ser o famoso gato que tamanha destruição faz no nosso povo.

A mamãe-rata assustou-se e disse:

___ Como te enganas, meu filho ! O bicho de pelo macio e ar bondoso é o terrível gato. O outro, barulhento e espaventado, de olhar feroz e crista rubra, o outro, filhinho, é o galo, uma ave que nunca nos fez mal nenhum. As aparências enganam. Aproveita, pois, a lição e fica sabendo que __

QUEM VÊ CARA NÃO VÊ CORAÇÃO.

De "Fábulas" de Monteiro Lobato (Adaptação)

Observe o vocabulário:

assustador – ameaçador
buraco – pequena abertura ou cavidade
roça – interior, campo, plantaçao
quintal– parte detrás, posterior da casa
terreiro – parte de terra perto da casa
sossegado – tranquilo, calmo
cheirou – verbo cheirar, sentir o perfume, o cheiro
por um triz – por pouco, quase
sem receio – sem medo, sem temor
pelo – cabelo que cobre a pele dos animais
feroz – bravo, selvagem
rubra – vermelha

EXERCÍCIO

A- Observe a leitura e escreva o tempo dos seguintes verbos:

1- saiu _____

2- queria _____

3- falavam _____

4- dormia _____

5- disparou _____

6- percebendo _____

7- caí _____

8- tinha _____

B- Escreva os antônimos das palavras.

1- coisa bonita _____

2- pelo macio _____

3- bons amigos _____

4- barulhento _____

5- ar bondoso _____

6- bicho feroz _____

7- bico grosso _____

PROVÉRBIOS

De grão em grão a galinha enche o papo

Quem ama o feio, bonito lhe parece.

Mais vale um pássaro na mão
do que dois voando.

Quem não tem cão caça com gato.
Quem ri por último, ri melhor.
Em boca fechada não entra mosquito.
Quem casa quer casa.
Quem espera sempre alcança.
Não chore sobre o leite derramado.
O hábito não faz o monge.

MODO SUBJUNTIVO – **PRESENTE**
VERBOS IRREGULARES:

Verbo	Que eu	Que ele-ela você	Que nós	Que eles-elas vocês
ser	seja	seja	sejamos	sejam
estar	esteja	esteja	estejamos	estejam
ver	veja	veja	vejamos	vejam
dar	dê	dê	demos	dêem
dizer	diga	diga	digamos	digam
trazer	traga	traga	tragamos	tragam
haver	haja	haja	hajamos	hajam
fazer	faça	faça	façamos	façam
saber	saiba	saiba	saibamos	saibam
poder	possa	possa	possamos	possam
querer	queira	queira	queiramos	queiram
ir	vá	vá	vamos	vão
vir	venha	venha	venhamos	venham
ter	tenha	tenha	tenhamos	tenham
pôr	ponha	ponha	ponhamos	ponham
ler	leia	leia	leiamos	leiam

___ Mário, você sabe que hora é a aula de português ?

___ Hoje é terça feira; que eu saiba não há aula de português, só amanhã.

___ É verdade, eu me esqueci. O professor quer que eu traga as crônicas do Fernando Sabino.

___ Que bom ! Eu adoro as histórias dele. São tão divertidas.

___ Eu também o admiro muito.

___ É bom que nós leiamos estas crônicas, porque podemos aprender muitas expressões e gírias.

EXERCÍCIO

A- Complete com o verbo indicado no presente do subjuntivo:

1-**ser** - Desejo que você _____ muito feliz com o Renato.

2-**vir** - É possível que o professor _____ amanhã à nossa casa.

3-**ver** - Eu quero que ela _____ meu trabalho, quando terminá-lo.

4-**dar** - É preciso que os pais _____ mais atenção ao filho deles.

5-**estar** - É necessário que vocês _____ na escola às 9 em ponto.

6-**ser** - Os alunos querem que as aulas _____ de manhã.

7-**vir** - Desejo que vocês _____ à festa de casamento.

8-**saber** - Espero que eles _____ o que estão fazendo na casa.

9-**saber** - É preciso que você _____ se controlar.

10- **querer** - É importante que você _____ vencer, para conseguí-lo.

B- Substitua o sujeito usando o presente do subjuntivo:

1- É preciso que ele seja obediente.

Vocês - É preciso que vocês sejam obedientes.

Nós _ _____

Eles - _____

Eu - _____

Ela - _____

Paulo - _____

2- Espero que eles digam toda a verdade.

Você - _____

Ela - _____

Carlos - _____

Vocês - _____

José e João -_____

Ele - _____

3- Tomara que você faça um ótimo teste.

Eles - _____

Nós - _____

Vocês - _____

Eles - _____

Ana - _____

Paula e Luís - _____

4- Espero que eles possam morar numa casa.

Você - _____

Eu - _____

Helena - _____

Elas - _____

Nós - _____

Ele - _____

C- Escreva as frases no plural:

1- É provável que ela traga o namorado para a festa.

_____

2- É importante que você venha aqui o mais rápido possível.

_____

3- É provável que eu veja o Júlio amanhã.

_____

4- É necessário que ele faça todo o trabalho esta semana.

_____

5- É importante que você saiba toda a verdade.

_____

6- Talvez o senhor possa me ajudar a resolver este problema.

_____

7 Espero que ele tenha mais paciência com o filho.

_____

8- É provável que eu faça o teste de matemática amanhã.

_____

9- Meu pai quer que eu seja advogado para trabalhar com ele.

_____

10- É provável que ela queira estudar comigo.

_____

D- Substitua o pronome e faça as modificações necessárias:

1- Talvez ele queira ir à praia conosco amanhã.

Talvez vocês _____

2- É necessário que eu leia as instruções com muita atenção.

(Nós) _____

3- É importante que você dê mais atenção ao seu filho.

(Nós) _____

4- Espero que eu possa pôr todas as informações no computador até sexta-feira.

(Vocês)_____

5- Talvez eu veja o filme depois de ler a crítica.

(Eles) _____

6- É muito importante que eles queiram vencer a competição.

(Eu) _____

7- É importante que vocês saibam responder às perguntas do juiz.

(Nós) _____

8- Espero que as testemunhas digam toda a verdade.

(Você) _____

9- É necessário que você leia o relatório antes da reunião.

(Eles) _____

10- Espero que você possa trabalhar neste fim de semana.

(Eles) _____

E- Complete as frases usando o verbo indicado no presente do subjuntivo:

1- Ela deseja comprar um apartamento que (ser)_____grande, (ter)

_____ 3 quartos, (ficar) _____perto do parque, que

(ser)_____muito claro , (ter) _____dependência de empregada,

(ter) _____duas garagens e que (ser) _____barato.

2- Quero comprar um carro que (ser) _____ grande, (ter) _____4

portas, que não (custar) _____muito dinheiro e que (ter) _____

sistema de segurança excelente.

3- A companhia precisa contratar um funcionário que (ser)_____ analista de

sistema, (ter) _____muita experiência, (ser) _____eficiente, que (saber)

_____falar espanhol e inglês e (poder) _____viajar.

4- É importante que você (saber) _____ o que quer ser, (estar) _____

preparado para consegui-lo, (lutar) _____para manter a posição e (desfrutar)

_____ o que a vida lhe oferece.

A ESTRANHA PASSAGEIRA

Stanislaw Ponte Preta

O senhor sabe? É a primeira vez que eu viajo de avião. Estou com zero hora de vôo e riu nervosinha coitada.

Depois pediu que eu me sentasse ao seu lado, pois me achava muito calmo e isto iria fazer-lhe bem. Lá se ia a oportunidade de ler o romance policial que eu comprara no aeroporto, para me distrair na viagem. Suspirei e fiz o bacano respondendo que estava às suas ordens.

Madame entrou no avião segurando um monte de embrulhos. Gorda como era, custou a se encaixar na poltrona e arrumar todos aqueles pacotes. Depois não sabia como amarrar o cinto e eu tive que realizar a operação em sua farta cintura.

Afinal estava ali pronta para viajar. Os outros passageiros estavam se divertindo às minhas custas, a zombar do meu embaraço ante as perguntas que aquela senhora me fazia aos berros, como se estivesse em sua casa, entre pessoas íntimas. A coisa foi ficando ridícula:

__ Para que esse saquinho aí ? __ foi a pergunta que fez, num tom de voz que parecia que ela estava no Rio e eu em São Paulo.

__ É para a senhora usar em caso de necessidade __ respondi baixinho.

Tenho certeza de que ninguém ouviu minha resposta, mas todos adivinharam qual foi, porque ela arregalou os olhos e exclamou:

__ Uai... as necessidades neste saquinho ? No avião não tem banheiro ?

Alguns passageiros riram, outros __ por fineza __ fingiram ignorar o lamentável equívoco da incômoda passageira de primeira viagem. Mas ela era um azougue (embora com tantas carnes parecesse mais um açougue) e não parava de badalar. Olhava para trás, olhava para cima, mexia na poltrona e quase caiu, quando puxou a alavanca e empurrou o encosto com força, caindo para trás e esparramando embrulhos para todos os lados.

O comandante já esquentara os motores e a aeronave estava parada, esperando ordens para ganhar a pista de decolagem. Percebi que minha vizinha de banco apertava os olhos e lia qualquer coisa. Logo veio a pergunta:

__ Quem é essa tal de emergência que tem uma porta só para ela ?

Expliquei que emergência não era ninguém, a porta é que era de emergência, isto é, em caso de necessidade, saía-se por ela.

Madame sossegou e os outros passageiros já estavam conformados com o término do « show ». Mesmo os que mais se divertiam com ele resolveram abrir jornais, revistas ou se acomodarem para uma pestana durante a viagem.

Foi quando madame deu o último vexame. Olhou pela janela (ela pedira para ficar do lado da janela para ver a paisagem) e gritou:

__ Puxa vida !!!

Todos olharam para ela, inclusive eu. Madame apontou para a janela e disse:

__ Olha lá embaixo.

Eu olhei. E ela acrescentou: __ Como nós estamos voando alto, moço. Olha só... o pessoal lá embaixo até parece formiga.

Suspirei e falei:

__ Minha senhora, aquilo é formiga mesmo. O avião ainda não levantou vôo.

Vocabulário:

zero hora de vôo - primeira viagem de avião
coitada - pobre dela, que pena
lá se ia - acabou-se
fiz o bacano - educado, gentil
às suas ordens - a seu serviço, a sua disposição
farta cintura - grande, cheia
às minhas custas - rir da minha situação
zombar do meu embaraço - rir dos meus problemas
berros - gritos, falar alto
uai - expressão de admiração como oh! ah!
incômoda - desagradável, cansativa
mexia - mudava de posição, movimentava
esparramando - dispersando, espalhando
essa tal - essa pessoa, essa fulana
puxa vida - expressão de admiração
vexame - vergonha, embaraço, constrangimento

PRETÉRITO IMPERFEITO DO SUBJUNTIVO

Usamos o **pretérito imperfeito do subjuntivo** para expressar uma **hipótese ou desejo**. Quando o verbo da oração principal está no pretérito do indicativo (pret. perfeito, imperfeito ou futuro do pretérito) usamos o pretérito imperfeito do subjuntivo.

Exemplo:

Pretérito perfeito:	O professor <u>pediu</u> que **estudássemos** o subjuntivo.
	Minha mãe <u>mandou</u> que **comprássemos** frutas e vegetais.
Pretérito imperfeito:	Ela <u>duvidava</u> que eu **aprendesse** português.
	<u>Eperava</u> que **pudéssemos** nos encontrar nas férias.
Futuro do pretérito (condicional):	Se eu **estudasse** muito eu <u>falaria</u> português muito bem.
	Se você **quisesse** você <u>poderia</u> trabalhar comigo.

IMPERFEITO DO SUBJUNTIVO
VERBOS REGULARES

		ESTUDAR	ESCREVER	PARTIR
Se	eu	estuda-**sse**	escreve-**sse**	parti-**sse**
Se	ele-ela você	estuda-**sse**	escreve-**sse**	parti-**sse**
Se	nós	estudá-**ssemos**	escrevê-**ssemos**	partí-**ssemos**
Se	eles-elas vocês	estuda-**ssem**	escreve-**ssem**	parti-**ssem**

Eu não falo português bem, por isto não trabalho no Brasil.
Se eu **falasse** português bem, eu <u>trabalharia</u> no Brasil.
Eu não estudo muito português, por isto não falo bem.
Se eu **estudasse** mais eu <u>falaria</u> português muito bem.
Eu não tenho dinheiro, por isto não vou viajar nas férias.
Se eu **tivesse** dinheiro, eu <u>viajaria</u> para Fortaleza.

EXERCÍCIO

A- Escreva os verbos no imperfeito do subjuntivo:

1 **trabalhar** - Se nós _____

2 **andar** - Se eles _____

3 **correr** - Se você _____

4 **viajar** - Se eu _____

5 **vender** - Se ele _____

6 **dividir** _ Se nós _____

7 **abrir** _ Se elas _____

8 **ajudar** _ Se eu _____

9 **voltar** - Se tu _____

B- Complete com o verbo indicado, no imperfeito do subjuntivo:

1 **chegar** - Era possível que eles _____ antes do avião sair.
2 **falar** - O professor queria que nós_____ só português.

3 **terminar** - Foi preciso muitas horas para que ele _____ o trabalho.

4 **levar** - O pai pediu para que nós_____ o carro à oficina.

5 **gostar** - Nós pensamos que elas _____ de estudar.

6 **entender** - Foi preciso muitas horas para que eu_____ o projeto.

7 **aprovar** - Era necessário que o diretor _____ o teste.

C- Passe para o imperfeito do subjuntivo:

1 A mãe quer que a filha estude medicina.

_____

2 Quero encontrar um partamento que me agrade muito.

_____

3 Desejo que vocês gostem desta cidade.

_____

4 Elas duvidam que eu fale com o presidente.

_____

5 Eles querem que o pai venda a casa.

_____

D- Passe para o imperfeito do subjuntivo como no exemplo, fazendo as modificações necessárias:

É preciso que eu fale bem português.
Era preciso que eu falasse bem português.

1Você pede que os alunos estudem muito.

_____

2 Nós queremos que o trabalho termine hoje.

_____

3 Eles receiam que o carro não funcione.

_____

4 Duvido que o presidente ganhe a eleição.

_____

5 Ela espera que os filhos estudem engenharia.

_____

6 Nós esperamos que ele compre a casa.

_____

7 O diretor pede que eles venham hoje à escola.

_____

8 Ele deseja que eles conheçam o Rio.

_____

9 Nós queremos que eles escutem toda a verdade.

_____

10 Os pais proibem que os filhos assistam certos filmes.

___

11 O diretor quer que ele parta sábado.

___

12 É necessário que nós terminemos o plano.

___

13 É preciso que ele pare de fumar.

___

14 Eles querem que os filhos trabalhem.

___

15 Eu exijo que você cumpra seu dever.

___

16 A lei manda que todos paguem imposto.

___

LOTO... LOTERIA... SENA... ?

Francisco sonha com muitas coisas... mas, ele não tem dinheiro. O salário dele é pouco, só dá para as despesas essenciais. Mas... ele não desiste ! Toda semana ele joga na loteria e espera o resultado. Ele já ganhou algumas vezes, mas foi pouco dinheiro.

Ele continua tentando... continua jogando... Ele pensa: Se eu ganhasse na loto sozinho, a primeira coisa que faria seria comprar um avião. Depois contrataria um piloto muito bom e iria viajar pelo mundo todo, com minha família e alguns amigos.

Se eu ganhasse muito, muito dinheiro eu queria viajar um ano, conhecer aqueles lugares históricos da Grécia, do Egito, de Roma. Gostaria de ver a misteriosa Índia, a estranha China e a bela Tailândia. Tomaria chá numa casa especial em Tóquio...

Ah! Se eu ganhasse na loto...

O **imperfeito do subjuntivo** é formado a partir da 3a pessoa do plural do **pretétrito perfeito do indicativo.** Observe:

Eles foram - **fo** + **sse**   eles trouxeram - **trouxe** + **sse**   eles souberam - **soube** + **sse**

MODO SUBJUNTIVO-PRETÉRITO IMPERFEITO
VERBOS IRREGULARES

	SER - IR	TRAZER	SABER
Se eu	fosse	trouxesse	soubesse
Se ele - ela Se você	fosse	trouxesse	soubesse
Se nós	fôssemos	trouxéssemos	soubéssemos
Se eles - elas Se vocês	fossem	trouxessem	soubessem

EXERCÍCIO

A- Complete com o verbo indicado no pretérito imperfeito do subjuntivo:

1 **saber** - Mesmo que eu _____ o resultado não lhe diria.

2 **poder** - Se Jorge _____ compraria um carro novo.

3 **vir** - Gostaria que eles _____ morar comigo.

4 **estar** - Se eles _____com o carro poderiam ir a São Paulo.

5 **estar** - Se você _____ aqui teria conhecido o Alfredo.

6 **ver** - Se nós _____o filme juntos seria melhor.

7 **ir** - Pedi que eles _____ ao escritório depois da aula.

8 **ter** - Se ela_____ bom senso, não faria aquela viagem.

9 **ser** - Se eu _____ você faria mais exercício físico.

10 **ser** - Se eu _____ ela teria aceito o cargo de diretora.

11 **saber** - Se eu _____ o problema dela teria lhe ajudado.

12 **ter** - Mesmo que você _____ mais tempo não poderia estudar.

13 **ir** - Se ele _____ ao Brasil, teria que aprender português.

14 **vir** - Se ele _____ a aula todo dia aprenderia muito mais.

15- **trazer** - Se você _____ o livro, eu faria o trabalho.

16 **saber** - Se ele _____ tudo, teria me contado.

17 **fazer** - Seria bom se eles _____o negócio da casa.

18 **trazer** - Se ele _____ o carro não acharia lugar para estacionar.

19 **saber** - Se eles _____a verdade seriam diferentes.

20 **vir** - Seria bom se elas _____à escola hoje.

21 **poder** - Se eu _____teria comprado o carro.

22 **ir** - Se nós _____ao Brasil teríamos que visitar a foz do Iguaçu.

23 **estar**- Se eu _____ lá, poderia ajudar-lhe.

24- **ver** - Se você _____ o que fiz, não acreditaria.

25- **ver** - Se nós nos _____mais seria muito melhor.

B- Escreva o pretérito perfeito do indicativo e o pretérito imperfeito do subjuntivo dos seguintes verbos.
Atenção para as diferentes pessoas.

Pretérito perfeito do indicativo	P. imperfeito do subjuntivo

Pretérito perfeito do indicativo

P. imperfeito do subjuntivo

1-**poder**- Ontem elas não
_____ trabalhar

Se eu _____
Se nós _____
Se eles _____

2-**ter**- No ano passado eles
_____muitos problemas.

Se eu _____
Se você _____
Se eles _____

3-**estar**- No mês passado vocês
_____na escola.

Se eu _____
Se o senhor_____
Se nós _____

4-**vir**- Ontem os alunos
_____estudar na biblioteca.

Se eu _____
Se você _____
Se nós _____
Se os alunos _____

5-**ver**- Anteontem elas
_____um filme na TV.

Se eu _____
Se elas _____
Se nós _____
Se você _____

6-**fazer**- Ontem os professores
_____uma festa.

Se eu _____
Se você _____
Se vocês _____
Se nós _____

7- **saber** - Eles
_____tudo que passou.

Se eu _____
Se elas _____
Se nós _____

340

8- **ler** – Vocês _____
o jornal de domingo?

9- **dizer** – Ontem eles
_____que vão viajar.

10- **pôr** – Ontem vocês
_____ o carro na garagem?

11- **querer** – Ontem vocês não
_____estudar.

Se eu _____
Se nós _____
Se elas _____
Se elas _____
Se você _____
Se eu _____
Sc nós _____
Se eu _____
Se nós _____
Se você _____
Se elas _____
Se nós _____
Se elas _____
Se eu _____
Se você _____

C- Complete como no exemplo: Se ele **viesse** à noite, eu não **sairia**.

1- **poder - voltar** – Se _____ não _____ nunca
aquele lugar.

2- **saber - dizer** – Se elas _____, elas _____ tudo.

3- **fazer - aprender** – Se nós _____ os exercícios,
_____ mais.

4- **poder - ir** – Se elas _____ elas _____à festa.

5- **vir - ver** – Se ele _____ aqui agora, _____ tudo com
os próprios olhos.

6- **ir - ficar** – Se você _____ à praia comigo, eu _____ muito satisfeita.

7- **ter - dar** – Se eu _____ muito dinheiro,
_____um carro a meu filho.

8- **trazer - poder** – Se você _____ seu filho, ele
_____ brincar com José.

9- **saber - poder** – Se ele _____ português, _____
trabalhar comigo.

10- **estar - ficar** – Se meu marido _____ aqui, eu
_____ muito feliz.

AMAZONAS, O SANTUÁRIO ECOLÓGICO

A Amazônia legal ocupa mais de 40% do território brasileiro. Tudo é gigantesco nesta região ! A bacia hidrográfica formada pelo Rio Amazonas e seus afluentes possui 20% de toda água doce do mundo. Neste mundo verde vivem 30% de todas as espécies da terra e 25% das substâncias empregadas na moderna farmacologia são produzidas com plantas desta região. Entre cada 10 plantas, 7 são medicinais e muitas ainda desconhecidas da ciência, constituindo uma riqueza imensurável, maior talvez do que todos os minerais ali existentes.

Desde o soberbo jacarandá e o mogno à delicada orquídea, do crocodilo e onça pintada ao mais delicado beija-flor, todos mostram ao homem a força e o milagre da natureza.

Dos rios e do solo jorra o ouro negro, que é o petróleo, brotam ferro, ouro, bauxita, manganês, zinco, diamantes, esmeraldas, etc. Entre as mais variadas espécies de peixes destaca-se o peixe elétrico, o tucunaré, que é o salmão brasileiro, o pirarucu e a piraíba, que atinge até 3 metros de comprimento. O peixe-boi e o boto cor-de-rosa são espécies existentes só no Amazonas. O boto é chamado cor de rosa devido à coloração de sua pele, sendo adorado pelos amazonenses porque ele empurra os corpos das pessoas

afogadas até as margens dos rios.

Neste nicho ecológico que é o Amazonas há todo um mundo grandioso que convive na mais perfeita harmonia e paz. O homem, ávido de riquezas e aventuras, quebra a beleza e a paz deste paraíso terrestre.

CURIOSIDADES

Você sabia que a maior folha da Amazônia mede 2,50 m de comprimento e 1m de largura?

Você sabia que a vitória régia é a maior flor do mundo e mede até 2 metros de diâmetro?

Você sabia que os tubarões e peixes do mar entram no Amazonas e conseguem se dar bem, apenas não se reproduzem na àgua doce?

Você sabia que de cada três índios brasileiros, dois vivem nas reservas indígenas da Amazônia? São 170.000 pessoas em um território equivalente a quase três Alemanhas. Só os ianomâmis ocupam uma área maior que a área de Portugal.

Você sabia que o Rio Amazonas percorre 6.868 quilômetros, quase a mesma distância entre Nova Iorque e Berlim?

Você sabia que o Rio Amazonas atinge profundidades de 120 metros em várias partes. A famosa Estátua da Liberdade de Nova Iorque ficaria submersa se fosse colocada numa dessas partes.

Você sabia que o peixe-boi é o maior animal da Amazônia que pode atingir meia tonelada e 3 metros de comprimento?

Você sabia que o boto cor-de-rosa come entre 4 a 5 quilos de peixe por dia?

Você sabia que o pirarucu é o maior peixe de água doce do mundo, podendo atingir até 3 metros de comprimento e pesa até 200 quilos?

Você sabia que o maior camarão de água doce é o pitu e vive na Amazônia, medindo até 48 centímetros?

A LENDA DO GUARANÁ

Diz a lenda que uma índia muito bonita chamada Uniaí plantou uma árvore chamada castanheira. A plantinha nasceu, cresceu e pouco a pouco se transformou numa árvore muito alta. Um dia, quando a índia estava admirando a árvore, apareceu uma cobra. A cobra era um índio guerreiro que recebeu um castigo e por isto foi transformado em cobra. Ela gostou muito de Uniaí e se apaixonou por ela.

Algum tempo depois Uniaí teve um filho. Os irmãos dela ficaram com muita raiva porque pensavam que ela ia cuidar só do filho e não ia se importar com eles. Um irmão falou para o outro:

___ Não quero ver minha irmã com um filho.

___ Eu também não. Vamos falar com ela.

Quando eles conversaram com ela, ela ficou muito triste e teve medo de que os irmão fizessem algum mal para seu filho. Então resolveu fugir de Noçoquém e foi morar num lugar longe, perto de um rio. Quando o filho cresceu, Uniaí contou-lhe que tinha plantado uma castanheira e ele queria ver a árvore. Mas, ela falou que era perigoso e que os tios dele poderiam matá-lo.

___ Mas, eu quero ver a sua castanheira, só uma vez. Vamos lá à noite.

___ Está bem, mas só esta vez, falou Uniaí.

Eles foram e comeram muitas castanhas. O filho subiu na árvore e apanhou mais castanhas

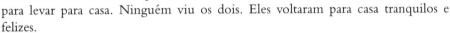

para levar para casa. Ninguém viu os dois. Eles voltaram para casa tranquilos e felizes.

Mas uns dias depois, quando as castanhas acabaram, o filho resolveu fazer uma surpresa para Uniaí. Ele foi sozinho buscar mais castanhas. Quando ele estava apanhando as frutas, os irmãos de Uniaí atiraram uma flexa e o menino caiu morto.

Uniaí deu falta do filho e foi procurá-lo. Ela tinha quase certeza que ele tinha ido buscar castanhas. Quando ela chegou perto da castanheira, ela viu o filho caído no chão e correu para ajudá-lo. Já era muito tarde. Ele estava morto. Uniaí abraçou e beijou o filho e chorou muito. Depois ela teve uma idéia:

___ Vou enterrar meu filho perto da castanheira de que ele tanto gostava.

Muito tempo depois, quando Uniaí foi ver o lugar onde tinha enterrado seu filho, ela teve uma surpresa. Uma planta muito bonita e verde cresceu no lugar onde ele estava. Ela tinha o tronco liso, as folhas eram largas e havia umas frutinhas vermelhas por fora e por dentro eram pretas e brancas como os olhos do índio. Enquanto Uniaí olhava a árvore seu filho apareceu e disse:

___ Minha mãe, eu voltei com uma missão de fundar uma nova tribo. Esta planta é um presente dos deuses. Ela se chama guaraná e é muito poderosa. Seus frutos curam as doenças e dão força aos guerreiros para lutarem na guerra. É também a fruta do amor e da energia da vida. O filho de Uniaí foi o primeiro índio da tribo Maué.

Os índios chamam o guaraná de uaraná-cécé.

O guaraná é uma fruta que cresce só no Amazonas. Possui muita cafeína, dando energia às pessoas que tomam seu refrigerante ou o pó.

EXERCÍCIO

A- Responda às perguntas:

1- Quem se apaixonou por Uniaí?

_____

2- Por que Uniaí mudou para longe de Noçoquém?

_____

3- O que aconteceu com o filho quando ele foi buscar mais castanhas?

_____

4- O que nasceu no lugar onde Uniaí enterrou o filho?

_____

5- O que aconteceu quando Uniaí olhava para a árvore do guaraná?

_____

6- O que é o guaraná?

_____

B- Esvreva o antônimos de:

bonita _____   apareceu _____

triste _____   mal _____

longe _____   alta _____

perigoso _____   tranqüilos _____

felizes _____   morto _____

larga _____   liso _____

C- Escolha e complete com o verbo adequado:

1- O índio _____ na castanheira.

   A- subindo   B- sobe   C- subiu   D- subia

2- Uniaí _____ no local a planta do guaraná.

   A- tinha visto   B- vê   C- veria   D- viu

3- Eles _____ comer castanhas.

   A- vão   B- tinham ido   C- foram   D- iriam

4- Enquanto Uniaí _____ a castanheira os irmãos brincavam.

   A- plantou   B- planta   C- vai plantar   D- plantava.

5- O guaraná _____ um presente dos deuses.

   A- será   B- foi   C- é   D- era

EXPRESSÕES:

Nada como se fosse um peixe.
Fala português tão bem como se fosse brasileiro.
O bebê dorme como se fosse um anjo.
Vive como se fosse milionário.
Anda como se tivesse asa nos pés.
Come como se o mundo fosse acabar amanhã.
Vive como se estivesse nas nuvens.
Leve como se fosse uma pluma
Pisa de leve como se estivesse andando sobre ovos.

A LENDA
DO BOTO COR-DE-ROSA

O boto cor-de-rosa é um golfinho da Amazônia. Os amazonenses contam muitas histórias sobre ele. Numa festa à noite havia muita música, muita dança e muita comida. As moças eram muito bonitas e os moços ficavam disputando para ver quem ficava com a moça mais bonita da noite.

Tinha um rapaz diferente que chamou mais a atenção das moças. Todas queriam dançar com ele. Ele era alto, forte, moreno e dançava muito bem. Ele foi o rei da festa. Mas antes da festa acabar ele desapareceu. Ninguém sabia onde ele estava. E as moças ficaram sonhando, esperando que ele voltasse um dia.

No dia seguinte da festa, os moradores viram um boto tranquilo na margem do rio. Os pescadores decidiram matá-lo. Quando abriram a cabeça, viram que era o moço que tinha ido à festa.

Assim descobriram que à noite o boto se transformava num homem atraente e conquistava as moças solteiras. Mas, antes do amanhecer, ele se transformava novamente em boto. Dizem que ele era um índio muito forte e bonito, que foi condenado a viver nos rios pelo deus Tupã que tinha ciúme de sua beleza; mas continuou com seu poder de atrair as mulheres quando se transformava em homem. Contam também que muita moça se apaixonava por ele e depois de um tempo tinham um filho. Assim, toda vez que nasce uma criança de pai desconhecido, as pessoas falam que é filho do boto.

35ª - Trigésima quinta lição

NO ESCRITÓRIO

___ D. Marta, a senhora pode fazer-me um favor ?

___ Naturalmente, Pedrinho. O que você quer ?

___ Quando a senhora vier amanhã, a senhora poderia passar no correio e comprar uns selos para mim ?

___ Claro. Eu sempre passo pelo correio para olhar a caixa postal. Sempre que precisar é só falar comigo.

___ Muito obrigado. Já que a senhora se ofereceu, quando for ao correio poderia registrar estas cartas ?

___ Você quer registro simples ou com recibo ?

___ Simples, não há necessidade de recibo. Muito obrigado.

___ Até amanhã.

PERGUNTAS

1- Qual é o pedido que Pedrinho fez a D. Marta?

_____

2- D. Marta vai frequentemente ao correio?

_____

3- Qual foi o segundo pedido de Pedrinho?

_____

4- Como as cartas vão ser registradas?

_____

MÚSICA **CANÇÃO DA AMÉRICA**

Milton Nascimento e Fernando Brant

Amigo é coisa pra se guardar
Debaixo de sete chaves
Dentro do coração
A se falar na canção
Que na América ouvi
Mas, quem cantar
Vai chorar
Ao ver seu amigo partir
E quem ficou
No pensamento voou
Com seu canto que o outro lembrou
E quem voou
No pensamento ficou
Com a lembrança que o outro cantou

Amigo é coisa pra se guardar
No lado esquerdo do peito
Mesmo que o tempo e a distância
Digam não
Mesmo esquecendo a canção
E o que importa é ouvir
A voz que vem do coração
Pois seja o que vier
Venha o que vier
Qualquer dia amigo eu volto a te encontrar
Qualquer dia amigo a gente vai se encontrar

FUTURO DO SUBJUNTIVO

Usa-se o **futuro do subjuntivo** para expressar uma **ação futura eventual, que se supõe ou espera que se realize**. Emprega-se em orações condicionais, temporais, etc. Geralmente vem depois das conjunções: se, quando, enquanto, conforme, logo que, depois que, assim que, etc.

Exemplo:

Se <u>quiser</u>, irei encontrá-lo, domingo.
Quando <u>puder</u> comprarei um carro novo.
Logo que <u>souber</u> o resultado do teste, farei a matrícula.
Enquanto ele <u>puder</u>, continuará o trabalho.
Se <u>tiver</u> sol amanhã, iremos à praia.

Se ele <u>vier</u> amanhã, iremos ao teatro.
Se tudo <u>der</u> certo, vamos ganhar muito dinheiro.
Façam o trabalho o melhor que <u>puderem</u>.
Quando eu <u>for</u> ao Rio, irei a Petrópolis também.

O **futuro do subjuntivo** é formado partindo da <u>3ª pessoa do plural</u> do **pretérito perfeito do indicativo:**
Exemplo: **tiver**am – tiver   **trouxer**am – trouxer   **fizer**am – fizer

INFINITIVO	PRETÉRITO PERFEITO DO INDICATIVO	FUTURO DO SUBJUNTIVO
	3ª pessoa do plural	Quando eu
Ser	foram	for
Ir	foram	for
Ter	tiveram	tiver
Estar	estiveram	estiver
Dar	deram	der
Dizer	disseram	disser
Fazer	fizeram	fizer
Haver	houveram	houver
Querer	quiseram	quiser
Pôr	puseram	puser
Poder	puderam	puder
Saber	souberam	souber
Trazer	trouxeram	trouxer
Vir	vieram	vier
Ver	viram	vir

Observe a música "Canção da América", ela diz :

"Pois seja o que **vier**   Venha o que **vier**"
É uma expressão com o **futuro do subjuntivo** e quer dizer que <u>aconteça o que acontecer</u>, os amigos vão se encontrar qualquer dia.

Outras expressões com o **futuro do subjuntivo:**

<u>Aconteça o que acontecer</u>, iremos ao cinema.
<u>Haja o que houver</u>, cumprirei o que prometi.
<u>Custe o que custar</u>, aprenderei português.
<u>Pensem o que pensarem</u>, direi o que quiser.
<u>Venha o que vier</u>, esperarei por você.
<u>Seja quem for</u>, não atenderei hoje.

Seja lá o que for, não farei tanto sacrifício.
Seja lá onde for, eu irei te encontrar.
Seja lá onde estiver a carta, eu a encontrarei.
Seja lá quando for, estarei esperando por você.

Outros exemplos:

Darei notícias **logo que puder.**
Se Deus quiser, ele passará no concurso.
Mande notícias quando você **estiver** no Brasil.
Será bom para os dois, se ele **der** atenção ao filho.
Quando ela **puser** o anúncio, aparecerão muitos compradores.
Se você **quiser** podemos ir ao cinema.
Se ela **souber** a música, ela tocará na festa.
Se ele **tiver** paciência conseguirá o que deseja.
Quando ele **for** ao Brasil, ele levará a esposa.
Falaremos com ele quando ele **vier.**
Se ele **fizer** o que falou terá muito problema.
Quando **houver** um feriado, irei visitá-lo.

MODO SUBJUNTIVO - FUTURO
VERBOS REGULARES

		ANDAR	**VENDER**	**PARTIR**
Quando	eu	andar	vender	partir
Quando	ela–ela você	andar	vender	partir
Quando	nós	andar-**mos**	vender-**mos**	partir-**mos**
Quando	eles–elas vocês	andar-**em**	vender-**em**	partir-**em**

Na conjugação dos **verbos regulares** usa-se o **infinitivo** e na 1ª pessoa do plural acrescenta-se a terminação **mos** e na 3ª pessoa do plural acrescenta-se **em**.

Também nos **verbos irregulares** acrescenta-se a terminação mos na 1ª pessoa do plural e em na 3ª pessoa do plural.

Exemplo: nós tiver**mos** - nós souber**mos**
eles tiver**em** - eles souber**em**

EXERCÍCIO

A- Complete com o futuro do subjuntivo do verbo indicado:

1-**poder** - Termine o trabalho, quando você_____

2-**ficar** - Se eles _____ na cidade iremos encontrá-los.

3-**ter** - Irei à praia, logo que _____ um feriado.

4-**querer** - Ele disse para escrever o que eles _____

5-**ser** - Quando eu _____ velho, irei morar na fazenda

6-**dar** - Se você me _____ o livro, eu vou levá-lo na viagem.

7-**querer** - Se eles _____ poderão ir ao clube comigo.

8-**vir** - Quando eu _____ à escola, vou vê-lo.

B- Escreva as frases como no modelo, usando os pronomes:

Eles podem comprar o que quiserem.

Eu _____

Você _____

Vocês _____

Nós _____

O gerente _____

Os senhores_____

Ela _____

Eles _____

Quando nós viermos à praia amanhã, poderemos vir juntos.

Ela _____

Eu _____

Vocês _____

Você _____

Eles _____

José _____

O professor _____

Os funcionários _____

C-Escreva a frase e substitua o pronome pelo outro indicado:

1- Quando eu puder, terminarei o trabalho.

Nós - _____

2- Enquanto ele estiver trabalhando, não poderá estudar de dia.

Vocês - _____

3- Logo que eu chegar no Brasil, encontrarei seus amigos.

Nós - _____

4- Enquanto você for solteira, terá uma vida mais tranquila.

Vocês- _____

5- Quando ela souber da novidade, ficará muito alegre.

Elas _____

6- Se eu puser a carta no correio hoje, ele receberá daqui a 3 dias.

Nós - _____

7- Se ele quiser emagrecer, deverá fazer um regime orientado pelo médico.

Eles - _____

8- Se o diretor der um aumento de salário, eu poderei viajar nas férias.

Eles - _____

9- Quando ele fizer o tratamento, se sentirá muito melhor.

Eles - _____

10- Se você trouxer o relatório hoje à noite, poderei dar uma olhada.

Vocês - _____

A ECONOMIA BRASILEIRA NOS PRIMEIROS TEMPOS

A economia brasileira na época colonial foi caracterizada pelo monopólio e voltada para os interesses de Portugal, e restrita àqueles produtos que não competiam com a metrópole. Era uma economia em larga escala e determinada por ciclos. Houve o ciclo do pau-brasil (1500-1532), da cana de açúcar (1532-1654) e da mineração (1693-1760). Cada ciclo tinha características próprias que também geraram uma organização social diferente.

PAU-BRASIL - Este foi o primeiro ciclo. O próprio nome do país se deve a uma árvore,

o pau-brasil, que era usada na construção naval e da qual se extraía uma tinta vermelha muito utilizada na indústria têxtil da Europa no século XVI. Esta árvore era encontrada fartamente nas matas do litoral do nordeste até o sul, a Mata Atlântica. O pau-brasil atraiu a cobiça dos europeus e o rei de Portugal adotou o esquema de arrendamento e pagamento de impostos à Coroa: instalaram-se feitorias para sua extração, explorou-se a mão-de-obra indígena - os índios recebiam instrumentos para o corte da madeira em troca de espelhos, colares, etc. A exploração desta riqueza, de caráter puramente pedratório, teve como consequência a destruição da Mata Atlântica.

A CANA-DE-AÇÚCAR - A cana era um produto raro e exótico até ser cultivada em grande escala no Brasil e comercializada pelos portugueses e holandeses. Através da lavoura canavieira iniciou-se a colonização do litoral brasileiro, principalmente no litoral nordestino onde a cana encontrou as condições ideais para o seu cultivo: o solo, a temperatura, a mata da qual se extraíam a madeira para as construções e fornalha, os rios funcionavam como vias de transporte. O comércio de escravos africanos em larga escala forneceu a mão-de-obra necessária para a economia açucareira.

Essa economia exigia alto investimento inicial, o que determinava o porte das unidades de produção em grandes propriedades, criando uma grande concentração de renda. O cultivo da cana de açúcar nos engenhos estabeleceu uma organização social rígida e bem característica da época. Era chamada sociedade patriarcal e se dividia entre senhores e escravos, com pouquíssima mobilidade social.

O senhor do engenho era o nome dado ao dono da plantação, que arrendava a sua terra para arrendatários menores chamados lavradores. Ele possuía todo o maquinário caro e complexo para moer a cana. Havia a casa grande, que era a residência do senhor de engenho e de sua família. Era uma construção resistente, de onde o senhor do engenho governava a propriedade.

Os escravos moravam nas senzalas, sem distinção de idade e sexo. A casa do engenho, local onde se produzia o açúcar, era formada pela moenda, pelas fornalhas e caldeiras e pela casa de purgar (limpar) o açúcar. Os escravos trabalhavam desde o nascer do sol até a noite, tanto no cultivo da cana como na fabricação do açúcar. O negro foi o principal elemento que sustentou a economia açucareira. Quando uma pessoa ajuda muito a outra, é imprescindível, diz-se que esta pessoa é o braço direito da outra. De acordo com o testemunho de um jesuíta daquela época, "os escravos eram as mãos e os pés do senhor do engenho". Por causa desta vida dura e difícil, muitos escravos cometiam suicídios e fugiam para o interior, onde formavam os quilombos, sendo o mais importante deles o Quilombo dos Palmares.

O produto era exportado bruto para Portugal e de lá transportado para a

Holanda, onde era refinado e distribuído no mercado mundial. Os holandeses invadiram o Brasil e ocuparam a região nordeste produtora de açúcar, quando ocorreu o auge da produção açucareira, (1.624-1.654). A economia açucareira entrou em declínio quando os holandeses foram expulsos do nordeste (1.654), e instalaram uma concorrente nas Antilhas, usando a experiência adquirida no Brasil e aproveitando-se da maior proximidade com o mercado consumidor.

O OURO- A mineração recuperou a economia brasileira, que atravessava longo período de estagnação e decadência desde a época do declínio da economia açucareira. As primeiras jazidas economicamente rentáveis foram descobertas em Minas Gerais pelos bandeirantes em 1693, quando iniciou-se a ocupação de Minas. O ouro era encontrado no leito dos rios, chamado ouro de aluvião, em pó. Isto permitia que atividade mineradora pudesse também ser organizada por pequenas e médias unidades de produção.

Comparada à economia açucareira a mineração propiciava maior distribuição de renda, mobilidade social e urbanização. No ciclo do ouro, a população tradicionalmente limitada na costa, foi transferida para o interior e novas vilas e cidades eram criadas em torno das descobertas de jazidas de ouro. As atividades comerciais que se iniciaram permitiram o nascimento e fortalecimento de uma pequena burguesia. O ciclo do ouro e da mineração fez com que o território brasileiro se expandisse, quase triplicando sua área. Do ponto de vista político a descoberta das minas provocou uma forte centralização administrativa. A capital do Brasil foi transferida de Salvador para o Rio de Janeiro, em 1.763, porque era o porto do qual saíam grandes quantidades de ouro e diamantes para a metrópole. Houve uma grande influência na cultura, desenvolvendo-se uma forma de arte - o barroco - com elevado grau de importância tanto na pintura, escultura e arquitetura quanto na música. Todos relacionados com o culto religioso. A arquitetura das cidades de Sabará, Mariana e Ouro Preto é testemunha daquele período de relativa urbanização e prosperidade.

EXERCÍCIO

A- Responda às perguntas:

1- Qual foi o primeiro ciclo econômico brasileiro?

_____

2- Como era o trabalho e o salário dos índios neste período?

_____

3- Por que iniciaram a plantação de cana de açúcar no nordeste do Brasil?

_____

4- O que foi o Quilombo dos Palmares?

_____

5- Qual foi a consequência do ciclo do ouro para a sociedade?

_____

6- Por que transferiram a capital de Salvador para o Rio de Janeiro?

_____

7- Qual foi a influência do período da mineração na cultura brasileira?

_____

B- Complete as frases com a expressão adequada, como no exemplo:

_____, eu comprarei uma casa breve.

Se Deus quiser, eu comprarei uma casa breve.

1- _____, eu irei ao cinema amanhã.

2- _____, falarei português fluentemente.

3- _____ falarei o que minha consciência disser.

4- _____, comprarei um carro novo no ano que vem.

5- Esperarei por você, _____ .

6- Não quero saber o que aconteceu, _____.

7- Cumprirei o que prometi, _____.

8- Não atenderei ninguém esta semana, _____.

9- Nada impedirá nosso casamento, _____.

10- Encontraremos seu amigo, _____.

11- Não importa o que aconteceu,_____ eu entenderei.

12- As ofensas não me atingirão, _____.

13- Faremos o que quisermos, _____.

14- Depois do acidente, _____, estarei preparado.

15- _____ nunca esquecerei de você.

C- Use o tempo adequado do subjuntivo:

1- É provável que nós (chegar) _____tarde na festa.

2- Que bom seria se ele (estar) _____ aqui conosco na festa.

3- Quero que vocês (fazer) _____o trabalho com muita atenção.

4- Quando você (poder) _____ termine a planta da casa de José.

5- Gostaria que meus filhos (poder) _____ morar comigo.

6- Todos esperam que eles (dizer) _____ tudo o que aconteceu.

7- Eles querem que nós (ver) _____ a peça de teatro em que trabalham.

8- Se eles (ser) _____ mais econômicos, teriam mais dinheiro.

9- Logo que eu (fazer) _____ o jantar eu te chamarei.

10- Se eles (querer) _____ eu poderia ensinar-lhes português.

36ª - Trigésima sexta lição

A VELHA CONTRABANDISTA

Stanislaw Ponte Preta

Diz que era uma velhinha que sabia andar de lambreta. Todo dia ela passava pela fronteira montada na lambreta, com um bruto saco atrás. O pessoal da Alfândega __ tudo malandro velho __ começou a desconfiar da velhinha.

Um dia, quando ela vinha na lambreta com o saco atrás, o fiscal da Alfândega mandou ela parar. A velhinha parou e então o fiscal perguntou assim pra ela:

___ Escuta aqui vovozinha, a senhora passa por aqui todo dia, com esse saco aí atrás. Que diabo a senhora leva nesse saco ?

A velhinha sorriu com os poucos dentes que lhe restavam e respondeu:

___ É areia !

Aí quem sorriu foi o fiscal. Achou que não era areia nenhuma e mandou a velhinha saltar da lambreta para examinar o saco. A velhinha saltou, o fiscal esvaziou o saco e dentro só tinha areia. Muito encabulado, ordenou à velhinha que fosse em frente. Ela montou na lambreta e foi embora, com o saco de areia atrás. Mas, o fiscal ficou desconfiado ainda. Talvez a velhinha passasse um dia com areia e no outro com muamba, dentro daquele maldito saco. No dia seguinte, quando ela passou na lambreta com o saco atrás, o fiscal mandou parar outra vez. Perguntou o que é que ela levava no saco e ela respondeu que era areia, uai ! O fiscal examinou e era mesmo. Durante um mês seguido o fiscal interceptou a velhinha e, todas as vezes, o que ela levava no saco era areia.

Diz que foi aí que o fiscal se chateou:

___ Olha, vovozinha, eu sou fiscal de alfândega com 40 anos de serviço. Manjo essa coisa de contrabando pra burro. Ninguém me tira da cabeça que a senhora é contrabandista.

___ Mas no saco só tem areia ! __ insistiu a velhinha. E já ia tocar a lambreta, quando o fiscal propôs:

___ Eu prometo à senhora que deixo a senhora passar. Não dou parte, não apreendo, não conto nada a ninguém, mas a senhora vai me dizer: qual é o contrabando que a senhora está passando por aqui todos os dias ?

___ O senhor promete que não « espaia » ? __ quis saber a velhinha.

___ Juro __ respondeu o fiscal.

___ É a lambreta.

De "Primo Altamirando e Elas"

Observe as expressões:

alfândega = divisão do governo que fiscaliza entrada e saída de mercadorias no país
bruto saco = saco muito grande
esvaziar = deixar vazio, tirar tudo de dentro de algum lugar ou coisa
maldito = mau, perverso
malandro velho = pessoa experiente, que sabe os truques, os artifícios
que diabo = que coisa, que mercadoria
encabulado = embaraçado, constrangido, envergonhado
muamba = contrabando, coisa ilegal
manjo = entendo, conheço o assunto
pra burro = muito, grande quantidade
não "espáia" = espalhar, não falar, não contar para outras pessoas

PERGUNTAS

A- Responda:

1- Por que o fiscal parou a velhinha da lambreta ?

_____

2- O que a velhinha levava no saco ?

_____

3- Qual era a muamba que a velhinha levava ?

_____

B- Escreva à frente dos verbos o tempo de cada um :

sabia _____ passava _____

desconfiar _____ vinha _____

mandou _____ fosse _____

passasse _____ quis_____

C- Escreva o diminutivo de:

1- vovó _____   4-burro_____

2- dente _____   5- carro _____

3- velha _____   6- diabo _____

SUBJUNTIVO   TEMPOS COMPOSTOS

Pretérito perfeito:

Espero que você tenha aprendido muito português quando voltar do Brasil.

O **pretérito perfeito composto** indica um fato passado, real ou provável, supostamente terminado.

O **pretérito perfeito** é formado com o verbo ter no presente do subjuntivo e o particípio passado do outro verbo.

Pretérito mais-que-perfeito:

Se eu tivesse estudado português teria ido ao Brasil.

O **pretérito mais que perfeito composto** indica um **fato hipotético** ou **irreal**, anterior a outro fato passado.

Use-se o imperfeito do subjuntivo do verbo ter e o particípio passado do outro verbo.

Futuro composto:

Quando eu tiver aprendido português irei ao Brasil.

O **futuro composto** indica um **fato futuro** terminado **em relação a outro fato futuro.**

Usa-se o verbo **ter** no futuro do subjuntivo e o particípio passado do outro verbo.

Nota: Lembre-se que alguns verbos têm o particípio passado irregular; veja a página 229.

TEMPOS COMPOSTOS SUBJUNTIVO		
PRETÉRITO PERFEITO COMPOSTO	PRETÉRITO MAIS QUE PERFEITO	FUTURO
QUE	SE	QUANDO
Eu tenha andado	tivesse andado	tiver andado
Ele-ela tenha andado Você	tivesse andado	tiver andado
Nós tenhamos andado	tivéssemos andado	tivermos andado
Eles-elas tenham andado Vocês	tivessem andado	tiverem andado

EXERCÍCIO

A- Complete com o pretérito perfeito do subjuntivo: (tenha comprado)

1.resolver-Quando eu voltar, espero que ele já_____ _____ tudo.

2.correr-Embora ele _____ muito, não alcançou o trem.

3.terminar-Espero que o projeto _____ bem.

4.assinar-É provável que ele _____ o cheque ontem.

5.vir-Talvez Jussara _____ à escola ontem.

6.fazer- Espero que eles _____ um bom teste.

7.dar- É provável que ela _____ tudo para a filha.

8.ter- Sinto que vocês _____ tantos problemas no trabalho.

9.dizer- Mesmo que ele _____ coisas desagradáveis, eu o entendo.

10.ser- É possível que Luís _____ muito rigoroso com o filho.

11.chegar- Espero que vocês _____ a tempo de tomar avião.

12. poder- Lamento que vocês não _____ viajar conosco.

13.ler- Esperamos que o diretor _____ todo o relatório.

14. ver- Talvez ela não _____ bem tudo o que aconteceu.

15- ir- Talvez eles _____ ao cinema e ainda não voltaram.

B- Passe as frases para o pretérito perfeito do subjuntivo como no exemplo:
Espero que eles ajudem as crianças.
Espero que eles tenham ajudado as crianças.

1.Espero que você estude a lição de português.

_____

2.Espero que elas compreendam a situação.

_____

3.Talvez eles venham ao jogo depois da aula.

_____

4.Esperamos que vocês sejam bem recebidos na conferência.

_____

5.É possível que o juiz decida o caso facilmente.

_____

6.É provável que Júlio leia o processo hoje.

_____

7.Talvez João leve a namorada para conhecer seus pais.

_____

8.É possível que o diretor faça tudo impulsivamente.

9.Talvez eles ponham o dinheiro no fundo mútuo de ações.

10.Receio que elas façam tudo errado.

11.Duvido que vocês tenham paciência para resolver bem o caso.

12.Espero que a viagem seja muito interessante.

13.Espero que você cumpra o que prometeu.

14.Sinto muito que vocês comprem uma moto em vez de um carro.

15.Espero que você faça um ótimo negócio.

C- Complete com o verbo indicado no pretérito mais-que-perfeito do subjuntivo: (tivesse chegado)

1.**viajar**- Se nós___ _____, teríamos tido muitos problemas com o tráfego.

2.**vir**- Seria melhor para você, se ele não _____.

3.**avisar**- Se vocês _____aos pais, eles não teriam se preocupado tanto.

4.**sair**- Elas não teriam gripado, se não _____ com aquela chuva.

5.**insistir**- Mesmo se o corretor _____ eu nunca teria comprado a casa.

6.**ficar**- Se eles _____ mais tempo, teriam encontrado você.

7.**desistir**- Se você _____ da viagem, poderíamos ter trocado o carro.

8.**dizer**- Se ela não _____ tudo aquilo, eu poderia reconsiderar minha decisão.

9.**ser**- Se eles _____ bons filhos, os pais teriam sofrido menos.

10.**ter**- Se eu _____ mais tempo, teria terminado o trabalho mais rápido.

11.**ver**- Se eu não _____ com meus próprios olhos, não teria acreditado.

12.**fazer**- Se eles _____ os exercícios, poderiam ir ao cinema.

13.**ler**- Mesmo se nós não _____o documento,

concordaríamos com você.

14.**escrever-** Talvez ela _____a carta numa hora de muita
raiva.

15.**pôr-** Se ela _____ dinheiro na poupança, poderia ir à
Europa.

**D- Passe as seguintes frases para o pretérito mais-que-perfeito do
subjuntivo. Veja o exemplo:**

Se nós convidássemos o Marcos, ele viria à festa.

Se nós tivéssemos convidado o Marcos, ele teria vindo à festa.

1-Se os alunos estudassem, fariam boa prova.

_____

2- Se ele lesse o documento, não assinaria.

_____

3- Mesmo que ela escrevesse uma carta explicando, a situação não mudaria.

_____

4- Embora eles gostassem da casa, não a compraram.

_____

5- Se vocês fizessem o que falo, nada aconteceria.

_____

6- Nós falaríamos com ela, se nós a víssemos no parque.

_____

7- Se ele tivesse tempo, ajudaria você.

_____

8- Se ele fizesse o trabalho certo, não seria dispensado.

_____

9- Mesmo se vocês dissessem tudo na minha frente, eu não acreditaria.

_____

10- Se ela desse a informação a eles, tudo seria mais fácil.

_____

**E- Complete as frases com o futuro composto do subjuntivo. Exemplo:
Quando eles tiverem terminado a pesquisa, farão o relatório.**

1.**fazer-** Logo que vocês _____ a entrevista, mandarei
publicá-la.

2.**dar-** Se o júri _____ o prêmio a Carlos, terá feito
justiça.

3.**acabar-** Quando nós _____ o jogo, poderemos ir
comemorar.

4.**escrever-** Se ele _____ a carta, poderei mandá-la
imediatamente.

5.**terminar-** Assim que a reunião _____ , iremos para casa
descansar.

6.**pôr**- A casa ficará muito bonita, quando _____ os móveis e quadros.

7.**ver**- Quando eu_____ a exposição de pintura, poderei fazer a crítica.

8.**ler**- Se eles _____ o "e-mail", mandarão a resposta logo.

9.**pesquisar**- Logo que ela _____ ____o assunto, poderemos planejar a conferência.

10.**ser**- Se eles _____ obedientes, receberão a recompensa.

F- Passe as frase para o futuro composto do subjuntivo. Veja o exemplo:

Devolverei o relatório depois que terminar a sua análise.

Devolverei o relatório depois que tiver terminado a sua análise

1- Os estudantes farão boa prova, se estudarem muito.

_____

2- Nossa viagem dará certo, se prepararmos tudo com antecedência.

_____

3- O juiz dará o parecer final, logo que terminar a leitura do processo.

_____

4- Quando eles falarem francamente, os filhos entenderão.

_____

5- Só pensarei em casamento, quando terminar a faculdade.

_____

6- Logo que eles derem notícia, telefonarei para você.

_____

7- Ficarei muito preocupado, se ele deixar o carro na rua.

_____

8- Entregarei o trabalho logo que terminar.

_____

9- Quando eles venderem a casa, poderão comprar um apartamento.

_____

10- Quando eles tiverem um filho, terão felicidade completa.

_____

DISCURSO DIRETO: quando as personagens falam: Exemplo:

" Um dia, quando a velhinha vinha na lambreta com o saco atrás, o fiscal da Alfândega mandou ela parar. A velhinha parou e então o fiscal perguntou:

__ Escuta aqui vovozinha, a senhora passa aqui todo dia, com esse saco aí atrás. Que diabo a senhora leva nesse saco ?

A velhinha sorriu com os poucos dentes que lhe restavam e respondeu:

__ É areia !"

DISCURSO INDIRETO: quando é só narrativa, não há diálogo.

"A velhinha passava todo dia na lambreta com o saco atrás. Um dia o fiscal da Alfândega mandou a velhinha parar e perguntou o que ela trazia naquele saco. A velhinha sorriu com os poucos dentes que lhe restavam e falou que era areia."

DISCURSO DIRETO	DISCURSO INDIRETO
1- Ela disse: __ Eu não tenho carro.	Ela disse que não tem carro. Ela disse que não tinha carro.
2- __ Sou o fiscal da alfândega.	Ele disse que é o fiscal da alfândega. Ele disse que era o fiscal da Alfândega.
3- __ Já falei que é areia, explicou . a velhinha	A velhinha disse que já tinha falado que era areia
4- O fiscal perguntou: __ O que será aquilo que ela leva no saco?	O fiscal perguntou o que seria aquilo que ela levava no saco.
5- __ Não faça confusão - disse o outro.	O outro disse que não fizesse confusão.

EXERCÍCIO

A- Passe para o discurso indireto :

1- Ele perguntou: __ O que você leva aí no saco?

_____

2- Ela falou: __ Eu vou ao teatro amanhã.

_____

3- O pai falou: __ Meu filho, vá estudar para o teste.

_____

4- Pedro perguntou: __ Você quer ir jantar comigo?

_____

5- O diretor falou: __ D. Márcia, telefone para o José.

_____

6- Ela perguntou: __ Vocês fizeram o trabalho ?

_____

7- João disse: __ Eu fiz o trabalho ontem.

_____

8- Ela passará com o saco outra vez, disse o fiscal.

9- Eu não vou contar a ninguém, falou o fiscal.

10- Pedro disse: ___ Ela viu o filme e não gostou.

11- A mãe disse: ___ Não faça isto nunca mais.

12- O diretor pediu: ___ Faça o trabalho o mais rápido possível.

13- Ela perguntou: ___ Onde você pôs o dicionário?

B- Passe para o discurso indireto como no exemplo:

___ Eu não quero trabalhar mais, disse a secretária.
Ela disse que não quer trabalhar mais.
Ela disse que não queria trabalhar mais.

1- Eu faço todo o trabalho no tempo exato, disse o gerente.

2- Ele chega cedo no escritório, disse o diretor.

3- Elas voltarão amanhã, falou a secretária.

4- Faça o que você puder, disse o pai.

5- Quanto custa o dicionário? Perguntou o colega.

FESTA DE ANIVERSÁRIO

Fernando Sabino

Leonora chegou-se para mim, a carinha mais limpa deste mundo.

__ Engoli uma tampa de coca-cola.

Levantei as mãos para o céu: mais esta agora! Era festa de aniversário dela própria, que completava seis anos de idade. Convoquei imediatamente a família:

__ Disse que engoliu uma tampa de coca-cola.

A mãe, os tios, os avós, todos a cercavam, nervosos e inquietos. Abre a boca, minha filha. Agora não adianta: já engoliu. Deve ter arranhado. Mas engoliu como ? Quem é que engole uma tampa de cerveja ? De cerveja, não: de coca-cola. Pode ter ficado na garganta __ devíamos tomar uma providência, não podíamos ficar ali, feito idiotas. Peguei-a no colo:

__Vem cá, minha filhinha, conta só para mim: você engoliu coisa nenhuma, não é isso mesmo ?

__ Engoli sim, papai __ ela afirmava com decisão. Consultei o tio baixinho: o que é que acha ? Ele foi buscar uma tampa de garrafa, separou a cortiça do metal:

__ O que é que você engoliu: isto... ou isto ?

__ Cuidado que ela engole outra, adverti.

__ Isto __ e ela apontou com firmeza a parte de metal.

Não tinha dúvida: pronto-socorro. Dispus-me a carregá-la, mas alguém sugeriu que fosse andando: auxiliava a digestão.

No hospital o médico limitou-se a apalpar-lhe a barriguinha cético:

__ Dói aqui, minha filhinha ?

Quando falamos em radiografia, revelou-nos que o aparelho estava com defeito: só no pronto-socorro da cidade. Batemos para o pronto-socorro da cidade. Outro médico nos atendeu com solicitude:

__ Vamos já ver isto.

Tirada a chapa, ficamos aguardando ansiosos a revelação. Em pouco o médico regressava:

__ Engoliu foi a garrafa.

__ A garrafa ? __ exclamei. Mas era uma gracinha dele, cujo espírito passava ao largo da minha aflição: eu não estava para graças. Uma tampa de garrafa ! Certamente precisaria operar não podia sair por si mesma.

O médico pôs-se a rir de mim.

__ Não engoliu coisa nenhuma. O senhor pode ir descansado

__ Engoli __ afirmou a menininha.

Voltei-me para ela:

__ Como é que você ainda insiste, minha filha ?

__ Que eu engoli, engoli.

__ Pensa que engoliu __ emendei.

__ Isso acontece __ sorriu o médico __ até com gente grande. Aqui já teve um guarda que pensou que tinha engolido o apito.

__ Pois eu engoli mesmo __ comentou ela, intransigente.

__ Você não pode ter engolido __ arrematei impaciente. Quer saber mais do que o médico ?

__ Quero. Eu engoli, e depois desengoli __ esclareceu ela.

Nada mais tendo a fazer, engoli em seco, despedi-me do médico e bati em retirada com toda a comitiva.

Veja as palavras e expressões:

tampa: peça que fecha a abertura de um objeto
não adianta: não ajuda, não resolve
arranhar: ferir com as unhas ou ponta de um objeto
adverti: avisei
apalpar: tocar com a mão para examinar
solicitude: atenção, gentileza
chapa: radiografia (raio x)
gracinha: brincadeira, piada
passava ao largo: longe, distante
não estava para graças: não queria brincadeira
emendei: corrigi, acrescentei
arrematei: concluí
engolir: passar da boca para o estômago
bater em retirada: retornar, voltar
comitiva: grupo de pessoas que acompanham
um presidente ou outra pessoa

Responda às perguntas:

1 - Por que toda a família cercou a menina Leonora ?

2 - O que aconteceu no hospital ?

3 - O que o médico disse depois da radiografia ?

4 - O que a menina engoliu realmente ?

HISTÓRIA DO BRASIL - II

IMPÉRIO

O período que se iniciou no dia 7 de setembro de 1822, data da Independência até a proclamação da República, dia 15 de novembro de 1889 compreende o período do Brasil Imperial. D. Pedro I foi o primeiro imperador do Brasil e seu nome completo era Pedro de Alcântara Francisco Antônio João Carlos Xavier de Paula Miguel Rafael Joaquim José Gonzaga Pascoal Cipriano Serafim de Bragança e Bourbon.

D. Pedro I governou o Brasil durante 9 anos. A monarquia brasileira manteve a unidade nacional, mas provocou reações, principalmente no Norte e Nordeste onde havia maior concentração de portugueses, e na Bahia, que só aceitou a independência em 1823. Neste período definiu-se a consciência da Nação com hino, bandeira e símbolos. No plano cultural surgiram pintores, negociantes, cientistas, arquitetos, artesãos, fabricantes, diplomatas e aventureiros vindos do exterior, que escreveram, pesquisaram e documentaram a vida dos brasileiros na fase de transição de colônia para Nação.

D. Pedro I tornou-se impopular por suas tendências absolutistas e com a queda de seu prestígio, resolveu voltar a Portugal para assumir o trono. Assim abdicou em favor de seu filho Pedro de Alcântara, que tinha apenas 6 anos de idade. De acordo com a lei, D. Pedro poderia governar só quando completasse 18 anos, por isto José de Bonifácio de Andrada e Silva foi nomeado seu tutor. Iniciou-se o período das Regências, que foi muito difícil, marcado pelas revoltas e divergências entre liberais e conservadores. Mas foi quando se consolidaram as bases jurídicas e institucionais do país. Surgiram vários partidos políticos e o início da democracia, sendo os governos eleitos pelo povo.

Quando D. Pedro completou 14 anos de idade foi decretada sua maioridade, sendo coroado como imperador D. Pedro II (18/7/1841). Iniciou-se um grande desenvolvimento industrial, houve a expansão do café e surgiram os primeiros imigrantes como mão-de-obra para a agricultura, principalmente as lavouras do café. Intensificou-se o desenvolvimento cultural e artístico.

Após a proibição do tráfico de escravos em 1850, foi intensificada a campanha abolicionista que culminou com o fim da escravidão no dia 13 de maio de 1888, com o ato assinado pela Princesa Isabel, chamado "Lei Áurea".

Desde a independência os brasileiros já queriam o sistema republicano e com o fim da escravidão e outros acontecimentos religiosos e militares iniciou-se a decadência da monarquia.

O movimento republicano recebeu a adesão do Marechal Deodoro da Fonseca que proclamou a República no dia 15/11/1889, encerrando-se assim 67 anos de monarquia no Brasil.

REPÚBLICA

Com a República iniciou-se um período de grandes mudanças sociais, políticas e econômicas. Este período divide-se em: Primeira República, Era Vargas, Segunda República, Regime Militar e Redemocratização.

Primeira República- 1a. Fase: militares no poder e consolidação do regime; 2a. Fase: civis no poder. Houve um grande desenvolvimento econômico com o café no sul e a borracha no norte, proporcionando o desenvolvimento da indústria e da urbanização.

Era Vargas- o governo foi exercido por Getúlio Vargas empossado pelos militares. Foi um periodo marcado pela interferência do Estado na economia e criação do Ministério do Trabalho com benefícios para os trabalhadores: limite de 8 horas da jornada diária de trabalho na indústria, férias remuneradas, institutos de aposentadoria, assistência médica, lei da estabilidade, regulamentação do trabalho feminino, proibindo a atividade de mulheres grávidas por 1 mês antes e 1 mês depois do parto (com remuneração), e instituição do princípio da isonomia salarial (trabalho igual, salário igual). Agindo assim o Presidente conquistou o apoio das massas e reorganizou o movimento sindical, criando uma forma de controlá-las. Na indústria, o Estado fundou empresas próprias como a Companhia Siderúrgica Nacional e a Companhia Vale do Rio Doce para exploração de minérios. Com a queda do café iniciou-se a exploração de novos produtos (frutas, algodão, óleo e minério de ferro). Houve uma grande revolução cultural. Getúlio Vargas governou durante 15 anos sendo deposto em 1945.

SEGUNDA REPÚBLICA

Este foi o período de redemocratização que durou de 1945 até 1964. Foi feita a nova Constituição (liberdade de organização e expressão, direito de votos para maiores de 18 anos, fim da pena de morte). Getúlio Vargas voltou ao poder eleito pelo povo.

Juscelino Kubitscheck de Oliveira foi o presidente de um período de efetivo progresso econômico (a produção industrial cresceu 80%, as indústrias básicas se expandiram, construiram-se grandes hidroelétricas e a capital, Brasília, ajudando o desenvolvimento e modernização do país). O país se tornou auto-suficiente em setores importantes, como a indústria automobilística. O povo viveu um clima de confiança com as conquistas democráticas e a estabilidade política.

Em 1964 houve o golpe militar. Os militares assumiram o poder e ficaram até 1989, quando houve eleições diretas para presidente. O presidente eleito Fernando Collor governou até 1992 quando foi afastado por impedimento causado por denúncias de corrupção. Foi substituído pelo vice-presidente Itamar Franco que criou a nova moeda o real e conseguiu controlar a inflação. Fernando Henrique Cardoso foi eleito presidente em 1994 e reeleito em 1998, continuando as conquistas anteriores de controle da inflação e estabilidade econômica e o programa de privatização das companhias do governo.

Responda às perguntas:

1- Por que D. Pedro I abdicou em favor de seu filho?

2- Por que D. Pedro não assumiu o trono após a partida de seu pai ?

3- Quais são os fatos principais do primeiro período da monarquia?

4- Quais são os principais fatos do reinado de D. Pedro II?

5- Quanto tempo durou a monarquia no Brasil?

6- Como se divide o período republicano brasileiro?

7- Quando foi criado o Ministério do Trabalho e quais foram as mudanças principais?

DA UTILIDADE DOS ANIMAIS

Carlos Drumond de Andrade

Iaque

Terceiro dia de aula. A professora é um amor. Na sala, estampas coloridas mostram animais de todos os feitios. É preciso querer bem a eles, diz a professora, com um sorriso que envolve toda a fauna, protegendo-a. Eles têm direito à vida, como nós, e além disso são muito úteis. Quem não sabe que o cachorro é o maior amigo da gente? Cachorro faz muita falta. Mas não é só ele não. A galinha, o peixe, a vaca... Todos ajudam.

__ Aquele cabeludo ali, professora, também ajuda?

__ Aquele? É o iaque, um boi da Ásia Central. Aquele serve de montaria e de burro de carga. Do pelo se fazem perucas bacaninhas. E a carne, dizem que é muito gostosa.

__ Mas se serve de montaria, como é que a gente vai comer ele?

__ Bem, primeiro serve para uma coisa, depois para outra. Vamos adiante. Este é o texugo. Se vocês quiserem pintar a parede do quarto, escolham pincel de texugo. Parece que é ótimo.

__ Ele faz pincel, professora?

__ Quem, o texugo? Não, só fornece o pelo. Para pincel de barba também, que o Arturzinho vai usar quando crescer.

Texugo

Arturzinho discordou falando que pretende usar barbeador elétrico. Além do mais, não gostaria de pelar o texugo, uma vez que devemos gostar dele, mas a professora já explicava a utilidade do canguru:

__ Bolsas, malas, maletas, tudo isso o couro do canguru dá pra gente. Não falando na carne. Canguru é utilíssimo.

__ Vivo "fessora"?

__ A vicunha, que vocês estão vendo aí, produz... produz é maneira de dizer,

Vicunha

ela fornece, ou por outra, com o pelo dela nós preparamos ponchos, mantas, cobertores, etc.

__ Depois a gente come a vicunha, "né fessora"?

__ Daniel, não é preciso comer todos os animais. Basta retirar a lã da vicunha, que torna a crescer...

__ E a gente torna a cortar? Ela não tem sossego, "tadinha".

__ Vejam agora como a zebra é camarada. Trabalha no circo, e seu couro listrado serve para forro de cadeira,

369

Pinguim

de almofada e tapete. Também se aproveita a carne, sabem?

__ A carne também é listrada? - pergunta que desencadeia riso geral.

__ Não riam da Betty, ela é uma garota que quer saber direito as coisas. Querida, eu nunca vi carne de zebra no açougue, mas posso garantir que não é listrada. Se fosse, não deixaria de ser comestível por causa disto. Ah! O pinguim? Este vocês já conhecem da praia do Leblon, onde costuma aparecer, trazido pela correnteza. Pensam que só serve para brincar? Estão enganados. Vocês devem respeitar o bichinho. O excremento - não sabem o que é? O cocô do pinguim é um adubo maravilhoso: guano, rico em nitrato. O óleo feito com a gordura do pinguim...

Castor

__ A senhora disse que a gente deve respeitar.

__ Claro. Mas o óleo é bom.

__ Do javali, professora, duvido que a gente lucre alguma coisa.

__ Pois lucra. O pelo dá escovas de ótima qualidade.

__ E o castor?

__ Pois quando voltar a moda do chapéu para homens, o castor vai prestar muito serviço. Aliás, já presta, com a pele usada para agasalhos. É o que se pode chamar um bom exemplo.

__ Eu, hem?

__ Dos chifres do rinoceronte, Belá, você pode encomendar um vaso raro para a sala de sua casa. Do couro da girafa, Luís Gabriel pode tirar um escudo de verdade, deixando os pelos da cauda para Teresa fazer um bracelete genial. A

Tartaruga Marinha

Biguá

tartaruga-marinha, meu Deus, é de uma utilidade que vocês não calculam. Comem-se os ovos e toma-se a sopa: uma de-lí-cia. O casco serve para fabricar pentes, cigarreiras, tanta coisa... O biguá é engraçado.

__ Engraçado, como?

__ Apanha peixe pra gente.

__ Apanha e entrega, professora?

__ Não é bem assim. Você bota um anel no pescoço dele, e o biguá pega o peixe mas não pode engolir. Então você tira o peixe da goela do biguá.

Javali

__ Bobo que ele é.

__ Não. É útil. Ai de nós se não fossem os animais que nos ajudam de todas maneiras. Por isso que eu digo: devemos amar os animais, e não maltratá-los de jeito nenhum. Entendeu, Ricardo?

__ Entendi. A gente deve amar, respeitar, pelar e comer os animais, e aproveitar bem o pelo, o couro e os ossos.

De notícias & não notícias faz-se a crônica

feitio = formato, tipo
estampa = gravura, ilustração
úteis = que ajuda, que tem vantagem
peruca = cabelo artificial
montaria = usado para transportar
o homem
pelo = cabelo dos animais
poncho = capa de lã
sossego = tranquilidade

tadinha = coitadinha, pobrezinha
camarada = amiga, boazinha
desencadeia = provoca
açougue = lugar onde se vende carne
cocô = fezes
lucra = ganha, tem vantagem
casco = parte externa dura da tartaruga
engraçado = divertido

 PERGUNTAS

1- Onde se passa a cena desta crônica?

_____

2- Qual é a utilidade do iaque?

_____

3- Qual é a importância da vicunha?

_____

4- Qual é a contradição desta leitura?

_____

5- Você já teve animal de estimação? Qual ?

_____

A- Escreva o tempo dos seguintes verbos:
1- têm _____   2- faz _____
3- quiserem _____   4- vi _____
5- posso _____   6- fosse _____
7- deixaria _____   8- lucre _____

B- Passe as frases para o discurso indireto:

1- Devemos querer bem aos animais, diz a professora.

_____

2- O texugo faz pincel, professora? - perguntou Daniel.

_____

3- A professora peguntou: _ Entendeu Ricardo?

_____

4- Arturzinho diz: _ Eu não quero pelar o texugo, pois devemos gostar dele.

_____

5- O aluno perguntou: _ O biguá apanha e entrega o peixe?

_____

O PANTANAL

O Pantanal é a região localizada no estado do Mato Grosso e Mato Grosso do Sul até o Paraguai, ocupando uma área aproximada de 150 mil km2. Fica na depressão onde correm o rio Paraguai e seus afluentes. Pode parecer incoerente, mas o Pantanal não é uma região pantanosa. Os pântanos concentram água parada e a água do Pantanal vem das chuvas, mas corre lentamente para os rios. A hipótese considerada para o nome Pantanal é de que os primeiros colonizadores chegaram à região na época da cheia e acreditaram que se tratava de um pântano. A região fica alagada devido a formação do solo, que é constituído por camadas de argila e areia o que o torna impermeável. Na época das chuvas, de outubro a março, a região fica alagada formando a maior planície de inundação contínua da terra. A grande variedade de climas da região permite a coexistência de várias espécies de plantas, animais e pássaros.

O homem, o pantaneiro, cavaleiro valente e intrépido canoeiro, vive em harmonia com a natureza, desfrutando de todo o espetáculo que ela lhe oferece. Aprendeu a conviver com as secas e as inundações da região.

O Pantanal é o maior santuário de pássaros do mundo, abrigando mais de 600 diferentes espécies de aves como a arara azul, a arara vermelha, os tucanos, os maguaris, a garça branca, a ema, os periquitos de penas verdes e amarelas, etc.

O tuiuiú ou jaburu, a ave-símbolo do Pantanal, mede até 1.30m de altura, tem o corpo branco, o pescoço vermelho e a cabeça preta; ele é uma espécie de cegonha que faz ninhos de até 2m de diâmetro nas árvores. Há 350 espécies de peixes, entre elas o gigantesco pintado e a piranha. O cenário é mágico. O canto dos pássaros se perde na imensidão do verde, onde jacarés e sucuris convivem com onças, capivaras, tamanduás e veados.

O Pantanal quando fica alagado parece um dilúvio, só que um dilúvio do bem. A cheia é a razão da existência do Pantanal e também sua defesa. As águas vão chegando lentamente, tranquilamente e vêm para limpar, alegrar, criar e colher. O céu inteiro fica de olho: "Se Deus é brasileiro, todo santo é pantaneiro e protetor desse lugar." Quem anuncia que as águas do Pantanal vão chegar são as flores e os peixes. De setembro a outubro a flor do novateiro que nasceu branca, começa a ficar rosa e depois se tinge de vermelho.

De dentro dos rios, guiados pelas flores, os peixes dão a partida para uma grande maratona. Deixando as águas mais fundas vêm brincar na superfície, em grupo, saltando, brincando e namorando, nadando água acima, gastando gordura acumulada na seca, e produzindo um certo hormônio do amor que os impulsiona para a água limpa da cabeceiras dos rios, onde vão se acasalar e desovar: é a piracema. É um aviso geral da chegada das chuvas.

Em geral os bichos convivem numa boa com a cheia. A onça nada, o tatu aguenta mergulho de 6 minutos, a jaçanã sabe andar em cima da água e o cavalo aprendeu a mergulhar a cabeça até o nível dos olhos, para pastar e comer o capim que cresce debaixo d'água.

O tempo da enchente é o tempo da fartura e da vida. O Pantanal se enche de filhotes de animais, os passarinhos fazem ninhos, põem ovos ou já estão cuidando dos filhotinhos. O jacaré choca os ovos com os olhos e leva para a água a fila dos jacarezinhos. A enchente é a defesa do Pantanal. Não há estrada, não há movimento de automóveis, nem de caminhões. A enchente é o momento da reprodução: são ninhos, ovos, filhotes que se desenvolvem gozando de tranquilidade e paz. Tudo de que precisam é água, sol, luz e calor. Havendo isso, não faltam alimento, abundância e riqueza. Para bichos, flor e passarinhos, como ensinava Padre Vieira em seu sermão aos peixes, "quanto mais longe do homem, melhor."

EXERCÍCIO

A- Responda às perguntas:

1- Por que chamaram esta região de Pantanal?

_____

2- Por que a região fica alagada?

_____

3- Por que o Pantanal é o maior santuário de pássaros do mundo?

_____

4- Qual é o símbolo do Pantanal?

_____

5- Como é o ninho do jaburu?

_____

6- Quem anuncia a chegada das águas?

_____

7- O que é a piracema?

_____

B- Passe para o diminuitivo:

1.chuva _____ 2.terra _____ 3. planta _____

4. peixe _____ 5.flor _____ 6.bicho _____

C- Passe para o plural:

1- Não há carro, automóvel, caminhão ou turista.

_____

2- A ave faz o ninho, põe e choca o ovo, e alimenta o filhote.

_____

3- O animal aprendeu a conviver com a seca e a cheia.

_____

4- A região se enche de planta, de flor, de filhote de animal e de ave.

_____

D- Escreva o antônimo de:

1. cheio _____ 2. seco _____ 3. grande _____

4. maior _____ 5.limpo _____ 6. alegre _____

7- pobreza _____ 8. boa _____ 9. longe _____

E- Escreva as frases usando o subjuntivo como no exemplo:

Se eu receber o carro, irei a sua casa.
Se eu recebesse o carro, iria a sua casa.
Se eu tivesse recebido o carro, teria ido a sua casa.

1- Se o tempo mudar, faremos a viagem.

_____

_____

2- Se eles tiverem tempo, eles telefonarão.

_____

_____

3- Se meus pais gostarem daqui, ficarão mais tempo.

_____

4- Se nós fecharmos a janela, ficará mais quente.

_____

_____

5 Se não fizerem a ponte, será muito complicado.

_____

_____

6- Se ele estiver no Brasil, visitará o Pão de Açúcar.

_____

_____

7- Se você tiver férias, poderá viajar.

_____

_____

8- Se puder trabalhar, poderá começar logo.

_____

_____

9- Se você fizer um bom teste, poderá ganhar o prêmio.

_____

_____

F- Escreva o verbo no tempo adequado:

1- Se eles (estar) _____ presentes, seria muito melhor.

2- Elas não (saber) _____ nadar, se (saber) _____ iriam à praia.

3- Se hoje (ser) _____ feriado, poderíamos viajar.

4- Eu não (saber) _____ falar português bem, se (saber) _____
falaria com ele.

5- Este trabalho (dever) _____ ser terminado ontem. Se (ter)
_____ terminado, hoje (poder)_____ descansar.

6- Quando eles (ter) _____ terminado o curso, irão ao Brasil.

7- Se eu (poder) _____, compraria um carro e (viajar)
_____ para a praia.

8- Ele (estar) _____ muito triste, porque (perder) _____ o
jogo ontem.

9-Quando nós (ir) _____ ao clube, (poder) _____jogar tênis.

10-Quando ele (chegar) _____, o pai já (sair)_____.

DIFERENTES USOS DOS VERBOS

FICAR:

Ele **fica** hospedado na casa de um amigo, no Rio.

Elas **ficam** preocupadas com o trabalho atrasado.

Nós **ficamos** tristes com o acidente que você teve.

Eles **ficaram** entusiasmados com o novo projeto.

Ontem eu **fiquei** muito alegre com o aumento de salário.

Você **fica** muito bem com aquele vestido vermelho.

Marta **ficou** feliz com sua promoção para diretora.

Os preços **ficaram** muito altos por causa da inflação.

Marta **ficou** muito alegre com o telefonema de Carlos.

Meu amigo **ficou** muito surpreso com minha carta.

Ela **ficou** em casa no fim de semana.

Ele **ficou** com vergonha de falar português.

Ele **ficou** constrangido depois da briga.

O restaurante **fica** aberto até as 2 horas da madrugada.

O Brasil **fica** na América do Sul.

A sua casa **fica** perto da praia?

Não **fica** bem comer com a boca aberta.

Não **fique** triste, isto passa.

O relatório da viagem **ficou** pronto.

Elas **ficaram** sabendo de tudo.

Você pode **ficar** com o CD para você.

Fique à vontade a casa é sua.

O trabalho não **ficou** pronto.

A situação **ficou** preta depois da morte do pai.

O jogo **ficou** empatado, não ganhamos nem perdemos.

Eles não podem **ficar** para o jantar.

A criança **ficou** com medo do cachorro.

DAR:

Eu **dou** razão a ele, porque ele está certo.

Assim não **dá.** (Não é possível)

Muitas vezes o trabalho não **dá** satisfação. (causa)

Meu filho me **dá** muita alegria. (causa)

Minha filha me **dá** muita preocupação. (causa)

Ela **dá** para música. (habilidade - dom - talento)

Ana **dá** para pintura. (habilidade)

O projeto **deu** certo. (resultado)

Naquele clube só **dá** velhos. (só tem)

Naquele bar só **dá** adolescentes.

Vou **dar** um jeitinho para resolver seu problema.

A janela da sala **dá** para a praia.

Dei uma olhada no processo, mas ainda não o li.

Sempre faço o que me **dá** na cabeça.

Vou **dar** um pulo na sua casa depois da aula.

Não **dá** mais tempo para matricular no curso de português.

FAZER

Minha filha **faz** 10 anos amanhã.

Ela **fez** de conta que não me viu.

Ontem **fez** muito calor. Hoje faz muito frio.

Nós já **fizemos** a mala para viajar.

Marta **faz** limpeza da casa todo sábado.

Meu pai **faz** muito gosto no nosso namoro.

Ela **faz** uma comida deliciosa.

Ele não **fez** o depósito no banco ontem.

Eu sempre **faço** economia.

Eles **fizeram** uma viagem de navio maravilhosa.

Pedro **faz** muita hora no trabalho.

O filho **faz** muitos pedidos ao pai.

Ela **faz** muita festa para os filhos.

Já **fiz** as contas e não posso comprar a casa agora.

Eles sempre **fazem** muito sucesso.

ANDAR

Ela **anda** falando muita bobagem.

Ele **anda** mal de finanças.

Nós **andamos** preocupados com você.

Ele **anda** muito aéreo ultimamente.

Você **anda** muito triste. O que aconteceu?

Eles **andam** de mal a pior.

Estou **andando** muito apertado de trabalho.

Minha avó **anda** com a cabeça muito ruim.

Ela **anda** meio esquecida.

Piadas para você rir ... rir ... e rir...

__ "Seu" Zé, você nunca trabalha?

__ Não.

__ E você não fica cansado de ficar à toa?

__ Fico.

__ E o que você faz?

__ Descanso, uai!

Pedrinho cortou o rabo do gato. A mãe perguntou:

__ Qual foi o mandamento de Deus que você desobedeceu?

__ Que o homem não separe o que Deus uniu.

CONJUGAÇÃO DOS VERBOS REGULARES

INDICATIVO / SUBJUNTIVO / IMPERATIVO

		Presente	Pretérito perfeito	Pretérito imperfeito	Pretérito mais-que-perfeito	Futuro do presente	Futuro do pretérito	Presente	Pretérito imperfeito	Futuro	Afirmativo
Infinitivo: Cantar	eu	canto	cantei	cantava	cantara	cantarei	cantaria	cante	cantasse	cantar	
Gerúndio: cantando	tu	cantas	cantaste	cantavas	cantaras	cantarás	cantarias	cantes	cantasses	cantares	canta
Particípio: cantado	ele	canta	cantou	cantava	cantara	cantará	cantaria	cante	cantasse	cantar	cante
	nós	cantamos	cantamos	cantávamos	cantáramos	cantaremos	cantaríamos	cantemos	cantássemos	cantarmos	cantemos
	vós	cantais	cantastes	cantáveis	cantáreis	cantareis	cantaríeis	canteis	cantásseis	cantardes	cantai
	eles	cantam	cantaram	cantavam	cantaram	cantarão	cantariam	cantem	cantassem	cantarem	cantem
Infinitivo: Beber	eu	bebo	bebi	bebia	bebera	beberei	beberia	beba	bebesse	beber	
Gerúndio: bebendo	tu	bebes	bebeste	bebias	beberas	beberás	beberias	bebas	bebesses	beberes	bebe
Particípio: bebido	ele	bebe	bebeu	bebia	bebera	beberá	beberia	beba	bebesse	beber	beba
	nós	bebemos	bebemos	bebíamos	bebêramos	beberemos	beberíamos	bebamos	bebêssemos	bebermos	bebamos
	vós	bebeis	bebestes	bebíeis	bebêreis	bebereis	beberíeis	bebais	bebêsseis	beberdes	bebei
	eles	bebem	beberam	bebiam	beberam	beberão	beberiam	bebam	bebessem	beberem	bebam
Infinitivo: Partir	eu	parto	parti	partia	partira	partirei	partiria	parta	partisse	partir	
Gerúndio: partindo	tu	partes	partiste	partias	partiras	partirás	partirias	partas	partisses	partires	parte
Particípio: partido	ele	parte	partiu	partia	partira	partirá	partiria	parta	partisse	partir	parta
	nós	partimos	partimos	partíamos	partíramos	partiremos	partiríamos	partamos	partíssemos	partirmos	partamos
	vós	partis	partistes	partíeis	partíreis	partireis	partiríeis	partais	partísseis	partirdes	parti
	eles	partem	partiram	partiam	partiram	partirão	partiriam	partam	partissem	partirem	partam

TEMPOS COMPOSTOS — INDICATIVO

	Pretérito perfeito	Pretérito mais-que-perfeito	Futuro	Futuro do pretérito
eu	tenho cantado	tinha morado	terei vendido	teria partido
tu	tens cantado	tinhas morado	terás vendido	terias partido
ele	tem cantado	tinha morado	terá vendido	teria partido
nós	temos cantado	tínhamos morado	teremos vendido	teríamos partido
vós	tendes cantado	tínheis morado	tereis vendido	teríeis partido
eles	têm cantado	tinham morado	terão vendido	teriam partido

TEMPOS COMPOSTOS — SUBJUNTIVO

	Pretérito perfeito	Pretérito mais-que-perfeito	Futuro
eu	tenha cantado	tivesse morado	tiver partido
tu	tenhas cantado	tivesses morado	tiveres partido
ele	tenha cantado	tivesse morado	tiver partido
nós	tenhamos cantado	tivéssemos morado	tivermos partido
vós	tenhais cantado	tivésseis morado	tiverdes partido
eles	tenham cantado	tivessem morado	tiverem partido

CONJUGAÇÃO DOS VERBOS AUXILIARES

Ser (to be) — Infinitivo: Ser; Gerúndio: sendo; Particípio: sido

		INDICATIVO						SUBJUNTIVO			IMPERATIVO
		Presente	Pretérito perfeito	Pretérito imperfeito	Pretérito mais-que-perfeito	Futuro do presente	Futuro do pretérito	Presente	Pretérito imperfeito	Futuro	Afirmativo
eu		sou	fui	era	fora	serei	seria	seja	fosse	for	
tu		és	foste	eras	foras	serás	serias	sejas	fosses	fores	sê
ele		é	foi	era	fora	será	seria	seja	fosse	for	seja
nós		somos	fomos	éramos	fôramos	seremos	seríamos	sejamos	fôssemos	formos	sejamos
vós		sois	fostes	éreis	fôreis	sereis	seríeis	sejais	fôsseis	fordes	sede
eles		são	foram	eram	foram	serão	seriam	sejam	fossem	forem	sejam

Estar (to be) — Infinitivo: Estar; Gerúndio: estando; Particípio: estado

		Presente	Pretérito perfeito	Pretérito imperfeito	Pretérito mais-que-perfeito	Futuro do presente	Futuro do pretérito	Presente	Pretérito imperfeito	Futuro	Afirmativo
eu		estou	estive	estava	estivera	estarei	estaria	esteja	estivesse	estiver	
tu		estás	estiveste	estavas	estiveras	estarás	estarias	estejas	estivesses	estiveres	está
ele		está	esteve	estava	estivera	estará	estaria	esteja	estivesse	estiver	esteja
nós		estamos	estivemos	estávamos	estivéramos	estaremos	estaríamos	estejamos	estivéssemos	estivermos	estejamos
vós		estais	estivestes	estáveis	estivéreis	estareis	estaríeis	estejais	estivésseis	estiverdes	estai
eles		estão	estiveram	estavam	estiveram	estarão	estariam	estejam	estivessem	estiverem	estejam

Ter (to have) — Infinitivo: Ter; Gerúndio: tendo; Particípio: tido

		Presente	Pretérito perfeito	Pretérito imperfeito	Pretérito mais-que-perfeito	Futuro do presente	Futuro do pretérito	Presente	Pretérito imperfeito	Futuro	Afirmativo
eu		tenho	tive	tinha	tivera	terei	teria	tenha	tivesse	tiver	
tu		tens	tiveste	tinhas	tiveras	terás	terias	tenhas	tivesses	tiveres	tem
ele		tem	teve	tinha	tivera	terá	teria	tenha	tivesse	tiver	tenha
nós		temos	tivemos	tínhamos	tivéramos	teremos	teríamos	tenhamos	tivéssemos	tivermos	tenhamos
vós		tendes	tivestes	tínheis	tivéreis	tereis	teríeis	tenhais	tivésseis	tiverdes	tende
eles		têm	tiveram	tinham	tiveram	terão	teriam	tenham	tivessem	tiverem	tenham

Haver (to have) — Infinitivo: Haver; Gerúndio: havendo; Particípio: havido

		Presente	Pretérito perfeito	Pretérito imperfeito	Pretérito mais-que-perfeito	Futuro do presente	Futuro do pretérito	Presente	Pretérito imperfeito	Futuro	Afirmativo
eu		hei	houve	havia	houvera	haverei	haveria	haja	houvesse	houver	
tu		hás	houveste	havias	houveras	haverás	haverias	hajas	houvesses	houveres	haja
ele		há	houve	havia	houvera	haverá	haveria	haja	houvesse	houver	haja
nós		havemos	houvemos	havíamos	houvéramos	haveremos	haveríamos	hajamos	houvéssemos	houvermos	hajamos
vós		haveis	houvestes	havíeis	houvéreis	havereis	haveríeis	hajais	houvésseis	houverdes	havei
eles		hão	houveram	haviam	houveram	haverão	haveriam	hajam	houvessem	houverem	hajam

CONJUGAÇÃO DOS VERBOS IRREGULARES

	INDICATIVO						SUBJUNTIVO			IMPERATIVO
	Presente	Pretérito perfeito	Pretérito imperfeito	Pretérito mais-que-perfeito	Futuro do presente	Futuro do pretérito	Presente	Pretérito imperfeito	Futuro	Afirmativo
Infinitivo: Ir										
eu	vou	fui	ia	fora	irei	iria	vá	fosse	for	
tu	vais	foste	ias	foras	irás	irias	vás	fosses	fores	vai
ele	vai	foi	ia	fora	irá	iria	vá	fosse	for	vá
nós	vamos	fomos	íamos	fôramos	iremos	iríamos	vamos	fôssemos	formos	vamos
vós	ides	fostes	íeis	fôreis	ireis	iríeis	vades	fôsseis	fordes	ide
eles	vão	foram	iam	foram	irão	iriam	vão	fossem	forem	vão
Gerúndio: indo **Particípio:** ido *(to go)*										
Infinitivo: Vir										
eu	venho	vim	vinha	viera	virei	viria	venha	viesse	vier	
tu	vens	vieste	vinhas	vieras	virás	virias	venhas	viesses	vieres	vem
ele	vem	veio	vinha	viera	virá	viria	venha	viesse	vier	venha
nós	vimos	viemos	vínhamos	viéramos	viremos	viríamos	venhamos	viéssemos	viermos	venhamos
vós	vindes	viestes	vínheis	viéreis	vireis	viríeis	venhais	viésseis	vierdes	vinde
eles	vêm	vieram	vinham	vieram	virão	viriam	venham	viessem	vierem	venham
Gerúndio: vindo **Particípio:** vindo *(to come)*										
Infinitivo: Ver										
eu	vejo	vi	via	vira	verei	veria	veja	visse	vir	
tu	vês	viste	vias	viras	verás	verias	vejas	visses	vires	vê
ele	vê	viu	via	vira	verá	veria	veja	visse	vir	veja
nós	vemos	vimos	víamos	víramos	veremos	veríamos	vejamos	víssemos	virmos	vejamos
vós	vedes	vistes	víeis	víreis	vereis	veríeis	vejais	vísseis	virdes	vede
eles	vêem	viram	viam	viram	verão	veriam	vejam	vissem	virem	vejam
Gerúndio: vendo **Particípio:** visto *(to see)*										
Infinitivo: Poder										
eu	posso	pude	podia	pudera	poderei	poderia	possa	pudesse	puder	
tu	podes	pudeste	podias	puderas	poderás	poderias	possas	pudesses	puderes	
ele	pode	pôde	podia	pudera	poderá	poderia	possa	pudesse	puder	
nós	podemos	pudemos	podíamos	pudéramos	poderemos	poderíamos	possamos	pudéssemos	pudermos	
vós	podeis	pudestes	podíeis	pudéreis	podereis	poderíeis	possais	pudésseis	puderdes	
eles	podem	puderam	podiam	puderam	poderão	poderiam	possam	pudessem	puderem	
Gerúndio: podendo **Particípio:** podido *(can)*										

CONJUGACAO DOS VERBOS IRREGULARES

Infinitivo: Ler — **Gerúndio:** lendo — **Particípio:** lido *(to read)*

| | INDICATIVO | | | | | | SUBJUNTIVO | | | IMPERATIVO |
	Presente	Pretérito perfeito	Pretérito imperfeito	Pretérito mais-que-perfeito	Futuro do presente	Futuro do pretérito	Presente	Pretérito imperfeito	Futuro	Afirmativo
eu	leio	li	lia	lera	lerei	leria	leia	lesse	ler	
tu	lês	leste	lias	leras	lerás	lerias	leias	lesses	leres	lê
ele	lê	leu	lia	lera	lerá	leria	leia	lesse	ler	leia
nós	lemos	lemos	líamos	lêramos	leremos	leríamos	leiamos	lêssemos	lermos	leiamos
vós	ledes	lestes	líeis	lêreis	lereis	leríeis	leiais	lêsseis	lerdes	lede
eles	lêem	leram	liam	leram	lerão	leriam	leiam	lessem	lerem	leiam

Infinitivo: Dormir — **Gerúndio:** dormindo — **Particípio:** dormido *(to sleep)*

| | INDICATIVO | | | | | | SUBJUNTIVO | | | IMPERATIVO |
	Presente	Pretérito perfeito	Pretérito imperfeito	Pretérito mais-que-perfeito	Futuro do presente	Futuro do pretérito	Presente	Pretérito imperfeito	Futuro	Afirmativo
eu	durmo	dormi	dormia	dormira	dormirei	dormiria	durma	dormisse	dormir	
tu	dormes	dormiste	dormias	dormiras	dormirás	dormirias	durmas	dormisses	dormires	dorme
ele	dorme	dormiu	dormia	dormira	dormirá	dormiria	durma	dormisse	dormir	durma
nós	dormimos	dormimos	dormíamos	dormíramos	dormiremos	dormiríamos	durmamos	dormíssemos	dormirmos	durmamos
vós	dormis	dormistes	dormíeis	dormíreis	dormireis	dormiríeis	durmais	dormísseis	dormirdes	dormi
eles	dormem	dormiram	dormiam	dormiram	dormirão	dormiriam	durmam	dormissem	dormirem	durmam

Infinitivo: Cobrir — **Gerúndio:** cobrindo — **Particípio:** coberto *(to cover)*

| | INDICATIVO | | | | | | SUBJUNTIVO | | | IMPERATIVO |
	Presente	Pretérito perfeito	Pretérito imperfeito	Pretérito mais-que-perfeito	Futuro do presente	Futuro do pretérito	Presente	Pretérito imperfeito	Futuro	Afirmativo
eu	cubro	cobri	cobria	cobrira	cobrirei	cobriria	cubra	cobrisse	cobrir	
tu	cobres	cobriste	cobrias	cobriras	cobrirás	cobririas	cubras	cobrisses	cobrires	cobre
ele	cobre	cobriu	cobria	cobrira	cobrirá	cobriria	cubra	cobrisse	cobrir	cubra
nós	cobrimos	cobrimos	cobríamos	cobríramos	cobriremos	cobriríamos	cubramos	cobríssemos	cobrirmos	cubramos
vós	cobris	cobristes	cobríeis	cobríreis	cobrireis	cobriríeis	cubrais	cobrísseis	cobrirdes	cobri
eles	cobrem	cobriram	cobriam	cobriram	cobrirão	cobririam	cubram	cobrissem	cobrirem	cubram

Infinitivo: Caber — **Gerúndio:** cabendo — **Particípio:** cabido *(to fit)*

| | INDICATIVO | | | | | | SUBJUNTIVO | | | IMPERATIVO |
	Presente	Pretérito perfeito	Pretérito imperfeito	Pretérito mais-que-perfeito	Futuro do presente	Futuro do pretérito	Presente	Pretérito imperfeito	Futuro	Afirmativo
eu	caibo	coube	cabia	coubera	caberei	caberia	caiba	coubesse	couber	
tu	cabes	coubeste	cabias	couberas	caberás	caberias	caibas	coubesses	couberes	
ele	cabe	coube	cabia	coubera	caberá	caberia	caiba	coubesse	couber	
nós	cabemos	coubemos	cabíamos	coubéramos	caberemos	caberíamos	caibamos	coubéssemos	coubermos	
vós	cabeis	coubestes	cabíeis	coubéreis	cabereis	caberíeis	caibais	coubésseis	couberdes	
eles	cabem	couberam	cabiam	couberam	caberão	caberiam	caibam	coubessem	couberem	

CONJUGAÇÃO DOS VERBOS IRREGULARES

	Presente	Pretérito perfeito	Pretérito imperfeito	Pretérito mais-que-perfeito	Futuro do presente	Futuro do pretérito	Presente	Pretérito imperfeito	Futuro	Afirmativo
	INDICATIVO						**SUBJUNTIVO**			**IMPERATIVO**
Infinitivo: Fazer **Gerúndio:** fazendo **Particípio:** feito *(to do)*										
eu	faço	fiz	fazia	fizera	farei	faria	faça	fizesse	fizer	
tu	fazes	fizeste	fazias	fizeras	farás	farias	faças	fizesses	fizeres	faze
ele	faz	fez	fazia	fizera	fará	faria	faça	fizesse	fizer	faça
nós	fazemos	fizemos	fazíamos	fizéramos	faremos	faríamos	façamos	fizéssemos	fizermos	façamos
vós	fazeis	fizestes	fazíeis	fizéreis	fareis	faríeis	façais	fizésseis	fizerdes	fazei
eles	fazem	fizeram	faziam	fizeram	farão	fariam	façam	fizessem	fizerem	façam
Infinitivo: Possuir **Gerúndio:** possuindo **Particípio:** possuído *(to own)*										
eu	possuo	possuí	possuía	possuíra	possuirei	possuiria	possua	possuísse	possuir	
tu	possuis	possuíste	possuías	possuíras	possuirás	possuirias	possuas	possuísses	possuíres	possui
ele	possui	possuiu	possuía	possuíra	possuirá	possuiria	possua	possuísse	possuir	possua
nós	possuímos	possuímos	possuíamos	possuíramos	possuiremos	possuiríamos	possuamos	possuíssemos	possuirmos	possuamos
vós	possuís	possuístes	possuíeis	possuíreis	possuireis	possuiríeis	possuais	possuísseis	possuirdes	possuí
eles	possuem	possuíram	possuíam	possuíram	possuirão	possuiriam	possuam	possuíssem	possuirem	possuam
Infinitivo: Odiar **Gerúndio:** odiando **Particípio:** odiado *(to hate)*										
eu	odeio	odiei	odiava	odiara	odiarei	odiaria	odeie	odiasse	odiar	
tu	odeias	odiaste	odiavas	odiaras	odiarás	odiarias	odeies	odiasses	odiares	odeia
ele	odeia	odiou	odiava	odiara	odiará	odiaria	odeie	odiasse	odiar	odeie
nós	odiamos	odiamos	odiávamos	odiáramos	odiaremos	odiaríamos	odiemos	odiássemos	odiarmos	odiemos
vós	odiais	odiastes	odiáveis	odiáreis	odiareis	odiaríeis	odieis	odiásseis	odiardes	odiai
eles	odeiam	odiaram	odiavam	odiaram	odiarão	odiariam	odeiem	odiassem	odiarem	odeiem
Infinitivo: Querer **Gerúndio:** querendo **Particípio:** querido *(to want)*										
eu	quero	quis	queria	quisera	quererei	quereria	queira	quisesse	quiser	quise-
tu	queres	quiseste	querias	quiseras	quererás	quererias	queiras	quisesses	quiseres	quise-es
ele	quer	quis	queria	quisera	quererá	quereria	queira	quisesse	quiser	quise-
nós	queremos	quisemos	queríamos	quiséramos	quereremos	quereríamos	queiramos	quiséssemos	quisermos	quise-mos
vós	quereis	quisestes	queríeis	quiséreis	querereis	quereríeis	queirais	quisésseis	quiserdes	quise-des
eles	querem	quiseram	queriam	quiseram	quererão	quereriam	queiram	quisessem	quiserem	quisessem

CONJUGAÇÃO DOS VERBOS IRREGULARES

Infinitivo: Pôr — **Gerúndio:** pondo — **Particípio:** posto *(to put)*

	INDICATIVO						SUBJUNTIVO			IMPERATIVO
	Presente	Pretérito perfeito	Pretérito imperfeito	Pretérito mais-que-perfeito	Futuro do presente	Futuro do pretérito	Presente	Pretérito imperfeito	Futuro	Afirmativo
eu	ponho	pus	punha	pusera	porei	poria	ponha	pusesse	puser	
tu	pões	puseste	punhas	puseras	porás	porias	ponhas	pusesses	puseres	põe
ele	põe	pôs	punha	pusera	porá	poria	ponha	pusesse	puser	ponha
nós	pomos	pusemos	púnhamos	puséramos	poremos	poríamos	ponhamos	puséssemos	pusermos	ponhamos
vós	pondes	pusestes	púnheis	puséreis	poreis	poríeis	ponhais	pusésseis	puserdes	ponde
eles	põem	puseram	punham	puseram	porão	poriam	ponham	pusessem	puserem	ponham

Infinitivo: Dar — **Gerúndio:** dando — **Particípio:** dado *(to give)*

	Presente	Pretérito perfeito	Pretérito imperfeito	Pretérito mais-que-perfeito	Futuro do presente	Futuro do pretérito	Presente	Pretérito imperfeito	Futuro	Afirmativo
eu	dou	dei	dava	dera	darei	daria	dê	desse	der	
tu	dás	deste	davas	deras	darás	darias	dês	desses	deres	dá
ele	dá	deu	dava	dera	dará	daria	dê	desse	der	dê
nós	damos	demos	dávamos	déramos	daremos	daríamos	demos	déssemos	dermos	demos
vós	dais	destes	dáveis	déreis	dareis	daríeis	deis	désseis	derdes	dai
eles	dão	deram	davam	deram	darão	dariam	deem	dessem	derem	deem

Infinitivo: Dizer — **Gerúndio:** dizendo — **Particípio:** dito *(to say)*

	Presente	Pretérito perfeito	Pretérito imperfeito	Pretérito mais-que-perfeito	Futuro do presente	Futuro do pretérito	Presente	Pretérito imperfeito	Futuro	Afirmativo
eu	digo	disse	dizia	dissera	direi	diria	diga	dissesse	disser	
tu	dizes	disseste	dizias	disseras	dirás	dirias	digas	dissesses	disseres	dize
ele	diz	disse	dizia	dissera	dirá	diria	diga	dissesse	disser	diga
nós	dizemos	dissemos	dizíamos	disséramos	diremos	diríamos	digamos	disséssemos	dissermos	digamos
vós	dizeis	dissestes	dizíeis	disséreis	direis	diríeis	digais	dissésseis	disserdes	dizei
eles	dizem	disseram	diziam	disseram	dirão	diriam	digam	dissessem	disserem	digam

Infinitivo: Trazer — **Gerúndio:** trazendo — **Particípio:** trazido *(to bring)*

	Presente	Pretérito perfeito	Pretérito imperfeito	Pretérito mais-que-perfeito	Futuro do presente	Futuro do pretérito	Presente	Pretérito imperfeito	Futuro	Afirmativo
eu	trago	trouxe	trazia	trouxera	trarei	traria	traga	trouxesse	trouxer	
tu	trazes	trouxeste	trazias	trouxeras	trarás	trarias	tragas	trouxesses	trouxeres	traze
ele	traz	trouxe	trazia	trouxera	trará	traria	traga	trouxesse	trouxer	traga
nós	trazemos	trouxemos	trazíamos	trouxéramos	traremos	traríamos	tragamos	trouxéssemos	trouxermos	tragamos
vós	trazeis	trouxestes	trazíeis	trouxéreis	trareis	traríeis	tragais	trouxésseis	trouxerdes	traze
eles	trazem	trouxeram	traziam	trouxeram	trarão	trariam	tragam	trouxessem	trouxerem	tragam

CONJUGAÇÃO DOS VERBOS IRREGULARES

Infinitivo: Saber — **Gerúndio:** sabendo — **Particípio:** sabido *(to know)*

	Presente	Pret. perfeito	Pret. imperfeito	Pret. mais-que-perfeito	Futuro do presente	Futuro do pretérito	Subj. Presente	Subj. Pret. imperfeito	Subj. Futuro	Imperativo Afirmativo
eu	sei	soube	sabia	soubera	saberei	saberia	saiba	soubesse	souber	
tu	sabes	soubeste	sabias	souberas	saberás	saberias	saibas	soubesses	souberes	sabe
ele	sabe	soube	sabia	soubera	saberá	saberia	saiba	soubesse	souber	saiba
nós	sabemos	soubemos	sabíamos	soubéramos	saberemos	saberíamos	saibamos	soubéssemos	soubermos	saibamos
vós	sabeis	soubestes	sabíeis	soubéreis	sabereis	saberíeis	saibais	soubésseis	souberdes	sabei
eles	sabem	souberam	sabiam	souberam	saberão	saberiam	saibam	soubessem	souberem	saibam

Infinitivo: Sair — **Gerúndio:** saindo — **Particípio:** saído *(to leave)*

	Presente	Pret. perfeito	Pret. imperfeito	Pret. mais-que-perfeito	Futuro do presente	Futuro do pretérito	Subj. Presente	Subj. Pret. imperfeito	Subj. Futuro	Imperativo Afirmativo
eu	saio	saí	saía	saíra	sairei	sairia	saia	saísse	sair	
tu	sais	saíste	saías	saíras	sairás	sairias	saias	saísses	saíres	sai
ele	sai	saiu	saía	saíra	sairá	sairia	saia	saísse	sair	saia
nós	saímos	saímos	saíamos	saíramos	sairemos	sairíamos	saiamos	saíssemos	sairmos	saiamos
vós	saís	saístes	saíeis	saíreis	saireis	sairíeis	saiais	saísseis	sairdes	saí
eles	saem	saíram	saíam	saíram	sairão	sairiam	saiam	saíssem	saírem	saiam

Infinitivo: Pedir — **Gerúndio:** pedindo — **Particípio:** pedido *(to ask)*

	Presente	Pret. perfeito	Pret. imperfeito	Pret. mais-que-perfeito	Futuro do presente	Futuro do pretérito	Subj. Presente	Subj. Pret. imperfeito	Subj. Futuro	Imperativo Afirmativo
eu	peço	pedi	pedia	pedira	pedirei	pediria	peça	pedisse	pedir	
tu	pedes	pediste	pedias	pediras	pedirás	pedirias	peças	pedisses	pedires	pede
ele	pede	pediu	pedia	pedira	pedirá	pediria	peça	pedisse	pedir	peça
nós	pedimos	pedimos	pedíamos	pedíramos	pediremos	pediríamos	peçamos	pedíssemos	pedirmos	peçamos
vós	pedis	pedistes	pedíeis	pedíreis	pedireis	pediríeis	peçais	pedísseis	pedirdes	pedi
eles	pedem	pediram	pediam	pediram	pedirão	pediriam	peçam	pedissem	pedirem	peçam

Infinitivo: Ouvir — **Gerúndio:** ouvindo — **Particípio:** ouvido *(to listen)*

	Presente	Pret. perfeito	Pret. imperfeito	Pret. mais-que-perfeito	Futuro do presente	Futuro do pretérito	Subj. Presente	Subj. Pret. imperfeito	Subj. Futuro	Imperativo Afirmativo
eu	ouço	ouvi	ouvia	ouvira	ouvirei	ouviria	ouça	ouvisse	ouvir	
tu	ouves	ouviste	ouvias	ouviras	ouvirás	ouvirias	ouças	ouvisses	ouvires	ouve
ele	ouve	ouviu	ouvia	ouvira	ouvirá	ouviria	ouça	ouvisse	ouvir	ouça
nós	ouvimos	ouvimos	ouvíamos	ouvíramos	ouviremos	ouviríamos	ouçamos	ouvíssemos	ouvirmos	ouçamos
vós	ouvis	ouvistes	ouvíeis	ouvíreis	ouvireis	ouviríeis	ouçais	ouvísseis	ouvirdes	ouvi
eles	ouvem	ouviram	ouviam	ouviram	ouvirão	ouviriam	ouçam	ouvissem	ouvirem	ouçam

VERBOS MAIS COMUNS E SEUS EQUIVALENTES PRINCIPAIS EM INGLÊS

VERBO (Infinitivo)		SUBSTANTIVO (Noun)	ADJETIVO (Adjective)

VERBOS DA PRIMEIRA CONJUGAÇÃO (AR)

Português	Inglês (to)		
1.abaixar	lower	abaixamento	abaixado
2.abandonar	abandon	abandono	abandonado
3.abraçar	embrace, hug	abraço	abraçado
4.abrigar	shelter	abrigo	abrigado
5.aceitar	accept	aceitação	aceito
6.acabar	finish	acabamento	acabado
7.achar	find, think	achado	achado
8.acordar	wake	acordar	acordado
9.acompanhar	accompany, follow	acompanhamento	acompanhado
10.aconselhar	advise, counsel	conselho	aconselhado
11.acostumar	accustom	costume	acostumado
12.adiar	postpone, delay	adiamento	adiado
13.adiantar	anticipate	adiantamento	adiantado
14.adicionar	add	adição	adicionado
15.adivinhar	guess	adivinhação	adivinhador
16.adorar	adore	adoração	adorado
17.afirmar	affirm	afirmação	afirmativo
18.agrupar	group	agrupamento	agrupado
19.ajudar	help	ajuda	ajudado
20.alcançar	reach	alcance	alcançado
21.alegrar	rejoice	alegria	alegre
22.alternar	alternate	alternação	alternado
23.alterar	modify	alteração	alterado
24.alugar	rent	aluguel	alugado
25.amar	love	amor	amado
26.amarrar	tie	amarra	amarrado
27.andar	walk	andar	andado
28.apagar	erase, turn off	apagamento	apagado
29.apanhar	pick up	apanhamento	apanhado
30.apoiar	support	apoio	apoiado
31.apostar	bet	aposta	apostado
32.apresentar	introduce	apresentação	apresentado
33.aprovar	approve	aprovação	aprovado
34.aproveitar	take advantage, enjoy	aproveitamento	aproveitado
35.arriscar	risk, dare	risco	arriscado
36.arrumar	tidy up, arrange, pack	arrumação	arrumado

37.assaltar	assault	assalto	assaltado
38.assentar	seat	assento	assentado
39.assinar	sign, subscribe	assinatura	assinado
40.assustar	frighten	susto	assustado
41.atacar	attack	ataque	atacado
42.atirar	shoot, throw	tiro	atirado
43.atrasar	delay, retard	atraso	atrasado
44.aumentar	enlarge, augment	aumento	aumentado
45.beijar	kiss	beijo	beijado
46.brincar	play, tease, joke	brincadeira, brinquedo	brincalhão
47.brigar	fight	briga	brigado
48.buscar	fetch, search, get	busca	buscado
49.caçar	hunt	caça	caçado
50.cancelar	cancel	cancelamento	cancelado
51.cansar	be tired	cansaço	cansado
52.cantar	sing	canto	cantado
53.cansar	tire	cansaço	cansado
54.carregar	carry, load	carregamento	carregado
55.casar	marry	casamento	casado
56.castigar	punish, castigate	castigo	castigado
57.causar	cause	causa	causado
58.cerrar	close		cerrado
59.chamar	call, name	chamado	chamado
60.chatear	annoy, importune, bother	chateação	chateado
61.chegar	arrive	chegada	chegado
62.cheirar	smell	cheiro	cheiroso
63.chorar	cry	choro	chorão
64.chutar	kick	chute	chutado
65.cobrar	collect, charge	cobrança	cobrado
66.combinar	agree, match, plan	combinação	combinado
67.começar	start, begin	começo	começado
68.comemorar	celebrate,commemorate	comemoração	comemorado
69.completar	complete	complemento	completo
70.comportar	behave, contain	comportamento	comportado
71.comprar	buy	compra	comprado
72.comunicar	communicate	comunicação	comunicado
73.concordar	agree	concordância	concordado
74.consertar	fix, repair	conserto	consertado
75.contar	count, tell	contagem,	contado
76.continuar	continue	continuação	continuado
77.conversar	converse,talk	conversa	conversado
78.convidar	invite	convite	convidado
79.cortar	cut	corte	cortado
80.costurar	sew	costura	costurado

81.cozinhar	cook	cozimento	cozido
82.cuidar	take care	cuidado	cuidado
83.culpar	accuse, blame	culpa	culpado
84.cumprimentar	greet, compliment	cumprimento	cumprimentado
85.curar	cure, heal	cura	curado
86.curvar	bend, curve	curva	curvado
87.custar	cost	custo	custado
88.dançar	dance	dança	dançado
89.deitar	lie down	deitado	deitado
90.deixar	leave, permit	deixar	deixado
91.delegar	delegate	delegação	delegado
92.demorar	retard, delay	demora	demorado
93.dependurar	hang	dependura	dependurado
94.desafiar	challenge	desafio	desafiado
95.descansar	rest	descanso	descansado
96.desconfiar	mistrust	desconfiança	desconfiado
97.descontar	discount	desconto	descontado
98.desculpar	apologize, excuse	desculpa	desculpado
99.descontar	discount	desconto	descontado
100.desenhar	design, draw	desenho	desenhado
101.desejar	wish, desire	desejo desejado,	desejável
102.desfrutar	enjoy		desfrutado
103.deslizar	slide, glide	deslize	deslizado
104.desligar	turn off, disconnect	desligamento	desligado
105.desmaiar	faint	desmaio	desmaiado
106.despachar	dispatch, expedite, ship	despacho	despachado
107.despedir	fire, say farewell	despedida	despedido
108.desperdiçar	waste	desperdício	desperdiçado
109.desviar	deviate	desvio	desviado
110.determinar	determine, order	determinação	determinado
111.detestar	detest		detestável
112.disparar	discharge, shoot	disparo	disparado
113.durar	last	duração	durável
114.duvidar	doubt	dúvida	duvidoso
115.economizar	economize, save	economia	econômico
116.empregar	employ	emprego	empregado
117.emprestar	lend	empréstimo	emprestado
118.empurrar	push, shove	empurrão	empurrado
119.encher	fill	enchimento	enchido
120.encontrar	meet, encounter	encontro	encontrado
121.encomendar	order	encomenda	encomendado
122.encostar	lean	encosto	encostado
123.enganar	deceive	engano	enganado
124.engordar	fatten	engorda	gordo

125.enguiçar	stall	enguiço	enguiçado
126.ensinar	teach	ensino	ensinado
127.entregar	deliver, hand over	entrega	entregue
128.esbanjar	splurge, waste	esbanjamento	esbanjado
129.escorregar	slide, slip	escorregão	escorregadiço
130.escovar	brush	escova	escovado
131.escutar	listen	escuta	escutado
132.esfriar	cool	esfriamento	esfriado
133.esperar	wait, hope, expect	espera	esperado
134.esperdiçar	waste	esperdício	esperdiçado
135.estragar	damage	estrago	estragado
136.esvaziar	empty	vazio	esvaziado
137.evitar	avoid		evitado
138.exaltar	exalt, glorify, irritate	exaltação	exaltado
139.experimentar	try (clothes, food)		experimentado
140.explicar	explain	explicação	explicado
141.falar	speak	fala	falante, falador
142.falhar	fail	falha	falhado
143.faltar	miss, be absent	falta	faltoso
144.fechar	close	fechamento	fechado
145.festejar	feast, celebrate, party	festa	festejado
147.ficar	stay, remain, become		ficado
148.firmar	firm, secure	firma	firmado
149.fiscalizar	fiscalize, inspect	fiscalização	fiscalizado
150.fixar	fix, attach	fixação	fixado
151.formar	form, shape,graduate	formação	formado
152.focalizar	focus	focalização	focalizado
153.forçar	force	força	forçado
154.fumar	smoke	fumaça	fumante
155.furtar	steal	furto	furtado
156.ganhar	gain,earn, win	ganho	ganho
157.gastar	spend, consume	gasto	gasto
158.gostar	like	gosto	gostoso
159.gozar	enjoy	gozo	gozador
160.gravar	record, engrave	gravação	gravado
161.gritar	scream	grito	gritado
162.guardar	keep, guard	guarda	guardado
163.guerrear	war, fight	guerra	guerreiro
164.impedir	impede, block	impedimento	impedido
165.implicar	implicate, pick on	implicância	implicante
166.inchar	swell	inchaço	inchado
167.indicar	indicate, point out	indicação	indicado
168.inflamar	inflame, excite	inflamação	inflamado
169.informar	inform	informação	informado

170.internar	intern	internação	internado
171.inventar	invent, create	invenção	inventado
172.investigar	investigate	investigação	investigado
173.jogar	play, gamble, throw	jogo	jogado
174.julgar	judge, deem	julgamento	julgado
175.jurar	swear	juramento	jurado
176.lavar	wash	lavação	lavado
177.leiloar	auction	leilão	leiloado
178.lembrar	remember	lembrança	lembrado
179.levar	carry, take	leva	levado
180.levantar	arise, rise, get up	levantamento	levantado
181.lesar	injure, prejudice	lesão	lesado
182.liberar	release	liberação	liberado
183.libertar	liberate, free	libertação,	liberdade liberado
184.ligar	tie, link, turn on	ligação	ligado
185.limpar	clean	limpeza	limpo
186.lotar	fill	lotação	lotado
187.lucrar	profit, earn	lucro	lucrativo
188.lutar	fight	luta	lutador
189.mandar	send, order	mandado	
190.mancar	limp	mancação	mancado
191.marcar	mark, determine	marca	marcado
192.matar	kill, murder	matança	morto
193.memorizar	memorize	memorização	memorizado
194.modificar	modify	modificação	modificado
195.montar	mount, ride	montaria, montagem	montado
196.morar	reside	morada, moradia	
197.mostrar	show, display, point	mostra	mostrado
198.mudar	move, change	mudança	mudado
199.nadar	swim	natação	nadado
200.namorar	court, flirt	namoro	namorado, namoradeiro
201.necessitar	necessitate, need	necessidade	necessitado
202.negar	deny, negate	negação	negativo
203.negociar	negotiate, do business	negócio	negociável
204.nevar	snow	neve	nevado
205.nivelar	level, equalize	nível	nivelado
206.obrigar	oblige, force	obrigação	obrigado
207.ofuscar	obfuscate,	ofuscação	ofuscante
208.olhar	look, glance	olhar	olhado
209.operar	operate	operação	operado, operante
210.ordenar	order, command	ordem	ordenado
211.ostentar	exhibit, show off	ostentação	ostentado
212.ousar	dare	ousadia	ousado
213.pagar	pay	pagamento	pago

214.parar	stop	parada	parado
215.participar	participate, share	participação	participante
216.passar	pass, elapse	passo	passado
217.passear	stroll	passeio	passeador
218.pegar	catch, hold	pegada	pego
219.penar	suffer	pena	penalizado
220.pensar	think	pensamento	pensado
221.perguntar	ask	pergunta	perguntado
222.pescar	fish	pesca	pescado
223.pesquisar	search, research	pesquisa	pesquisado
224.piscar	blink	pisca-pisca	piscado
225.planejar	plan, project	planejamento	planejado
226.precisar	need	precisão	precisado
227.preocupar	preoccupy, worry	preocupação	preocupado
228.processar	sue, process	processo	processado
229.procurar	look for, seek	procura	procurado
230.pular	jump, skip	pulo	pulado
231.puxar	pull	puxada	puxado
232.prolongar	prolong	prolongamento	prolongado
233.quebrar	break	quebra	quebrado
234.queimar	burn	queimadura	queimado
235.realizar	accomplish, achieve	realização	realizado
236.rechear	stuff	recheio	recheado
237.reclamar	complain, protest	reclamação	reclamado
238.roubar	rob, steal	roubo	roubado
239.saltar	jump, skip	salto	saltado
240.sentar	sit	assento	sentado
241.significar	mean, signify	significado	significado
242.sonhar	dream	sonho	sonhado
243.sobrar	remain, be left over	sobra	sobrado
244.soltar	untie, release	solta	solto
245.sujar	dirty	sujeira	sujo
246.suportar	tolerate		suportado
247.suspirar	sigh	suspiro	suspirado
248.sustentar	support	sustento	sustentado
249.terminar	finish	término	terminado
250.tentar	try, experiment, attempt	tentativa	tentado, tentador
251.tapar	close, cover	tapa, tampa	tampado
252.testemunhar	witness	testemunho	testemunhado
253.tirar	take off		tirado
254.tocar	play (music), touch	toque	tocador
255.tomar	take, drink		tomado
256.trabalhar	work	trabalho	trabalhador
257.tratar	treat	tratamento	tratado

258.tranquilizar	tranquilize	tranquilidade	tranquilo
259.trepar	climb	trepada	trepado
260.trocar	change	troco	trocado
261.trombar	collide, crash	trombada	trombado
262.utilizar	utilize	utilização	utilizado
263.verificar	verify, check	verificação	verificado
264.viajar	travel	viagem	viajante
265.virar	turn, invert	virada	virado
266.voar	fly	vôo	voador
267.votar	vote	voto	votado
268.voltar	return	volta	voltado

VERBOS DA SEGUNDA CONJUGAÇÃO (ER)

1.abastecer	supply	abastecimento	abastecido
2.abater	abate, discount	abatimento	abatido
3.aborrecer	bore, displease	aborrecimento	aborrecido
4.acontecer	happen, occur	acontecimento	acontecido
5.adoecer	become sick, ill	doença	adoecido
6.agradecer	thank	agradecimento	agradecido
7.aparecer	appear, show up	aparecimento	aparecido
8.aprender	learn	aprendizagem	aprendido
9.atender	attend, answer	atendimento	atendido
10.beber	drink	bebida	bebido
11.comer	eat	comida	comido
12.compreender	understand	compreensão	compreendido
13.conhecer	know, be acquainted	conhecimento	conhecido
14.conceder	grant, concede	concessão	concedido
15.conter	contain, control	contenção	contido
16.convencer	convince	convecimento	convencido
17.correr	run	corrida	corrido
18.crescer	grow	crescimento	crescido
19.descer	descend, go down	descida	descido
20.descrever	describe	descrição	descrito
21.desenvolver	develop, expand	desenvolvimento	desenvolvido
22.emagrecer	get thin, loose weight	emagrecimento	magro, emagrecido
23.enfraquecer	debilitate, weaken	fraqueza	fraco
24.empobrecer	become poor	pobreza	pobre
25.enriquecer	enrich	riqueza	rico
26.entristecer	sadden	tristeza	triste
27.envelhecer	to age	velhice	velho
28.escolher	choose	escolha	escolhido
29.esconder	hide	esconderijo	escondido
30.escrever	write	escrita	escrito
31.esquecer	forget	esquecimento	esquecido

32.falecer	die	falecimento	falecido
33.merecer	deserve, merit	merecimento	merecido
34.morrer	die	morte	morto
35.nascer	be born	nascimento	nascido
36.obedecer	obey	obediência	obediente
37.oferecer	offer	oferecimento	oferecido
38.parecer	look like, resemble, seem		parecido
39.perder	lose, miss	perdição	perdido
40.prender	arrest, hold	prisão	preso
41 pretender	intend	pretenção	pretendido
42.receber	receive	recebimento	recebido
43.responder	answer	resposta	respondido
44.satisfazer	satisfy	satisfação	satisfeito
45.sofrer	suffer	sofrimento	sofrido
46.vencer	win, gain, defeat	vencimento	vencedor
47.vender	sell	venda	vendedor
48.viver	live	vida	

VERBOS DA TERCEIRA CONJUGAÇÃO (IR)

1.abrir	open	abertura	aberto
2.conferir	confer, compare	conferência	conferido
3.conseguir	obtain, achieve, get		conseguido
4.consentir	consent	consentimento	consentido
5.contribuir	contribute	contribuição	contribuído
6.decidir	decide	decisão	decidido
7.definir	define	definição	definido
8.descobrir	discover, realize	descobrimento	descoberto
9.desistir	give up	desistência	desistido
10.despedir	say farewell, fire	despedida	despedido
11.dirigir	drive	direção	dirigido, diretor, motorista
12.distrair	distract, entertain	distração	distraído
13.distribuir	distribute	distribuição	distribuído
14.divertir	amuse,entertain	divertimento	divertido
15.dividir	divide	divisão	dividido
16.dormir	sleep		dormido
17. engolir	swallow		engolido
18.ferir	wound, injure	ferimento	ferido
19.fugir	flee	fuga	fugitivo
20.investir	invest	investimento	investido
21.medir	measure	medida	medidor
22.mentir	lie	mentira	mentido
23.obstruir	obstruct	obstrução	obstruído
24.partir	depart, leave, split	partida	partido
25.pedir	ask, request	pedido	pedido

26.perseguir	persecute	perseguição	perseguido
27.poluir	pollute	poluição	poluído
28.possuir	possess, own	posses	
29.preferir	prefer	preferência	preferido
30.punir	punish	punição	punido
31.repetir	repeat	repetição	repetido
32.rir	laugh	risada	risonho
33.sacudir	shake	sacudidela	sacudido
34.sentir	feel	sentimento	sentido
35.seguir	follow	seguida	seguidor
36.sorrir	smile	sorriso	sorridente
37.subir	rise, go up, climb	subida	subido
38.substituir	replace	substituição	substituto
39.sumir	disappear, vanish	sumida, sumiço	sumido
39.tossir	cough	tosse	
40.vestir	dress	vestuário	vestido
41.trair	betray	traição	traído

EXPRESSÕES ÚTEIS

a menos que	unless	ainda não	not yet
a propósito	by the way	além de	besides
apenas	only	apesar de	in spite of
às pressas	in a hurry	assim como	as well as
assim mesmo	exactly like that	atualmente	currently
até	until	até logo	see you later
bagunça	disorder	bem-vindo	welcome
boa idéia	good idea	boa sorte	good luck
bobagem	foolish	bobo	silly
coisa à toa	unimportant thing	com licença	excuse-me
como assim?	how?	chato	boring
desculpe-me	I'm sorry	de nada	you're welcome
desde	since	empurre	push
é certo	it's right	é claro	it's clear, sure
é errado	it's wrong	é importante	it's important
é impossível	it's impossible	é incrível	it's incredible
é jóia	its nice	é louco	it's crazy
é legal	it's wonderful	é mentira	it's a lie
é natural	it's natural	é necessário	it's necessary
é óbvio	it's obvious	é possível	it's possible
é raro	it's rare	é suficiente	it's enough
é uma boa	it's a good idea	é urgente	it's urgent
é um barato	it's great	é só	thats all
é suficiente	it's enough	e daí	so what
ela é bacana	she's nice, cool	então	so, then

eu não ligo	I don't mind	eu não importo	I don't care
estou indo	I am coming	ficar à toa	not to do anything
fofoca	gossip	grana	money
idêntico	identical	infelizmente	unfortunately
já	already	já vou	I am coming
mas...	but	más	bad
mais	more	mais ou menos	more or less
menos	minus, less	mesmo assim	nevertheless
mesmo	the same	não e?	isn't it
nem...	neither... nor	obrigado	thanks
pelo menos	at least	pois não	sure, of course
por acaso	by any chance	por favor	please
por que?	why?	porque	because
puxe	pull	quase	almost
que alívio	what a relief	que azar	bad luck
que tal	what about	que pena	what a pity
também	also		

MAIS EXPRESSÕES

encurtar a história	make the story short	que vexame	what shame
cadê	where is...?	vai embora	go away
vou embora	I'm going away	que desaforo!	what insolence
cale a boca	shut up	deu zebra	something was wrong
Espero que	I hope...	Parece que	It looks like
Soa bem	Sounds good	Parece bom	Looks good
Mau jeito	Bad way	Jeitoso	Versatile, skillful
Sustentar	To support	Dar todo apoio	To give support
Dar conta	To afford	Poder pagar	To afford
Arcar	To afford	Pêsames	Condolences
Ótimo	Excelent	Parabéns	Congratulations
Eu acho que	I think	Eu penso que	I think ...
Abacaxi	Problem	De propósito	On purpose
Gamado	Fall in love	Com jeito vai	Easy does it
De qualquer jeito	Anyway	Dar um jeitinho	To find one way
Boa viagem	Have a good trip	Breve regresso	Come back soon
O que você acha?	What do you think?	O que você pensa?	What do you think?
Fique à vontade	Be confortable		
Você é muito bom (boa)	You are good		
É muita bondade sua	It's very kind of you		
antes que eu me esqueça	before I forget		
não tem nada a ver	there is nothing to do with		

Obrigado por sua atenção	Thanks for your attention
Obrigado por sua gentileza	Thanks for your kindness
Estou satisfeita	I am satisfied /pleased /full
Não me sinto bem	I don't feel well
Seja bem-vindo à nossa casa	Welcome to our home
Recomendação à família	Regards to your family
Divirta bastante	Enjoy a lot – have a good time
Aproveite bastante	Make a good use of
Eu acho engraçado	I think it is funny
Ela é uma gracinha	She is cute
Nem queira saber	Don't even ask
Tomara que não/sim	I hope not /so
Fala pelos cotovelos	Talks too much
Estar com dor de cotovelos	Be jealous
Não tem pé nem cabeça	Makes no sense
Ele está de olho...	He has his eyes on
Meu braço direito	My right hand
Com a pulga atrás da orelha	Bug in ear / suspicious
Ficar de cara amarrada	Angry face
Estar /ficar de perna pro ar	Upside down
Pisar em ovos	Walk on eggs
Por os pingos nos iis	Dot the i's
Bater papo	To chat
Papo furado	Full of hot air
De cabeça no ar	Head in the air
Estar /ficar de orelha em pé	Suspicious, alert, curious
Cabeça de vento	Airhead
Foi por água abaixo	Went down the drain
Só dá trabalho	Only makes a problem
Assim não dá	Not possible
Não dá bem com...	He/she doesn't get along with
Boa vontade	Good will
De má vontade	Unwillingly
Contra minha vontade	Against my will
Dar uma colher de chá	Give another chance
Não é da minha conta	It's not my business
Pular de alegria	Jump for joy
Dar folga	To give a break
Tirar folga	Take a day off
Ter um fraco por	Have a weakness for
Contar vantagem	To boast/to brag
Você é fora de série	You are one of a kind
Me avisa	Let me know

Estou com vontade	I feel like
Mandachuva	Big boss
Estou brincando	I am teasing you /I am kidding
É proibido fumar	It's forbidden to smoke
É proibido entrar	It's forbidden to enter
Entre sem bater	Enter without knocking
Bata antes de entrar	Knock before entering
Onde é a saída?	Where is the exit?
Onde e a entrada?	Where is the entrance?
Onde é o banheiro	Where is the bathroom?
Onde é o toalete?	Where is the rest room?
Entrada proibida	Entrance prohibited
Entrada gratuita	Free admission
Onde é a fila?	Where is the line?

VOCABULÁRIO TÉCNICO E SEUS EQUIVALENTES EM INGLÊS

adiar	to postpone	adiamento	postponement	adiado	postponed
alugar	to rent	aluguel	lease	alugado	rented
arquivar	to file	arquivo	file	arquivado	filed
assinar	to sign	assinatura	signature	assinado	signed
avisar	to give notice	aviso	notice	avisado	advised
cancelar	to cancel	cancelamento	cancellation	cancelado	cancelled
creditar	to credit	crédito	credit	creditado	credited
comunicar	to communicate	comunicação	communication	comunicado	official report
debitar	to debit	débito	debit	debitado	debited
depositar	to deposit	depósito	deposit	depositado	deposited
desempenhar	to perform	desempenho	performance	desempenhado	performed
desenvolver	to develop	desenvolvimento	development	desenvolvido	developed
dever	to owe	dívida	debt	devedor	debtor
economizar	to save	economia	economy	econômico	economical
empregar	to employ	emprego	employment	empregado	employee
emprestar	to lend	empréstimo	loan	emprestado	loaned
falir	to go bankrupt	falência	bankruptcy	falido	bankrupted
financiar	to finance	financiamento	financing	financeiro	financier
impedir	to impeach	impedimento	impeachment	impedido	blocked
planejar	to plan	planejamento	planning	planejado	planned

poupar	to save	poupança	saving	poupado	saved
processar	to sue	processo	lawsuit	processado	sued
promover	to promote	promoção	promotion	promovido	promoted

a curto prazo	short term	a médio prazo	medium term	a longo prazo	long term
ação	stock	ação preferencial	preferred stock	ação ordinária	common stock
agio	{ surcharge premiun	agiota	loan shark	auditor	auditor
atacado	wholesale	a vista	cash	a prestação	installment
ativo	assets	balanço	balance sheet	balança comercial	trade balance
bens	goods	bens móveis	chattel	bens imóveis	real estate
bolsa de valores	stock exchange	corretor	broker	corretora	brokerage house
conta corrente	checking account	conta de poupança	savings account	concordata	chapter XI
data de vencimento	due date	desemprego	unemployment	desempregado	unemployed
despesa	expense	entrada / sinal	down payment	empenho	pledge
extrato bancário	bank statment	faixa de flutuação	range	falência	bankruptcy
fatura	invoice	herança	inheritance	herdeiro	heir
hipoteca	mortgage	inventário	inventory	imposto	tax
imposto de renda	income tax	juiz	judge	julgamento	trial
juros	interest	lance	bidding	lei	law
leilão	auction	lucro	profit	lucro bruto	gross profit
lucro líquido	net profit	margem	margin	mercado financeiro	fin. market
nota promissória	promissory note	notificação	notification	orçamento	budget
padrão	standard	passivo	liabilities	patrimônio	property
pesquisa	research	perda	loss	prazo	term
prejuízo	damage/loss	procuração	power of attorney	receita	revenue
relatório	report	renda	income	saldo	balance
sigilo bancário	bank secrecy	superavit	surplus	talão de cheques	check book
taxa	rate	taxa de juros	interest rate	taxa de câmbio	exchange rate
último dia/prazo	deadline	varejo	retail sale		

GRAMÁTICA

ARTIGOS DEFINIDOS

	Português	Inglês	Francês	Espanhol
Masc.				
Sing.	o	the	le	el
Plural	os		les	los
Feminino				
Sing.	a	the	la	la
Plural	as		les	las

ARTIGOS INDEFINIDOS

	Português	Inglês	Francês	Espanhol
Masc.				
Sing.	um	a an	un	uno
Plural	uns	some	quelque des	unos
Fem.				
Sing.	uma	a an	une	una
Plural	umas	some	quelque des	unas

POSSESSIVOS

Português	Inglês	Francês	Espanhol
meu	my-mine	mon le mien	mi-mío
meus		mes les miens	míos
minha	my-mine	ma la mienne	mía
minhas		mes les miennes	mía
teu	your	ton le tien	tuyo
teus	your	tes les tiens	tuyos
tua	your	ta la tienne	tuya
tuas	your	tes les tiennes	tuyas
seu	your	son le sien	suyo
seus	your	ses les siens	suyos
sua	your	sa la sienne	suya
suas	your	ses les siennes	suyas
nosso	our	notre	nuestro
nossos		nos	nuestros
nossa	our	notre	nuestra
nossas		nos	nuestras
dele	his	leur	de el
deles	theirs	leurs	de ellos
dela	her	le leur	de ella
delas	theirs	le leurs	de ellas

CONTRAÇÕES

Português	Inglês	Francês	Espanhol
de+o = do	of the	du	del
de+os = dos		des	
de+a = da	of the	de la	
de+as = das		des	
em+o = no	in the		
em+os = nos			
em+a = na	In the		
em+as = nas			

PRONOMES PESSOAIS

	Português	Inglês	Francês	Espanhol
1ª pessoa	eu	I	je	yo
2ª	tu	you	tu	tú
3ª	ele	he	il	el
3ª	ela	she	elle	ella
3ª inf.	você	you	tu	usted
1ª pes. plur.	nós	we	nous	nosotros
2ª too form.	vós	you	vous	vosotros
3ª	eles	they	ils	ellos
3ª	elas	they	elles	ellas
3ª	vocês	you plur.	vous	ustedes

OBJETO DIRETO

Português	Inglês	Francês	Espanhol
me	me	me	me
te	you inf.	te	te
o (lo)	you him	le	lo
a (la)	you her	la	la
nos	us	nous	nos
vos	you	vous	vos
os (los)	you them	les	los
as (las)	you them	les	las

OBJETO INDIRETO

Português	Inglês	Francês	Espanhol
me	to me	pour moi	me
para mim	for me	pour moi	para mí
comigo	with me	avec moi	conmigo
te	to you	pour toi	te
para ti	for you	pour toi inf.	te
contigo	with you	avec moi	contigo
lhe	you	lui	le
nos	to us	pour nous	nos
conosco	with us	avec nous	con nosotros
lhes	to them	leur-pour eux	les

DEMONSTRATIVOS

	Português	Inglês	Francês	Espanhol
M				
A	este	this	ce - cet	este
S	esse	that	celui-ci	ese
C	aquele	that	celui là	aquel
U				
L	estes	these	ces	estes
I	esses	those	ceux ci	esos
N	aqueles		ceux la	aquellos
O				
F	esta	this	cette	esta
E	essa	that	celle-ci	esa
M	aquela	that	celle-là	aquella
I				
N	estas	these		estas
I	essas	those	ces	esas
N	aquelas			aquellas
O				
N				
E	isto	this	ça	esto
U	isso	that	ceci	eso
T	aquilo	that	cela	aquello
R				
O				

REFLEXIVOS

Português	Inglês	Francês	Espanhol
me	myself	me	me
te	yourself	te	te
se	himself herself	se	se
nos	ourselves	nous	nos
vos	yourselves	vous	vos
se	themselves yourselves inf.	se	se

INDEFINIDOS

PORTUGUÊS	INGLÊS	FRANCÊS	ESPANHOL
alguém	somebody - someone	quelqu'un	alguien
ninguém	nobody - no one	personne	ninguno
algum	some - any	quelque	alguno
alguma coisa	something	quelque chose	alguna cosa
nenhum	no one - none	aucun	ninguno
nenhuma	-	aucune	ninguna
todo - todos	all	tout - tous	todo - todos
toda - todas	-	toute - toutes	toda - todas
outro - outra	another - other	un autre - une	otro - otra
vários	several - some	plusieurs	varios
nada	nothing	rien	nada
cada	each - every	chaque	cada
tudo	all - everything	tout	todo
tanto	as much	tant - beaucoup	tanto
certo (a)	certain	certain (e)	cierto (a)
mais	more	plus	más
menos	less	moins	menos
qualquer	any - whatever	quelque	cualquiera
os demais	the rest	-	los demás
tal - tais	such	tel	tal - talles
muito	much	-	mucho
muitos	many	-	muchos
pouco (s)	few	un peu	poco
quanto	how much	combien	cuanto
quantos	how many	combien de	cuantos

PRONOMES RELATIVOS

Português	Inglês	Francês	Espanhol
que	what - that	qui - que	qué
quem	who	qui - que	quién
qual	which	quel	cual
onde	where	où	donde